高职高专汽车类“十二五”规划精品课程建设教材

汽车发动机电控系统检修

主　编　李治国　余剑东

副主编　曾祥军　黄志勇　蒋光闾　蒋建中

参　编　（按姓氏笔画排序）

王海波　邓　凤　冯　睿　冉成科

刘红忠　邱爱兵　邹龙军　陈　琨

曾光辉　蒋瑞斌

主　审　刘胜春

中南大學出版社
www.csupress.com.cn

内 容 简 介

本书以故障现象为载体，构建了五个学习情境，主要针对当代汽车电控发动机，以任务为驱动，项目为载体，向学员展示发动机电控系统及其元器件的结构、原理、元件检测、系统诊断、故障维修。在内容选取上，引入了汽车维修服务企业典型的工作任务，参照了典型车款的维修手册，同时书中的一些实际数据、维修具体方法、先进设备的使用等均采用市场上最流行、最普及的车型与设备，具有很强的实用性。

本书可作为职业院校汽车专业师生和汽车运用工程技术人员的学习用书，也可供有一定基础的汽车维修工、驾驶员阅读、学习与参考。

前　言

随着汽车工业与电子信息的高速发展，电子技术在汽车上的应用越来越广泛，实现了机、电、液、光、计算机、网络等多项技术集成，智能与自动化程度越来越高。同时，新型汽车服务业的兴起，使传统单一的汽车维修，向汽车养护、维修、检测和诊断等多方向发展。产业升级与服务转型迫切需要汽车维修服务人员能掌握汽车电子技术的新知识、新技术、新工艺、新设备。

本书以故障现象为载体，构建了五个学习情境，主要针对当代汽车电控发动机，以任务为驱动，项目为载体，向学员展示发动机电控系统及其元器件的结构、原理、元件检测、系统诊断、故障维修。

参加本书编写的人员有：株洲职业技术学院李治国、黄志勇、蒋建中、陈琨、王海波、冯睿、邓凤；广东省机电职业技术学院余剑东；山东淄博职业学院曾祥军；永州职业技术学院蒋光间；益阳职业技术学院曾光辉；湖南机电职业技术学院冉成科；湖南生物机电职业技术学院蒋瑞斌；湖南信息职业技术学院邱爱兵；衡阳技师学院邹龙军；湖南汽车技师学院刘红忠等。本书由李治国、余剑东担任主编，曾祥军、黄志勇、蒋光间、蒋建中担任副主编，株洲职业技术学院刘胜春主审。

本书可作为职业院校汽车专业师生和汽车运用工程技术人员的学习用书，也可供有一定基础的汽车维修工、驾驶员阅读、学习与参考。

本书在编写过程中参阅了大量国内外有关资料，在此对所有参考资料的原作者深表谢意。由于本书所涉及的技术内容较新，范围较广，且编者水平有限，编写时间仓促，资料不全，书中难免有疏漏、错误与不妥之处，恳请读者批评指正。

编　者

2011 年 7 月

目　录

项目一　发动机故障灯亮故障检修

学习目标

1. 能描述电控发动机各系统的基本组成及类型；
2. 能阐述电控发动机各种传感器与执行器的安装位置及基本原理；
3. 能利用故障检测仪，调取电控发动机进行故障码、数据流；
4. 能运用故障诊断方法，制订维修方案，填写维修合同与派工单。

案例引入

在汽车运用过程中，经常会碰到这样一种现象：仪表上的发动机故障灯亮了，但发动机仍能正常启动。如一辆东风日产骐达 1.6 L 轿车，搭载 HR16DE 型发动机和 5 速手动变速器，行驶里程 5 万 km，行驶中客户发现该车仪表上的发动机故障灯点亮，且车辆可以正常行驶。针对如此故障，作为专业维修服务人员，如何向客户解释故障是怎样产生？如何对此类故障进行诊断分析，用什么方法及设备进行排除？

项目分析

随着人们对汽车在安全、节能、环保、舒适等方面的要求越来越高，汽车发动机电控系统越来越多，各种传感器、控制器有上百个，并且集成化、智能化。当其中的某一元件发生了故障，仅从其外表或依靠传统的检测工具很难去检查，因此现代新型的发动机管理系统中都设有自诊断功能，不断监测车辆异常信息来检测故障部件和部位，并通过指示灯即发动机故障指示灯来发出警告，提醒驾驶员发动机出现故障。

本项目主要通过完成检查、修复发动机亮灯故障，学习发动机故障诊断的基本方法、流程及诊断设备的使用。对发动机电控系统有一定的认识，是学习汽车发动机电控系统检修的基础。

项目内容

1.1　发动机电控系统结构与组成

1.1.1　发动机电控系统概述

1. 发动机电控技术的发展

汽车既可作为生产运输的生产用品，又可作为代步、休闲、旅游等消费用品。汽车技术的发展是人类文明史的见证。随着社会、经济的发展，汽车成为人类密不可分的伙伴。当然，汽车的发展也带来了一些负面的影响，如随着汽车保有量的增加，交通条件、安全、资源占有、环境污染成了日益严重的问题。汽车的安全、环保和节能是当今汽车技术发展的主要方向。传统的化油器等发动机已经不能满足汽车环保、节能的要求，只有采用汽油喷射及电子点火等电子控制新技术，才能有所突破。

汽车电子控制技术的发展始于20世纪60年代，可分为三个阶段：第一阶段，从20世纪60年代中期到70年代中期，主要是为改善部分性能而对汽车电器产品进行的技术改造，如1960年美国通用公司将IC(集成电路)调节器应用于汽车上。20世纪70年代末期到20世纪末是汽车电子技术发展的第二阶段。随着汽车数量的日益增多，汽车安全问题和排放污染问题日益严重，能源危机的影响更加突出，汽车生产发达国家相继制定了严格的排放法规和汽车燃油经济性法规。为解决汽车安全、污染和节能三大问题，电子技术在汽车上的应用更加广泛和完善，随着社会和汽车相关科学技术的进一步发展，电子技术在汽车上的应用已逐步扩展到车用汽油发动机以外的底盘、车身和车用柴油发动机多个领域，各种车用电控系统日趋完善。尤其是集成电路(IC)和大规模集成电路(LSI)及超大规模集成电路(VLSI)的发展，使电子元件过渡到了功能块和微型计算机，不仅功能极强，而且价格便宜，可靠性好，结构紧凑，响应敏捷，迅速推动了汽车电控技术的发展。20世纪末以后为第三阶段，汽车电子化已达到相当高的程度，电子信息技术的发展，以及近年来嵌入式系统、局域网(controller area network，CAN)和数据总线(data bus，DB)技术的成熟，汽车电子控制系统的集成成为汽车技术发展的必然趋势。原先单一项目控制的燃油喷射控制、点火控制、排放控制、自动变速控制等，发展成为多功能的集成控制系统。

2. 电控技术对发动机性能的影响

由于电子技术、计算机技术和信息技术等新技术的发展和应用，汽车电子控制在控制的精度、范围、适应性和智能化等多方面有了较大发展，实现了汽车的全面优化运行。因此，在降低排放污染、减少燃油消耗、提高安全性和舒适性等方面，电子控制汽车有着明显的优势。

(1)提高发动机的动力性

在汽油发动机上，电控燃油喷射系统取代了传统的化油器式燃料供给系统，减小了进气系统中的进气阻力，提高了充气效率，保证进入发动机气缸的空气得到充分利用，从而提高了发动机的动力性。

(2)提高发动机的燃油经济性

在各种运行工况和运行环境下，电控系统均能精确控制发动机工作所需的混合气浓度，使燃烧更完全、燃油利用更充分，从而提高发动机的燃油经济性。

(3)降低排放污染

电控系统对发动机在各种运行工况和运行环境下优化控制，提高了燃烧质量，同时各种排放控制系统在汽车上的应用，都使发动机的排放污染大大降低。

(4)改善发动机的加速和减速性能

在加速或减速运行的过渡工况下，电子控制单元的高速处理功能，使控制系统能够迅速响应，使汽车加速或减速反应更灵敏。

(5)改善发动机的启动性能

在发动机启动和暖机过程中，控制系统能根据发动机温度变化，对进气量和供油量进行精确控制，从而保证发动机顺利启动和平稳经过暖机过程，可明显改善发动机的低温启动性能和热机运转性能。

1.1.2　发动机电控系统原理及主要功能

目前，汽车上广泛应用的是集中控制系统，应用在发动机上的子控制系统主要包括电控燃油喷射系统、电控点火系统和其他辅助控制系统。

1. 燃油喷射控制——电控燃油喷射系统(EFI)

在电控燃油喷射系统中，喷油量控制是最基本的也是最重要的控制内容，电子控制单元(ECU)主要根据进气量确定基本的喷油量，再根据其他传感器(如冷却液温度传感器、节气门位置传感器等)的信号对喷油量进行修正，使发动机在各种运行工况下均能获得最佳浓度的混合气，从而提高发动机的动力性、经济性和排放性。除喷油量控制外，电控燃油喷射系统还包括喷油正时控制、断油控制和燃油泵控制。

2. 点火控制——电控点火系统(ESA)

电控点火系统最基本的功能是点火提前角控制。该系统根据各相关传感器信号，判断发动机的运行工况和运行条件，选择最理想的点火提前角，点燃混合气，从而改善发动机的燃烧过程，以实现提高发动机动力性、经济性和降低排放污染的目的。此外，电控点火系统还具有通电时间控制和爆燃控制功能。

3. 怠速控制——怠速控制系统

怠速控制(ISC)系统是发动机辅助控制系统，其功能是在发动机怠速工况下，根据发动机冷却液温度、空调压缩机是否工作、变速器是否挂入挡位等，通过怠速控制阀对发动机的进气量进行控制，使发动机随时以最佳怠速转速运转。

4. 排放控制——排放控制系统

其功能主要是对发动机排放控制装置的工作实行电子控制。排放控制的项目主要包括：废气再循环(EGR)控制，活性炭罐电磁阀控制，氧传感器和空燃比闭环控制，二次空气喷射控制等。

5. 进气控制——进气控制系统

进气控制系统的功能是根据发动机转速和负荷的变化，对发动机的进气进行控制，以提高发动机的充气效率，从而改善发动机动力性。

6. 增压控制——增压控制系统

增压控制系统的功能是对发动机进气增压装置的工作进行控制。在装有废气涡轮增压装置的汽车上，ECU根据检测到的进气管压力，对增压装置进行控制，从而控制增压装置对进气增压的强度。

7. 巡航控制——巡航控制系统

驾驶员设定巡航控制模式后，ECU根据汽车运行工况和运行环境信息，自动控制发动机工作，使汽车自动维持一定车速行驶。

8. 警告提示

由ECU控制各种指示和报警装置，一旦控制系统出现故障，该系统能及时发出信号以警告提示，如氧传感器失效、油箱油温过高等。

9. 自诊断功能——自诊断与报警系统

在发动机控制系统中，ECU 都具设有自诊断系统，对控制系统各部分的工作情况进行监测。当 ECU 检测到来自传感器或输送给执行元件的故障信号时，立即点亮仪表盘上的“CHECK ENGINE”灯（俗称故障指示灯），以提示驾驶员发动机有故障；同时，系统将故障信息以设定的数码（故障码）形式储存在存储器中，以便帮助维修人员确定故障类型和范围。对车辆进行维修时，维修人员可通过特定的操作程序（有些需借助专用设备）调取故障码。故障排除后，必须通过特定的操作程序清除故障码，以免与新的故障信息混杂，给故障诊断带来困难。

10. 失效保护功能——失效保护系统

失效保护系统的功能主要是当传感器或传感器线路发生故障时，控制系统自动按电脑中预先设定的参考信号值工作，以便发动机能继续运转。如：冷却液温度传感器电路有故障时，可能会向 ECU 输入低于 -50℃或高于 139℃的冷却液温度信号，失效保护系统将自动按设定的标准冷却液温度信号（80℃）控制发动机工作，否则会引起混合气过浓或过稀，导致发动机不能工作。此外，当对发动机工作影响较大的传感器或电路发生故障时，失效保护系统则会自动停止发动机工作。例如：ECU 收不到点火控制器返回的点火确认信号时，失效保护系统则立即停止燃油喷射，以防大量燃油进入气缸而不能点火工作。

11. 应急功能——应急备用系统

应急备用系统功能是当控制系统电脑发生故障时，自动启用备用系统（备用集成电路），按设定的信号控制发动机转入强制运转状态，以防车辆停驶在路途中。但应急备用系统只能维持发动机运转的基本功能，而不能保证发动机性能。

1.1.3 发动机电控系统的主要元件及功能

1. 电控系统的基本组成

电子控制系统（简称电控系统）是指采用计算机等电子设备作为控制装置的自动控制系统。任何一种电子控制系统，其主要组成都可分为信号输入装置、电子控制单元（ECU）和执行元件三大部分，如图 1-1 所示。

图 1-1 电控系统的基本组成

电子控制系统中的信号输入装置是各种传感器。传感器的功用是采集控制系统所需的信息，并将其转换成电信号通过线路输送给 ECU。所用的传感器主要有：空气流量计（MAFS）、进气歧管绝对压力传感器（MAPS）、节气门位置传感器（TPS）、凸轮轴位置传感器（CMPS）、曲轴位置传感器（CKPS）、进气温度传感器（IATS）、发动机冷却液温度传感器（ECTS）、车速传感器（VSS）、氧传感器（O_2S）、爆震传感器（KS）、空调开关（A/C）、启动开关（STA）、挡位开关（P/N）、巡航（定速）控制开关等。随着控制系统应用的日益广泛和功能的扩展，传感器的数量也将不断增加。

电子控制单元（ECU）是一种综合控制电子装置，其功用是给各传感器提供参考（基准）电压，接收传感器或其他装置输入的电信号，并对所接收的信号进行存储、运算和分析处理，根据计算和分析的结果向执行元件发出指令。

执行元件是受 ECU 控制，具体执行某项控制功能的装置(见图 1－2)。执行元件主要有：喷油器、点火器、怠速控制阀、巡航控制电磁阀、节气门控制电动机、EGR 阀、进气控制阀、二次空气喷射阀、活性炭罐排泄电磁阀、油泵继电器、风扇继电器、空调压缩机继电器、自诊断显示与报警装置、仪表显示器等。随着控制功能的增加，执行元件也将相应增加。

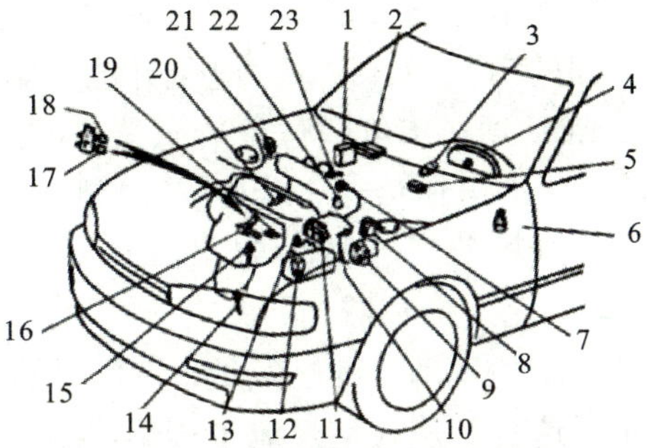

图 1－2　发动机元件位置图

1—发动机电脑(ECM)；2—A/C 放大器；3—点火开关；4—组合仪表；5—进气歧管绝对压力传感器；6—诊断(数据传输)接头 2；7—节气门位置传感器；8—点火器；9—点火线圈(用于美国加州车款)；10—进气温度传感器；11—分电器；12—EFI 主继电器；13—发动机冷却液温度传感器；14—副氧传感器；15—主氧传感器；16—EGR 真空开关阀；17—EGR 真空开关阀(用于美国加州车款)；18—燃油压力控制真空开关阀(用于美国加州车款)；19—爆震传感器；20—喷油器；21—诊断(数据传输)接头 1；22—IAC 阀；23—EGR 废气温度传感器

2. 发动机电控系统的主要元件

(1)冷却液温度传感器

它给 ECU 提供冷却液温度信号。

冷却液温度传感器安装在发动机缸体或缸盖的水套上(见图 1－3)，与冷却液接触，用来检测发动机的冷却液温度。冷却液温度传感器的内部是一个半导体热敏电阻，它具有负的温度电阻系数。水温越低，电阻越大；反之，水温越高，电阻越小。

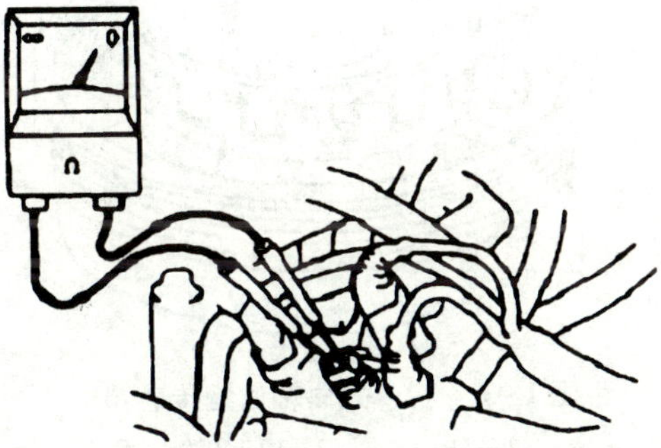

图 1－3　就车检查水温传感器

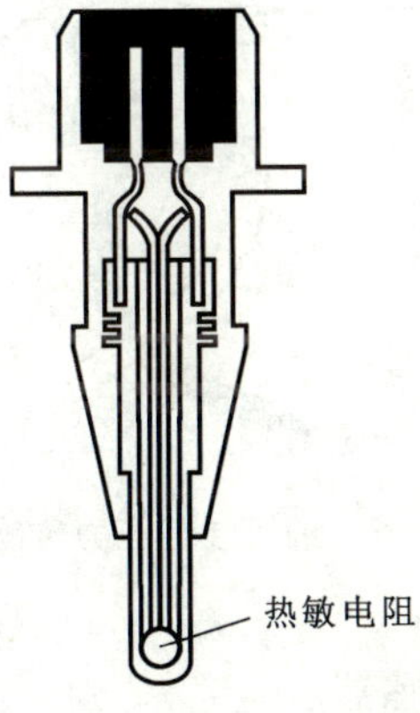

图 1－4　进气温度传感器

(2)进气温度传感器

其作用是检测进气温度信号。

进气温度传感器通常安装在空气滤清器之后如图 1－4 所示的进气软管上或空气流量计上，还有的在空气流量计和谐振腔上各装一个，以提高喷油量的控制精度。

(3)节气门位置传感器

用于检测节气门的开度及开度变化，信号输入 ECU。

线性可变电阻型节气门位置传感器是一种线性电位计，电位计的滑动触点由节气门轴带动。在不同的节气门开度下，电位计的电阻也不同，从而将节气门开度转变为电压信号输送给 ECU。ECU 通过节气门位置传感器，可以获得表示节气门由全闭到全开的所有开启角度的、连续变化的电压信号，以及节气门开度的变化速率，从而更精确地判定发动机的运行工况。一般在这种节气门位置传感器中，也设有一怠速触点 IDL，以判定发动机的怠速工况。

(4)空气流量传感器

它用于测量发动机的进气量，将信号输入 ECU。传统的博世 L 型汽油喷射系统及一些中档车型采用这种叶片式空气流量传感器，如丰田 CAMRY(佳美)小轿车、丰田 PREVIA(大霸王)小客车、马自达 MPV 多用途汽车等。

(5)进气歧管绝对压力传感器

它在汽油喷射系统中所起的作用和空气流量传感器相似。半导体压敏电阻式进气歧管绝对压力传感器(见图 1－5)由压力转换元件(硅膜片)和把转换元件输出信号进行放大的混合集成电路组成。压力转换元件是利用半导体的压阻效应制成的硅膜片。硅膜片的一侧是真空室，另一侧导入进气歧管压力，所以进气歧管内绝对压力越高，硅膜片的变形越大，其变形量与压力成正比。附着在薄膜上的应变电阻的阻值则产生与其变形量成正比的变化。利用这种原理，可把进气歧管内压力的变化变换成电信号。

(6)曲轴位置传感器

检测曲轴转角位移，给 ECU 提供发动机转速信号和曲轴转角信号。美国 GM 公司的霍尔式曲轴位置传感器安装在曲轴前端，采用触发叶片的结构形式，如图 1－6 所示。

图 1－5　进气歧管压力传感器

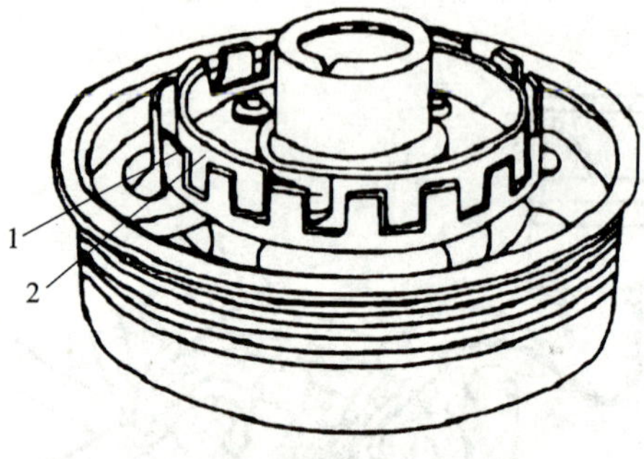

图 1－6　霍尔式曲轴位置传感器

1—外信号轮；2—内信号轮

(7)氧传感器

其功能是检测排气中的氧含量。在使用三效催化转化器降低排放污染的发动机上，氧传感器是必不可少的，如图 1－7 所示。三效催化转化器安装在排气管的中段，它能净化排气中 CO、HC 和 NO_x 三种主要的有害成分，但只在混合气的空燃比处于接近理论空燃比的一个窄小范围内，三效催化转化器才能有效地起到净化作用，故在排气管中插入氧传感器，借检测废气中的氧浓度来测定空燃比。并将其转换成电压信号或电阻信号，反馈给 ECU，ECU 控制空燃比收敛于理论值。

(8)爆震传感器

它用于检测汽油机有无爆震及爆震强度。爆震传感器是发动机电子控制系统中必不可少的重要部件，它的功用是检测发动机有无爆震现象，并将信号送入发动机 ECU。常见的爆震传感器有两种，一种是磁致伸缩式爆震传感器，另一种是压电式爆震传感器。磁致伸缩式爆震传感器的外形与结构如图 1－8 所示。

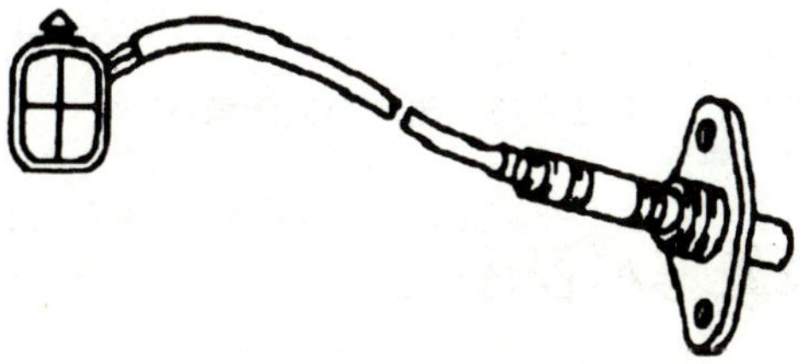

图 1－7　氧传感器

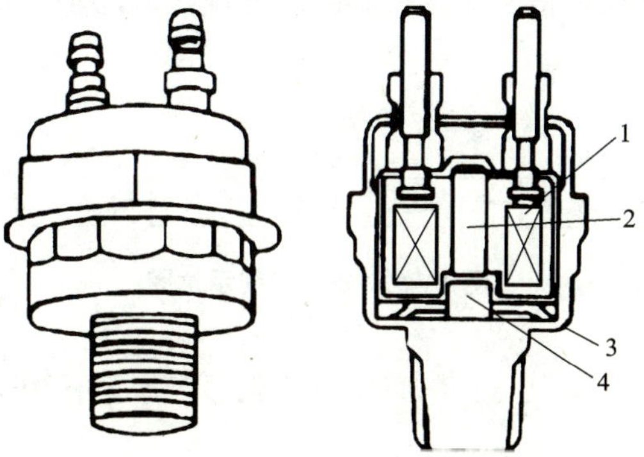

图 1－8　爆燃传感器

1—绕组；2—铁芯；3—外壳；4—永久磁铁

(9)车速传感器

检测汽车的行驶速度，给 ECU 提供车速信号(SPD 信号)。

(10)其他信号装置

①启动开关——发动机启动时，给 ECU 提供一个启动信号。

②空调开关——当空调开关打开，空调压缩机工作，发动机负荷加大时，由空调开关向 ECU 输入信号。

③挡位开关——自动变速器由空挡挂入其他挡时，向 ECU 输入信号。

④制动灯开关——制动时，向 ECU 提供制动信号。

⑤动力转向开关——当方向盘由中间位置向左右转动时，由于动力转向油泵工作而使发动机负荷加大，此时向 ECU 输入信号。

⑥巡航控制开关——当进入巡航控制状态时，向 ECU 输入巡航控制状态信号。

(11)ECU 的基本功能

①给传感器提供电压，接受传感器和其他装置的输入信号，并转换成数字信号；

②储存该车型的特征参数和运算所需的有关数据信号；

③确定计算输出指令所需的程序，并根据输入信号和相关程序计算输出指令数值；

④将输入信号和输出指令信号与标准值进行比较，确定并存储故障信息。

⑤向执行元件输出指令，或根据指令输出自身已储存的信息；

⑥自我修正功能(学习功能)。

(12)执行元件

电控发动机的主要执行器有：喷油器、点火器、怠速控制阀、巡航控制电磁阀、节气门控制电动机、EGR 阀、进气控制阀、二次空气喷射阀、活性炭罐排泄电磁阀、油泵继电器、风扇继电器、空调压缩继电器、自诊断显示与报警装置、仪表显示器等。

3. 电控系统的类型

电子控制系统有两种基本类型：即开环控制系统和闭环控制系统。开环控制系统的控制方式比较简单(如图1-9),ECU只根据各传感器信号对执行元件进行控制,而控制的结果是否达到预期目标对其控制过程没有影响。而闭环控制系统除具有开环控制系统的功能外(如图1-10),还对其控制结果进行检测,并将检测结果(即反馈信号)输入ECU,ECU则根据反馈信号对其控制误差进行修正,所以闭环控制系统的控制精度比开环控制系统高。

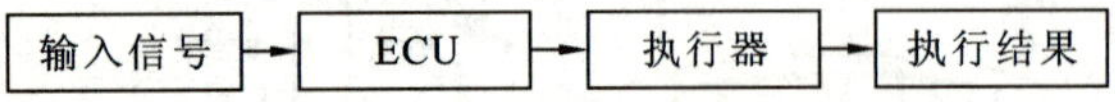

图1-9 开环控制示意图

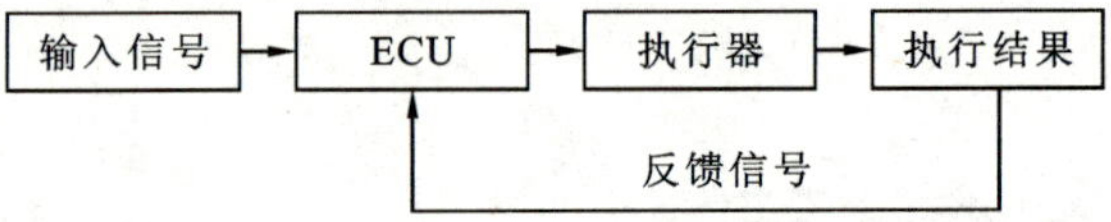

图1-10 闭环控制示意图

1.2 汽车维修与服务基本程序

1.2.1 车辆进入车间维修的基本流程

1. 报修(接车登记)

如图1-11所示,客户前来修车首先是由修理厂服务顾问听取顾客陈述故障现象,并给客户做出明确维修方案。确定维修后业务员录入客户的修理定额后,在修理中如出现需要改变、调整修理计划的需要跟客户协商。服务顾问在录入车辆信息后,还可根据情况录入相应的故障、维修、用料信息,并打印对应的委托修理单,并由客户签名同意。如果有其他服务项目比如洗车、拖车、代办保险等费用可以在其他费用栏中输入,也可以在结算单直接输入费用。

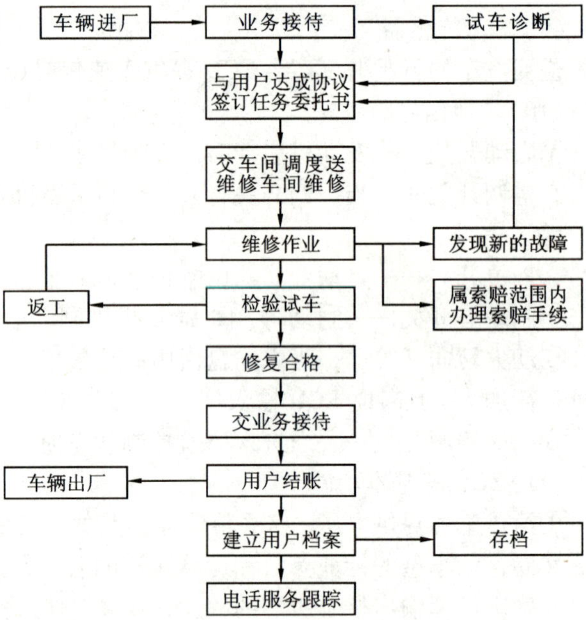

图1-11 车辆维修流程图

2. 车辆车间派工、调度及修理

客户车辆转入车间后,在车间进行发动机的预检以确定其故障现象、维修项目及维修中所需的用料信息后,就可进行相应的派工与领料。

派工验收:派工方式分为按金额比例派工、按固定工时派工两种派工方式,系统支持一个项目派给多个人、多个项目派给一个人等多种派工方式。

1.2.2 接车预检基本方法

电控发动机故障诊断按其诊断的深度可分为初步诊断和深入诊断。初步诊断是根据故障的现象，判断出故障产生原因的大致范围。深入诊断是根据初步诊断的结果对故障原因进行分析、查找，直到找出产生故障的具体部位。

电控发动机故障诊断按诊断故障所采用的手段，可分为：直观诊断、利用自诊断系统诊断、简单仪表诊断和专用诊断仪表器诊断等。

1. 直观诊断

直观诊断就是通过人的感觉器官对汽车故障现象进行看、问、听、试、嗅等，了解和掌握故障现象的特点，通过人的大脑进行分析、判断得出结论的诊断方法。直观诊断的主要内容有：

(1)看　即目测检查，其目的是了解电控发动机的电控系统类型、车型，在进入更为细致的测试和诊断之前，能消除一些一般性的故障原因。

①看车型和电控系统类型：注意看故障车型是何公司、何年代生产的，采用何种电控汽车喷射类型。因为不同公司不同年代生产的汽车，电控燃油喷射系统的类型不同，其故障诊断方法也不同；

②拆除空气滤清器，检查滤芯及其周围是否有脏物、杂质或其他污染物，必要时更换，因为空气滤清器堵塞将影响空气量的检测精度；

③检查真空软管是否老化、破裂或挤坏；检查真空软管经过的途径和接头是否恰当；

④检查电控系统线束的连接状态：传感器或执行器的电连接器是否良好；线束间的连接器是否松动或断开；电线是否有断裂或断开现象；电连接器是否插接到位；电线是否有磨破或线间短路现象；电连接器的插头和插座有无腐蚀现象等；

⑤检查每个传感器和执行器有无明显的损伤；

⑥运转发动机(如果可能)并检查进排气歧管及氧传感器处是否有泄漏。

(2)问　为了迅速地检查故障源，首先必须了解故障出现时的情形、条件、如何发生及是否已检修过等与故障有关的情况和信息。为此，必须认真听客户对故障现象的描述，尽管客户的描述可能被曲解或不全面，也可能是自相矛盾的，但它时常有可能把握住问题关键。最好的做法是：在倾听客户的初步意见之后，思索一下，进行一次初诊断，随后询问一些有关的问题来帮助确定或否定初步诊断的结论，同时认真填写“客户调查表”(见表1－1)。此表所含项目是电控发动机电控系统故障现象的真实记录，与诊断测试结果一起构成查找故障源的依据。

(3)听　主要是听发动机工作时的声音：有无爆震、有无敲缸、有无失速、有无进气管或排气管放炮等等。

(4)试　主要是维修人员根据前述检查，有针对性地试车，以便进一步确认故障。

2. 利用随车故障自诊断系统诊断

随车诊断是利用汽车上电控系统所提供的故障自诊断功能对电控发动机故障进行诊断的方法，即利用故障自诊断系统调取发动机电控系统的有关故障码，然后根据故障码表的故障提示，找出故障所在的方法。随着电子技术的发展与进步，发动机电控技术所占的比例越来越大，由于电量在测量方面的优越性，使得越来越多的电控系统在设计时，已经考虑到了故障诊断问题，即发动机电控系统中设计有故障自诊断功能，为发动机故障诊断提供了极大的方便。

但是，随车自诊断系统通常只能提供与电控系统有关的电气装置或线路故障，一般只能作出初步诊断结构，具体故障原因还需要通过直观诊断和简单仪器进行深入诊断。

表1-1 客户意见调查表

<table>
<tr><td colspan="2" rowspan="3">客户姓名</td><td rowspan="3"></td><td>登记号</td><td></td></tr>
<tr><td>登记日期</td><td></td></tr>
<tr><td>车身代号</td><td></td></tr>
<tr><td colspan="2">接车日期</td><td></td><td>里程表读数</td><td>km</td></tr>
<tr><td colspan="2">故障发生日期</td><td colspan="3"></td></tr>
<tr><td colspan="2">故障发生频次</td><td colspan="3">□经常 □有时 □仅一次 □其他</td></tr>
<tr><td rowspan="5">故障发生的条件</td><td>天气</td><td colspan="3">□晴天 □阴天 □雨天 □雪天 □其他</td></tr>
<tr><td>气温</td><td colspan="3">□炎热天 □热天 □冷天 □寒冷天(大约 ℃)</td></tr>
<tr><td>地点</td><td colspan="3">□高速公路 □一般公路 □市内 □上坡 □下坡 □粗糙路面 □其他</td></tr>
<tr><td>发动机水温</td><td colspan="3">□冷机 □暖机时 □暖机后 □任何温度 □其他</td></tr>
<tr><td>发动机工况</td><td colspan="3">□启动 □启动后 □怠速 □无负载 □行驶
(□匀速 □加速 □减速)□其他</td></tr>
<tr><td rowspan="6">故障现象</td><td>发动机不能启动</td><td colspan="3">□不能启动 □无启动征兆 □有启动征兆</td></tr>
<tr><td>启动困难</td><td colspan="3">□启动时运转转速低 □其他</td></tr>
<tr><td>怠速不良</td><td colspan="3">□怠速不稳 □怠速高 □怠速低 □怠速粗暴 □其他</td></tr>
<tr><td>动力不足</td><td colspan="3">□加速迟缓 □回火 □放炮 □喘振 □敲缸 □其他</td></tr>
<tr><td>发动机熄火</td><td colspan="3">□启动后立即熄火 □踩加速踏板后 □松加速踏板后 □空调工作时
□挂挡时 □其他</td></tr>
<tr><td>其他</td><td colspan="3"></td></tr>
<tr><td colspan="2">故障指示灯状态</td><td colspan="3">□常亮 □有时亮 □不亮</td></tr>
</table>

随车故障自诊断虽然可以对系统的故障进行自诊断，在电控发动机故障诊断中是一种简便快捷的诊断方法，但是其诊断的范围和深度远远满足不了实际使用中对故障诊断的要求，常常出现发动机运行不正常而故障自诊断系统却没有诊断出所出现故障的情况，一方面是由于这些故障产生的原因可能与发动机电控系统无关，另一方面则是由于随车自诊断功能的局限性所造成的，不可能设计出一种自诊断系统对所有可能产生的故障都能进行诊断。因此，以直观诊断方法为主进行检查和判断的工作在任何时候对任何系统来说，都是不可替代的。

3. 利用专用诊断仪器诊断

汽车的电子化迫使对汽车故障的诊断手段进行变革，随着汽车电子化的进程，各种汽车专用诊断仪器应运而生。这些专用诊断仪器大多数为带有微处理器的电子计算机系统，对汽车故障的诊断十分有效，其中包括各种电控发动机故障分析仪、发动机电脑综合分析仪，尤其以发动机电脑综合分析仪所占比例最大，诊断效果最好。专用诊断仪器根据其体积大小可分为：台式电脑分析仪、便携式电脑分析仪和袖珍型电脑分析仪。在对发动机电控系统进行的故障诊断中，使用最广的是便携式发动机电脑分析仪。采用电脑分析仪后，大大提高了对电子控制系统的诊断效率，但是由于专用诊断仪器成本较高，因此各种电脑分析仪一般适用于专业化的故障诊断和修理厂家。

4. 故障征兆模拟试验方法

在故障诊断中最困难的情形是有故障，但没有明显的故障征兆。在这种情况下必须进行彻底的故障分析，然后模拟与用户车辆出现故障时相同或相似的条件和环境。例如对于那些只有在发动机冷态下才出现的问题，或者由于车辆行驶时振动引起的问题等，这些问题决不能仅仅依靠发动机热态和车辆停驶时的故障征兆的验证来确诊。因此，振动、高温和渗水（受潮）可能引起难以再现的故障。这里介绍的故障征兆模拟试验是一种有效的措施，它可以在停车条件下在车辆上施加外部作用。

在故障征兆模拟试验中，故障征兆固然要验证，故障部位或零件也必须找出。为了做到这一点，在预先连接试验和开始试验之前，必须把可能发生故障电路范围缩小，然后进行故障征兆模拟试验，判断被测试的电路是否正常，同时也验证了故障征兆。在缩小故障征兆可能性时应参考电控发动机“故障诊断表”。

（1）振动法

当振动可能是引起故障的原因时，即可采用振动法进行试验。基本试验方法主要有：

连接器　在垂直和水平方向轻轻摇动连接器［图 1－12(a)］。

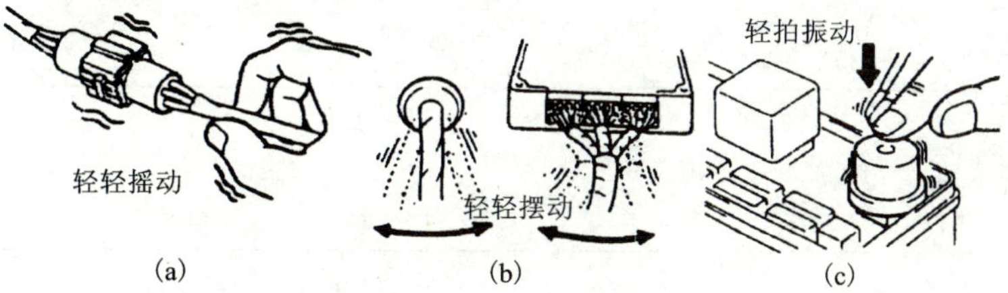

图 1－12　用振动法模拟故障

配线　在垂直和水平方向轻轻地摆动配线［图 1－12(b)］。连接器的接头、振动支架和穿过开口的连接器体都是应仔细检查的部位。

零件和传感器　用手指轻拍装有传感器的零件，检查是否失灵［图 1－12(c)］。切记不可用力拍打继电器，否则可能会使继电器开路。

（2）加热法

当有些故障只是在热车时出现，可能是因为有关零件或传感器受热引起的。可用电吹风或类似加热工具加热可能引起故障的零部件或传感器，检查是否出现故障（图 1－13）。但必须注意：加热温度不得高于 60℃（温度限制在不致损坏电子元器件的范围内）；不可直接加热电脑中的零件。

（3）水淋法

当有些故障是在雨天或高湿度的环境下产生时，可用水喷淋在车辆上，检查是否发生故障（见图 1－14）。但应注意：不可将水直接喷淋在发动机电控零件上，而应喷淋在散热器前面以间接改变其湿度和温度；不可将水直接喷在电子器件上，尤其应该防止水渗漏到电脑内部（如果车辆漏水，漏入的水可能侵入电脑内部，所以当试验车辆漏水故障时必须特别注意）。

图 1－13　用加热法模拟故障

图 1－14　用水淋法模拟故障

1.2.3　维修业务基本单据填写

1．填写维修保养问诊单(表 1－2)

表 1－2　汽车维修保养接车问诊单

<table>
<tr><td>进站时间</td><td></td><td>送修人姓名</td><td></td><td>联系电话</td><td></td><td>车牌号</td><td></td><td>行驶里程</td><td></td></tr>
<tr><td>用户描述故障现象</td><td colspan="9"></td></tr>
<tr><td>服务顾问诊断得出初步意见</td><td colspan="9"></td></tr>
<tr><td>服务顾问建议</td><td colspan="9"></td></tr>
<tr><td colspan="5">功能确认：(正常√　不正常×)
□音响系统　□点烟器
□中央门锁(防盗器)　□后视镜
□天窗　□四门玻璃升降</td><td colspan="5" rowspan="2">外观确认：
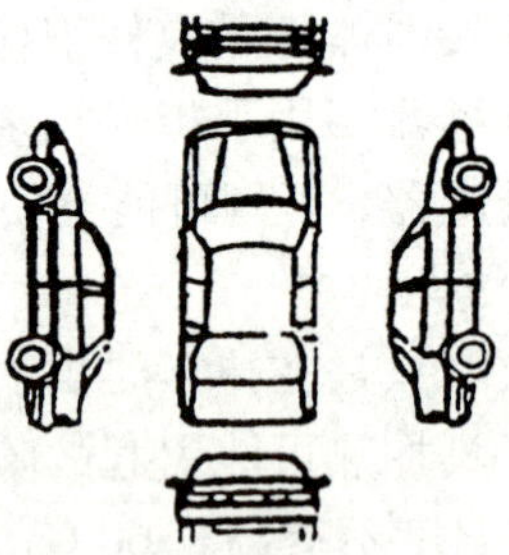
(如有损伤，在相应部位作标记)</td></tr>
<tr><td colspan="5">物品确认：(有√　无×)

□贵重物品已提醒用户带离车辆
□随车工具　□千斤顶
□备胎　□灭火器
□其他(　　　　)</td></tr>
<tr><td>服务顾问提醒</td><td colspan="9">• 本次检查出的故障如在本站维修，检查工费不另收取；如不在本站维修，则检查工费应由用户支付，本次检查费为：¥ ____________元。
• 维修旧件处理：□用户要求带走　□用户选择不带
• 本站已提醒用户将车内贵重物品带离车辆并妥善保管，如有丢失恕与本站无关。</td></tr>
<tr><td>服务顾问</td><td colspan="4"></td><td>用户确认</td><td colspan="4"></td></tr>
</table>

2. 填写维修保养委托书（表1－3）

表1－3　汽车维修保养委托任务书

No. 000001

托修方		送修人身份证明		
车牌号	发动机号	VIN码/车架号	送修日期	联系人
车型	购置日期	行驶里程	交车日期	电话（手机）

随车物品查验（有/正常√　无/不正常×）：

□备胎　□灭火器　□工具　□千斤顶　□轮罩　□天线　□点烟器

□音响系统　□中央门锁　□四门玻璃降　□贵重物品提示

旧件交还客户：□是　□否　　碰撞△　划痕○　破损◇

托修方（客户）陈述、检测诊断故障描述：

接车检验人员：

需维修项目（确认维修项目，托修方在□内打√，否则打×；并签字）				托修方确认签字
序号	维修内容	工时费/材料费	约定配件名称型号	□
1		/		□
2		/		□
3		/		□
4		/		□
5		/		□
预计维修费用总计	工时费	材料费	其他费用	□

增加维修项目：	增加费用	
	工时费	
	材料费	

（1）本任务书经双方确认后具有合同效力。可作维修预检交接单使用，任务书为概算费用，结算时凭维修结算清单，按实际发生金额结算。

结算方式及期限：

（2）承修方在维修过程中增加维修项目或费用及延长维修期限时，承修方应及时通知托修方，并以书面等形式确认。使用的正副厂配件及质量担保期由双方约定，必要时，附材料清单作为任务书的附件。托修方自带配件，承修方应查验登记，由此产生的质量问题，承修方不负责任。

（3）承修方应妥善保管托修车辆。托修方随车贵重物品随身带走，如遗失，承修方不承担责任。

（4）维修质量保证期：从竣工出厂之日起　　日或行驶里程　　公里，以先达到指标为准。

（5）本任务书不尽事宜，另行补充约定。

（6）在本任务书履行过程中发生的维修质量等纠纷，双方协商解决，如协商无果，可向有关部门申请调解、仲裁或依法向人民法院起诉。

承修方签名或盖章：　　　　　　　　　　托修方确认签名：

3．填写维修派工单(表1－4)

表1－4　维修派工单

维修车辆牌号			进厂时间	月　日　时　分	
车型		维修班组		主修人	
诊断结果			完工期限	月　日　时　分	
作业内容	项目	具体要求			
检验意见	自检人： 年　月　日		生产主管： 年　月　日		质检员： 年　月　日
备注					

1.3　故障诊断基本方法与自诊断系统

1.3.1　故障诊断基本程序

1．用户调查

详细询问故障发生的现象、时刻、周期、频率以及对于车辆行驶性能带来的影响。用户调查是汽车故障诊断的重要环节，也是进行初步诊断的主要依据。在“用户调查”过程中，要想方设法引导用户“多说话”，用户尽可能多地描述故障现象对于直观判断故障是很有帮助的。

2．外观检视

外观检视也叫“初步判断”或者“直观检查”，必要的时候还要对车辆进行路试。因为车主不可能个个都是汽车维修行家，其对故障的描述往往带有很多个人心理因素和片面性，比如有些车主始终觉得自己的车就是要比别人同型号的车费油；有的行驶异响明明是后桥响，他认为是自动变速器异响要求做大修。通过直观检查，印证用户故障描述是否准确，故障是否真实存在，建立第一印象，为下一步仪器、设备检查做准备。还有一些电控系统故障是由于真空管路脱落、龟裂，电器插头松脱，线路折断等简单原因造成的，可通过直观检查直接诊断并修复这些故障。

3. 读取故障代码

在进行全面检查、测试之前，首先使用故障诊断仪检查ECU存储器是否存有故障码，以确定大致的故障方位、需要检查的部位以及需要使用的工具、仪器和设备，为进一步检查做准备。ECU故障码编码是有一定条件的，又有间歇、偶发故障和硬故障之分。当前几乎所有车载电控单元都具备主动区分故障性质的功能，仔细阅读这些故障信息，对于准确查找故障，避免漏检、误检都是十分重要的。例如“节气门位置传感器短路或断路到接地”的故障，表明节气门位置传感器反馈信号过低，需要检查的部位包括电控单元、插接器、传感器5 V参考电压传输电路、反馈信号电路、传感器本身。如果读到“节气门位置传感器短路或断路到火线”的故障，则表明节气门位置传感器反馈信号过高，需要检查的部位是不一样的，主要检查传感器电阻是否有短路，电路是否有“串线”现象等。

4. 动态数据流分析

用于验证判断，在无代码时更为重要。

5. 电路分析

目的是明确检查方向与部位。

6. 波形分析

用以确定部件功能、状态。

7. 万用表测试

用以确认故障点。

8. 填制《诊断报告》

它既是进厂检验单，又是派工依据。

9. 实施作业

进行维修或更换零部件，填写过程检验单。

10. 填制《维(检)修报告》

作为竣工检验单，归档保存。

1.3.2 间歇性故障诊断方法

间歇性故障：指受外界因素(如温度、受潮、振动等)影响而有时存在、有时又自动消失的故障。

(1)振动法：线路接触不良或元件安装不牢引发的故障。

(2)加热法：只在发动机温度高时出现的故障。

(3)水淋法：只在雨天、洗车后或高湿度时出现的故障。

(4)电器全部接通法：用电负荷过大而引起的故障。

(5)道路试验法：只在特定的行驶状态下出现的故障。

1.3.3 无故障码故障诊断方法

无故障码故障：指在车辆使用中，有明显的故障现象，但故障灯不亮，按规定程序调取故障码时，显示正常码。故障的诊断步骤如表1－5所示。

表1－5 无故障码故障诊断步骤

步骤	检查内容	正常	不正常时的处理方法
1	发动机不工作时检查蓄电池电压	不低于11 V	充电或更换蓄电池
2	盘转发动机检查曲轴能否转动	能转动	按“故障诊断表”诊断
3	启动发动机检查能否启动	能启动	直接转到步骤7进行检查
4	检查空气滤清器滤芯是否过脏或损坏	滤芯良好	清洁或更换滤芯
5	检查发动机怠速运转情况	怠速运转良好	按“故障诊断表”诊断
6	检查发动机点火正时	点火正时准确	调整
7	检查燃油系统压力	压力正常	检查排除燃油系统故障
8	检查火花塞和高压线跳火情况	火花正常	检查排除点火系统故障
9	上述检查是否查明故障原因	查明故障原因	按“故障诊断表”诊断

1.3.4 查询故障诊断表法

在对电控系统进行故障诊断时，按故障码提示或无故障码时，如果通过基本检查不能查明故障原因，则可根据故障现象按故障诊断表（见表1－6）进行检查。

表1－6 D型电控喷射发动机故障诊断表

故障现象		检查要点顺序
不能启动	发动机转不动	24, 26, 25
	启动机转不动发动机	26
	无初始燃烧	28, 2, 16, 5, 11, 20, 15, 33, 1, 19
	燃烧不完全	5, 15, 12, 3, 33, 14, 19
启动困难	发动机转动缓慢	26, 10
	常温启动困难	20, 27, 15, 3, 12, 11, 13, 33, 1, 2, 4, 28, 4, 28, 14, 19
	冷态启动困难	3, 7, 20, 15, 4, 12, 11, 13, 14, 19
	热态启动困难	3, 20, 15, 4, 12, 11, 13, 14, 19

续表 1－6

故障现象		检查要点顺序
怠速不良	开始怠速不正确	29，3，15，17，19
	怠速转速太高	29，3，15，17，4，6，10，9，14，19
	怠速转速太低	3，15，5，14，19
	怠速运转不柔和	20，3，27，28，12，11，13，15，33，5，14，2，19
	缺火(怠速不稳)	20，27，2，28，3，33，5，14，19
驾驶性能不良	加速发抖/加速性差	32，30，20，27，28，33，6，5，3，4，12，11，13，14，19
	回火	3，6，5，4，12，11，13，14，19
	消声器放炮	18，3，12，5，6，4，14，19
	发动机喘振	12，27，28，14，19
	爆震	8，20，27，31，19
发动机失速	启动后不久就失速	20，12，11，13，15，5，3，14，19
	在踩下油门踏板后	5，6，27，12，13，14，19
	在松开油门踏板后	15，5，19
	在 A/C 工作时	10，15，19
	从 N 挡位换到 D 挡位	9，15，19
其他故障	燃油消耗过大	21，20，29，32，30，18，27，28，33，14，3，6，5，9，10，4
	发动机过热	22，31，27，8
	发动机过冷	31
	机油消耗过高	23，33
	机油压力太高	23
	机油压力太低	23
	启动运转不停	24，26

表中序号为检测操作编号：

1. 开关状态信号电路
2. 点火信号电路(火花试验)
3. 水温传感器电路
4. 进气温度传感器电路
5. 真空度传感器电路
6. 节气门位置传感器电路
7. 启动机信号电路
8. 爆震传感器电路
9. 空挡启动开关电路
10. A/C 信号电路(空调)
11. 燃油泵电路
12. 油压调节器
13. 油管
14. 喷油器
15. ISC 阀电路
16. EFI 主继电器电源
17. 节气门减速缓冲器
18. 燃油切断系统
19. 发动机和变速器 ECU
20. 燃油质量
21. 漏燃油
22. 漏冷却液
23. 漏机油
24. 启动机断电器
25. 空挡启动开关
26. 启动机
27. 火花塞
28. 分电器
29. 加速器踏板拉杆
30. 松后开后制动器仍抱死
31. 冷却风扇系统
32. 离合器
33. 气缸压缩不良

1.3.5 OBD－Ⅱ诊断系统

1. OBD－Ⅱ概述

OBD－Ⅱ是ON－BOARD DIAGNOSTICS－Ⅱ(随车诊断装置)的简称。1993年以前的诊断系统为第一代诊断系统，各制造厂家采用的诊断座、故障码、诊断功能均各不相同，造成修护人员的困难。美国汽车工程学会(SAE)制定了一套标准规范，经由“环境保护机构”(EPA)及“加州资源协会”(CARB)认证通过，并要求各汽车制造厂家依照OBD－Ⅱ标准提供统一的诊断模式、插座，由一台仪器即可对各车种进行诊断检测。OBD－Ⅱ是美国加州规定的标准，凡是销售到美国加州的车，不论欧、美、日均需合乎该标准，中国台湾也采用这一标准。由于采用这一标准，大大简化了技术人员使用仪器的困扰。

2. OBD－Ⅱ特点

(1)统一诊断插座形状，为16pin(针)。

(2)具有数值分析资料传输功能(DATA LINK CONNECIOR－DLC)。

(3)统一故障代码及意义。

(4)具有行车记录器功能。

(5)具有重新显示记忆故障码功能。

(6)具有可由仪器直接清除故障码功能。

3. DLC(资料传输接头)诊断座统一标准

(1)DLC诊断座统一为16pin，装在驾驶室内，驾驶侧仪表板下方。

(2)DLC脚有两个标准：ISO——欧洲统一标准(INTERNATION STANDARDS ORGANIZATION9141－2)，利用7#，15#脚传输资料。SAE——美国统一标准(SAE－J1850)，利用2#，10#脚传输资料。OBD－Ⅱ诊断座各端子功能见表1－7。

表1－7 OBD－Ⅱ诊断座各端子功能表

端子	功用	端子	功用
1	供制造厂应用	9	供制造厂应用
2	SAE－J1850资料传输	10	SAE－J1850资料传输
3	供制造厂应用	11	供制造厂应用
4	车身直接搭铁	12	
5	信号回路搭铁	13	
6	供制造厂应用	14	
7	ISO－9141资料传输K	15	ISO－9141资料传输L
8	供制造厂应用	16	接蓄电池“＋”极

4. OBD－Ⅱ统一故障代码标准

(1)故障码的构成。

故障码由五位数(字)构成，第一个为英文字母，代表被测试的系统，例如：

B(BODY)——车身电脑；

C(CHASSIS)——底盘电脑；

P(POWER TRAIN)——发动机变速器电脑；

U——未定义，由 SAE 另行发布。

(2)举例——P1352(FORD EEC - V，福特汽车第五代电脑)

①第一位数字代表被检测的系统。

②第二位数字代表汽车制造厂码，0 代表 SAE 定义的故障码，其他 1 ~ 9 代表各汽车制造厂自行定义的故障码。

③第三位数字代表由 SAE 定义的故障范围，见表 1 - 8。

表 1 - 8　SAE 定义的故障范围

故障码	诊断内容	故障码	诊断内容
1	燃料和进气系统故障	5	怠速控制系统故障
2	燃料和进气系统故障	6	电脑或执行元件系统故障
3	点火系统不良或发动机间歇熄灭	7	电控变速器控制系统故障
4	废气控制系统故障	8	电控变速器控制系统故障

④第四位代表汽车制造厂原厂故障码：A 组高压、低压线圈不定。

1996 年全世界主要汽车制造厂(公司)都在其生产的汽车上采用了 OBD - Ⅱ型随机诊断装置。OBD - Ⅱ诊断装置必须使用专用仪器才能读出故障码。

1994—1995 年生产的汽车，各公司还保留原来的短接读取故障码的诊断插座。

TOYOTA：1994 年 10% 的车采用 OBD - Ⅱ，1995 年采用 OBD - Ⅱ的有 40%，同时保留原有诊断座。TOYOTA CAMRY(佳美)IMZ - FE 发动机，只要短接原有插座 TE1 和 E1 端子或 OBD - Ⅱ诊断插座的 5#和 6#端子，即可读取故障码。

GM 汽车公司：将 OBD - Ⅱ端子 13 搭铁，从“GHECK ENGINE”灯读取故障码。

FORD 汽车公司：与 GM 汽车公司相同。

CHRYSLER 汽车公司：点火开关置 ON，等待 5 ~ 10s 后，从“CHECK ENGINE”灯读取故障码。

5. OBD - Ⅱ故障码表

OBD - Ⅱ要用专用仪器读出故障码，但也可以通过跨接端子 5 和 6 人工读取故障码。其跨接方式见《维修手册》。OBD - Ⅱ故障码表见表 1 - 9。

表1-9 OBD-Ⅱ故障码含义表

P0141	副氧传感器加热器或电路短路	P0340	发动机在启动和运转中，凸轮传感器信号未送入ECU
P0150	后氧传感器电压偏低或偏高	P0401	发动机达到工作温度。车速达80 km/h以上，行驶3~5 km，EGR温度信号低于40℃
P0153	后氧传感器变动率太低	P0402	EGR电磁阀不良或EGR阀漏气
P0171	氧传感器电压低，混合比稀	P0420	催化剂效果不佳
P0172	氧传感器电压高、混合比浓	P0500	无法取得车速信号
P0201	No.1缸喷油器电路不良	P0505	怠速电机工作不佳
P0202	No.2缸喷油器电路不良	P0510	节气门位置传感器不良
P0203	No.3缸喷油器电路不良	P0720	变速器车速传感器信号不良
P0204	No.4缸喷油器电路不良	P0750	换挡电磁阀A不良
P0205	No.5缸喷油器电路不良	P0753	换挡电磁阀A开路或短路
P0206	No.6缸喷油器电路不良	P0755	换挡电磁阀B不良
P0300	发动机有间歇性不点火	P0758	换挡电磁阀B开路或短路
P0301	No.1缸间歇不点火	P0770	液力变矩器(TCC)离合器电磁阀不良
P0302	No.2缸间歇不点火	P0773	液力变矩器离合器电路开路或短路
P0303	No.3缸间歇不点火	P1300	IGF或IGT点火信号不良
P0304	No.4缸间歇不点火	P1500	无启动信号
P0305	No.5缸间歇不点火	P1600	电源线开路
P0306	No.6缸间歇不点火	P1605	ECU控制爆震信号不良
P0325	发动机转速在2500 r/min以上，爆震信号未送入ECU	P1705	变速器第二车速传感器信号不良
P0330	发动机在2000 r/min以上，爆震信号未送入ECU	P1765	变速器管路压力电磁阀不良
P0335	发动机在启动和运转中，曲轴传感器信号未送入ECU	P1780	P/N挡位开关信号不良

6. OBD-Ⅱ故障码读取方法举例

读取随车电脑诊断系统OBD-Ⅱ的故障码可以使用专用仪器。下面列举一些利用跨接导线的读取方法。

(1)通用公司车系读取发动机故障码的方法，是将OBD-Ⅱ诊断座的6#端子搭铁，再从仪表板上“CHECK ENGINE”灯闪烁去读故障码。

(2)福特公司车系读取发动机故障码的方法，是将OBD-Ⅱ诊断座的13#端子搭铁，再从仪表板上“CHECK ENGINE”灯闪烁去读故障码。

(3)克莱斯勒公司车系可将点火开关接通，等 5 ~ 10s 后，由“CHECK ENGINE”灯闪烁去读故障码。

(4)丰田车系发动机故障码的读取方法，是将 OBD – Ⅱ16 针诊断座 5#、6#端子跨接或将 TEI、E_1 端子跨接，由仪表板上“CHECK ENGINE”灯闪烁读取故障码。

(5)三菱车系可由 OBD – Ⅱ诊断座读取 5 个系统的故障码。①发动机故障码的读取可将 OBD – Ⅱ诊断座 1#端子搭铁，由仪表板上“CHECK ENGINE”灯闪烁来读取故障码。②变速器电脑故障码可由 LED 显示灯跨接 OBD – Ⅱ诊断座的 6#和 4#端子，由跨接 LED 灯的闪烁数来读取。LED 灯是一只发光二极管串接一只 0.5W、330 ~ 360W 电阻。③ABS 电脑故障码可由 LED 灯跨接 OBD – Ⅱ诊断座 8#、4#端子，由 LED 灯闪烁来读取。ABS 故障码的清除方法是在点烟器后方有一个两头插头，分别为红/黄和绿/白线，两线分别与 ABS 电脑 9#及 10#端子相连。跨接上述两线，将点火开关接通，此时 ABS 电磁阀全关，LED 灯闪烁；等待 7s 后，将点火开关关闭，并将跨接线断开；再将点火开关接通，即清除了 ABS 故障码。④安全气囊 SRS 电脑故障码可用 LED 灯跨接 OBD – Ⅱ诊断座 12#和 14#端子，由 LED 灯闪烁来读取。⑤定速 CCS 电脑故障码可用 LED 灯跨接 OBD – Ⅱ诊断座 13#和 4#端子，由 LED 灯闪烁来读取。

(6)沃尔沃车系读取发动机故障码方法，是在 OBD – Ⅱ诊断座 3#端子跨接 LED 灯来读取故障码。

1.3.6　电喷发动机检修时的注意事项

电喷发动机的微机控制系统是比较复杂的，且对高压电和高温都很敏感，因此在使用中应注意以下几点：

(1)不论发动机是否在运转，只要在点火开关接通时，决不可断开正在工作的 12 V 的电气装置。因为在断开这些装置时，由于任一线圈的自感作用，都会产生很高的瞬间电压，有可能超过 7000 V，使微机与传感器严重受损。下列装置为不能断开的部分电气装置：蓄电池的任一电缆线、混合气控制电磁阀、怠速控制装置(步进电动机)、电子喷油器、二次空气喷射电磁阀(气泵电磁阀)、点火装置的导线、微机的 PROM(可编只读存储器)、任何微机的导线、鼓风机导线连接器及空调离合器导线等。

(2)跨接启动其他车辆或用其他车辆跨接启动本车时，须先断开点火开关，才能拆装跨接蓄电池电缆线。

(3)电喇叭不能装在靠近微机的地方，因为喇叭中磁铁的磁场会损坏微机中的线路部件。

(4)在车身上使用电弧焊时，应先断开微机电源。在靠近微机或传感器的地方进行车身修理作业时，应特别小心。

(5)在拆装 PROM 时，操作人员应先使自己接地(接触车身)，否则，身上的静电会损坏微机电路。

(6)如刮水器泄漏，应先尽快修理，以免装在前舱下壁板上的微机受潮而损坏。

(7)除了在测试程序中特别指明的外，不能用指针型欧姆测试微机和传感器，可使用高阻抗电表进行测试。

(8)不要用测试灯去测试任何和微机相连的电气装置。为防止微机和传感器受损，除非另有说明，否则都须采用有阻抗数字测试仪表。

(9)人体静电放电的电压可能达到10000 V。因此，对微机操纵的数字式仪表进行维修作业或靠近这种仪表时，一定要带上接铁金属带，将其一头缠在手腕上，另一头固定在机身上。

(10)蓄电池的极性不能接反，以防 EFI 计算机遭受到损坏。

(11)喷油器上的“O”形密封圈是一次性零件，不能重复使用，拆检喷油器后须更换新的，以保证其良好的密封性。

(12)电控系统的故障较少。常见故障往往是由接线不良引起的，所以要保证各接头、接线柱的清洁和可靠接触。EFI 计算机是高质量机件，本身故障较少，需要检查时，要用专用仪器，一般不允许拆修。

(13)在确定点火系统和发动机本身无故障后，才能检查燃料系统。

(14)检查燃料系统之前，应拆去蓄电池的接地线，以防损坏机件。但拆去蓄电池接地线后，微机的记忆诊断编码会自动消除，必要时应在拆线前用专用仪器先读取故障码。

(15)在打开点火开关、发动机没有启动时，警告灯亮为正常，启动后灯应熄灭。若灯仍亮，表示微机已检测到系统中的故障。

(16)电喷发动机的电动汽油表的出油压力比一般燃油系的电动汽油表的出油压力要高得多，损坏后一般无法代用，只能使用专用的电动汽油泵。

(17)电喷发动机要求汽油的清洁度更高，使用中应定期更换燃油滤清器滤芯，并尽量使用无铅汽油。

另外，进行检查作业的场地要远离易燃物，作业中不得抽烟，以防发生意外事故。

项目实施

任务1　发动机电控系统的识别

一、发动机电控系统的主要元件

电子控制系统（简称电控系统）是指采用计算机等电子设备作为控制装置的自动控制系统。任何一种电子控制系统，其主要组成都可分为信号输入装置、电子控制单元（ECU）和执行元件三大部分，如图1－15所示。

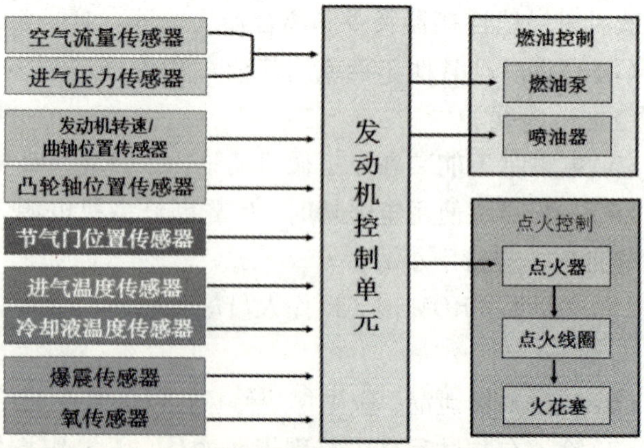

图1－15　电控系统的基本组成

(1)电子控制系统中的信号输入装置是各种传感器。传感器的功用是采集控制系统所需的信息，并将其转换成电信号通过线路输送给ECU。

表 1-10 电控发动机输入信号一览表

序号	名称	英文缩写	作用	位置
1	空气流量传感器	MAFS	检测进气流量，计算进气量，决定基本喷油量和基本点火提前角	节气门前，空滤之后
2	进气管绝对压力传感器	MAPS	检测节气门后方进气管内的进气压力，计算进气量，决定基本喷油量和基本点火提前角。同时安装进气流量，提高检测精度	节气门后方的进气管上
3	节气门位置传感器	TPS	反映节气门开度（负荷）的大小，判定发动机怠速、部分负荷、全负荷工况，实现不同的控制模式；反映节气门变化快慢（加速、减速），实现加速加油和减速减油或断油控制	节气门拉线对面
4	凸轮轴位置传感器	CMPS	判定凸轮轴位置（一缸压缩上止点位置）	分电器、凸轮轴
5	曲轴位置传感器	CKPS	产生发动机曲轴转速信号，决定基本喷油量和基本点火提前角； 产生曲轴基准位置信号（一缸上止点信号），计算曲轴转角；产生发动机曲轴转角信号，判定曲轴（或活塞）位置	曲轴、凸轮轴、分电器
6	进气温度传感器	THA	检测进气温度，修正喷油脉宽和点火正时	进气温度传感器可独立装于气路；可以在节气门前或节气门后
7	发动机冷却液温度传感器	THW	检测发动机温度，修正喷油脉宽和点火正时	冷却液温度传感器装于缸体、缸盖的水套或节温器上
8	车速传感器	VSS	检测汽车行驶速度，提供车速信号用于巡航控制、限速断油控制	
9	氧传感器	O_2S	检测排气中氧的含量，反馈混合气浓度	排气管上
10	爆震传感器	KS	检测发动机是否爆震，修正点火正时控制	缸体、火花塞
11	空调开关	A/C	发出空调启动信号，用于修正燃油喷射控制和点火控制	
12	启动开关	STA	提供启动信号，用于修正燃油喷射控制和点火控制	
13	挡位开关	P/N	提供挡位信号，用于修正燃油喷射控制和点火控制	

（2）电子控制单元（ECU）是一种综合控制电子装置，其功用是给各传感器提供参考（基准）电压，接收传感器或其他装置输入的电信号，并对所接收的信号进行存储、运算和分析处理，根据计算和分析的结果向执行元件发出指令。具体如下：

- 给传感器提供电压，接受传感器和其他装置的输入信号，并转换成数字信号；
- 储存该车型的特征参数和运算所需的有关数据信号；
- 确定计算输出指令所需的程序，并根据输入信号和相关程序计算输出指令数值；
- 将输入信号和输出指令信号与标准值进行比较，确定并存储故障信息。
- 向执行元件输出指令，或根据指令输出自身已储存的信息；
- 自我修正功能(学习功能)。

(3)执行元件是受ECU控制并执行某种控制功能的装置。在发动机集成控制系统中主要有：喷油器、点火器、怠速控制阀、巡航控制电磁阀、节气门控制电动机、EGR阀、进气控制阀、二次空气喷射阀、活性炭罐排泄电磁阀、油泵继电器、风扇继电器、空调压缩机继电器、自诊断显示与报警装置、仪表显示器等。

表1-11 主要执行元件功能表

序号	元件名称	主要功能
1	电动燃油油泵	输送燃油并建立一定油压
2	喷油器	将燃油以一定压力喷出并雾化
3	点火器	控制点火线圈的模块
4	怠速控制阀	根据需要控制怠速进气量
5	巡航控制电磁阀	在发动机实行巡航控制室操纵节气门
6	节气门控制电动机	电子节气门中根据信号开关节气门
7	EGR阀	控制废气循环量，降低排放中的氮气
8	二次空气喷射阀	控制二次喷射进气量

二、发动机系统的识别

对于汽车发动机的识别可以通过汽车维修手册、汽车铭牌、汽车VIN代码等途径来进行。VIN是英文Vehicle Identification Number(车辆识别码)的缩写。因为ASE标准规定：VIN码由17位字符组成，所以俗称十七位码。它包含了车辆的生产厂家、年代、车型、车身形式及代码、发动机代码及组装地点等信息。正确解读VIN码，对于我们正确地识别车型以至进行正确地诊断和维修都是十分重要的。

不同的生产厂家VIN码中代表发动机型号的数字位置不尽相同。如美国福特汽车公司轿车VIN码中第八位是发动机型号代码，德国宝马汽车公司轿车是第七位，德国奔驰汽车公司轿车是第五位，日本丰田汽车公司凌志轿车是第四位。

任务2 故障码的读取与清除

一、故障码概述

1. 自诊断系统工作原理

发动机电控系统工作时，自诊断系统把检测到的非正常输入输出信号设置为故障信号，自诊断系统故障主要有以下几种。

(1)当电路出现超出规定范围的信号时，故障诊断系统就判定该电路信号出现故障。如水温传感器正常时其输出电压信号在0.1～4.8 V范围内变化。若冷却液温度传感器输出电压低于0.1 V(相当于水温高于139℃)或高于4.8 V(相当于水温低于-50℃)时，ECU即判定为故障信号，存入存储器。

(2)发动机运转时，当ECU在一段时间里收不到某一传感器的输入信号或输入信号在一段时间内不发生变化，ECU亦判定为故障信号。如发动机在正常工作温度下运转时，ECU在一分钟以上检测不到氧传感器的输出信号或氧传感器信号在0.3～0.6 V间1 min以上没有变化，即判定为氧传感器电路有故障。

(3)发动机正常工作中，如果偶然出现一次不正常信号，ECU诊断系统不会判断为故障。只有当不正常信号持续一定时间或多次出现时，ECU才将其判定为故障，如发动机转速在1000 r/min时，转速信号(Ne信号)丢失了3～4脉冲信号，ECU不会判定为Ne信号故障，同时，“CHECK ENGINE”灯也不会点亮，Ne信号的故障也不会存入ECU内。

ECU判断出的故障，只能提供故障的性质和范围，如水温传感器与ECU间配线断路时，水温传感器输出电压信号就会高于4.8 V(正常为0.1～4.8 V)，这时ECU判定和输出的故障信息为水温传感器发生故障故应进一步检查确定。

2. 故障码读取触发方式

故障码读取触发方式主要有：跨接诊断座中触发、诊断座中触发线搭铁触发、外接LED灯(故障笔)触发、点火开关触发、插保险丝触发、加速踏板触发、旋转电位计触发、自动触发。

3. 故障信息的显示方式

ECU故障自诊断系统检测到故障信号经判断为故障后，即将故障信息以故障码的形式存储到ECU存储器中。通过一定操作程序将故障码或故障资料按特定的方式显示出来。不同车型故障信息的显示方式也不同。主要有以下几种：

(1)由“CHECK ENGINE”灯闪烁故障码(检查发动机)。当发动机工作正常无故障时，接通点火开关至“ON”位置，“CHECK ENGINE”灯点亮。发动机启动后转速高于500 r/min时此灯应熄灭。否则为有故障发生，用专用跨接线跨接诊断座或通过其他操作可将故障码以“CHECK ENGINE”灯的一定闪烁方式显示出来。故障排除后，“CHECK ENGINE”灯在发动机转速高于500 r/min时熄灭。

(2)用LED(故障显示)灯跨接诊断座上故障诊断输出端子，或跨接专用检测仪器，如百分率表、闭角表、电脑检测仪等直接读取故障码或故障信息资料。

(3)由主电脑ECU壳体侧面显示灯显示故障码。

(4)由仪表盘上显示屏直接显示故障码、信息资料及数据。

二、诊断仪读取与清除故障码

1. 安全注意事项

(1)在靠近电脑或传感器的地方进行修理作业时，应倍加注意，以免损坏ECU和传感器。启动发动机前，应查看能否安全启动，以免启动发动机时伤人或损伤设备。

(2)测试前应正确选择测试接头，因各车型诊断座提供电源形式不一，可能要接或不接外界电源，避免因电路使用不当而烧坏机器。

(3)测试前，首先将测试卡插入仪器的测试卡插口，然后接通电源。测试结束后，应先切断电源，然后将测试卡从仪器上取下。

(4)使用外接12 V电源时，只能使用汽车电瓶或ADC2000专用12 V开关电源，使用其他电源可能会对设备造成损害。

2. 测试条件

(1)汽车电瓶电压应在11～14 V，X－431的额定电压为12 V。

(2)节气门应处于关闭状态，即怠速结合点闭合。

(3)点火正时和怠速应在标准范围，水温和变速箱油温要达到正常工作温度。

3. 电脑提取故障码(以元征X－431诊断仪为例)

序号	操作步骤	示例
1	进入功能菜单 连接完毕后，按［POWER］键启动X－431电眼睛，启动完成后按［HOTKEY］键直接进入汽车诊断主界面(或点击［开始］按钮，并在其弹出菜单中选择［诊断程序］→［汽车解码程序］进入)，如图所示。 按钮说明： ●［开始］：继续执行下一步操作。 ●［退出］：退出诊断程序。 ●［BOX信息］：显示SMARTBOX版本信息。 ●［帮助］：查看帮助信息。	
2	点击［开始］按钮，屏幕显示车系选择菜单，如图所示。 按钮说明： ●［后退］：返回上一界面。 ●［上翻页］：显示同级菜单的上一页，如果所显示的内容只有一页或当前页为第一页，则该按钮为灰色且不可用。 ●［下翻页］：显示同级菜单的下一页，如果所显示的内容只有一页或当前页为最后一页，则该按钮为灰色且不可用。 ●［帮助］：查看帮助信息，帮助信息的内容与当前界面的内容相关。	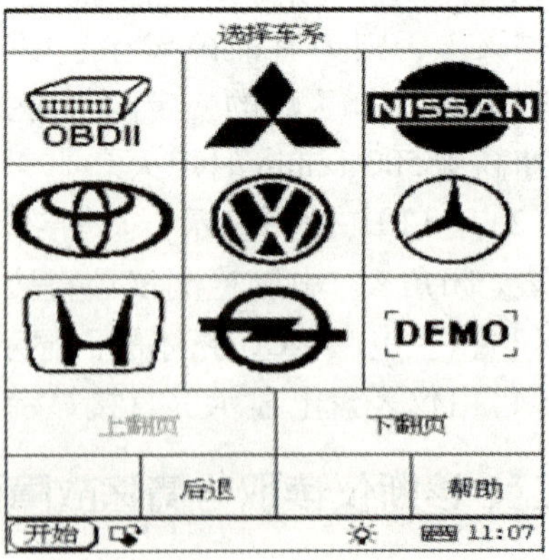

序号	操作步骤	示例
3	点击丰田车图标，屏幕显示丰田车系诊断软件版本选择菜单，如图所示。 按钮说明： ●［后退］：退回前一界面。 ●［帮助］：查看帮助信息。	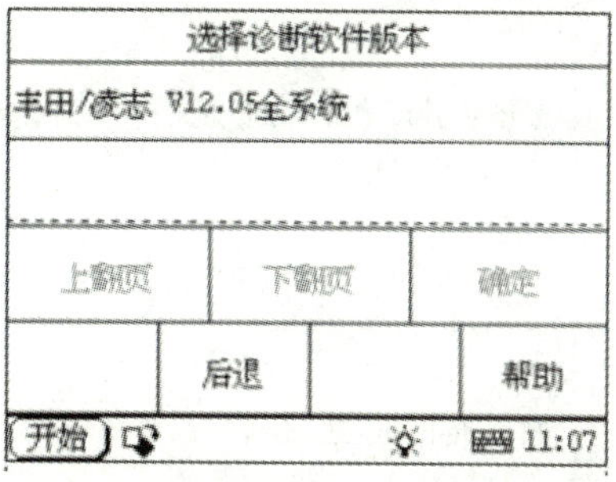
4	点击［丰田/凌志 V12.05 全系统］，屏幕显示如图所示。 汽车的各电控系统，主要包括： ●引擎和自动变速箱系统 ●ABS ●安全气囊系统 ●车身系统 ●仪表系统 ●空调系统 ●防盗系统 ●巡航系统	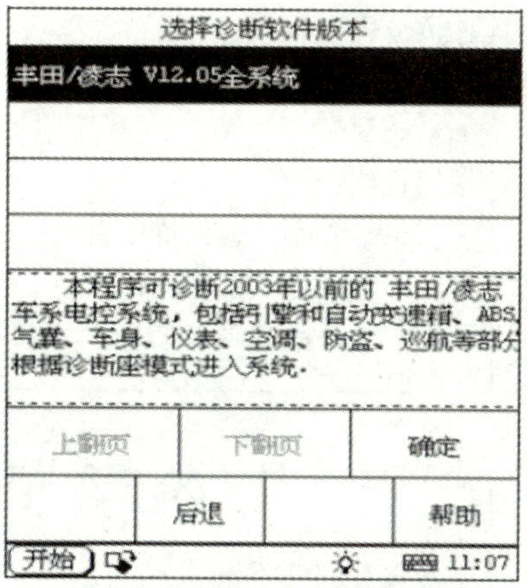
5	点击［确定］按钮，X－431 将对 SMARTBOX 进行复位和检测，并从 CF 卡下载诊断程序，如图所示。	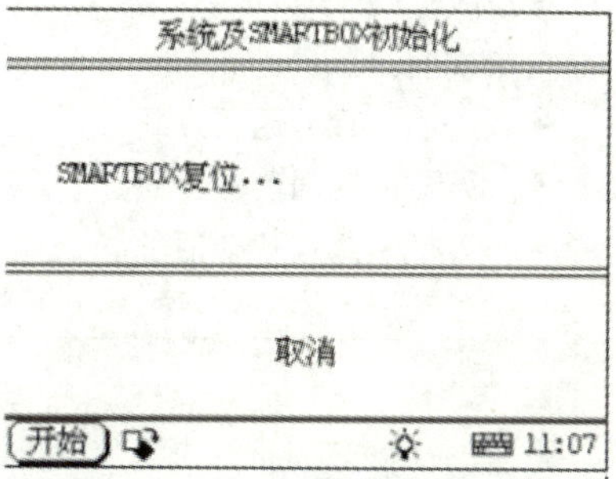
6	点击［OBD－Ⅱ 16PIN 诊断座］，屏幕显示该类型诊断座车型对应的测试系统菜单，如图所示按钮说明： ●［诊断首页］：返回诊断首页。 ●［后退］：退回前一界面。 ●［下翻页］：显示下一页的内容。 ●［帮助］：查找帮助信息。	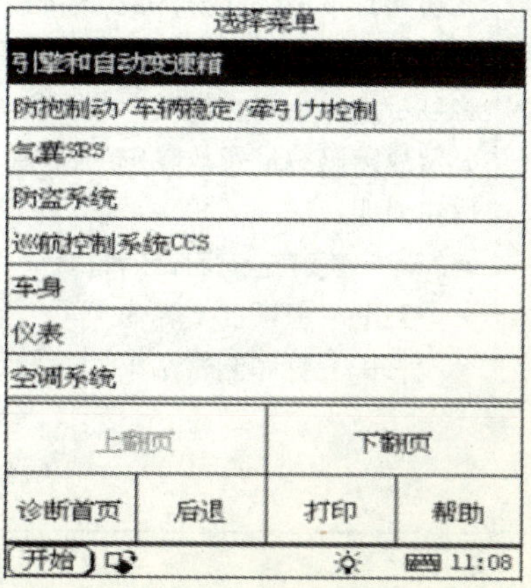

序号	操作步骤	示例
7	点击[引擎和自动变速箱系统]，屏幕显示： X－431 正在与汽车 ECU 通信。	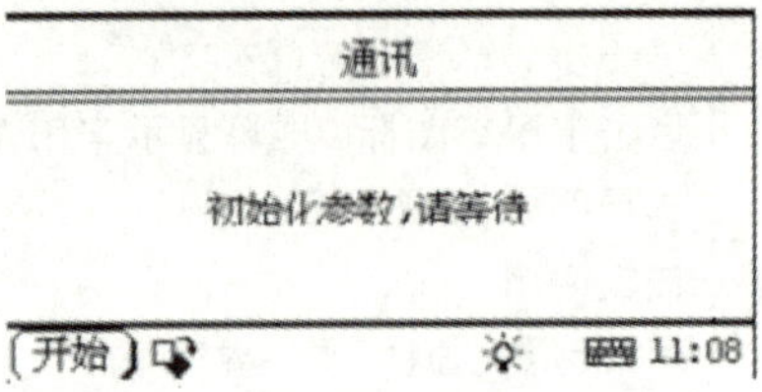
8	如果通信成功，屏幕显示引擎和自动变速箱系统功能菜单： • 读故障码 • 读数据流 • 动态测试 按钮说明： • [诊断首页]：返回诊断首页。 • [后退]：退回前一界面。 • [帮助]：查找帮助信息。	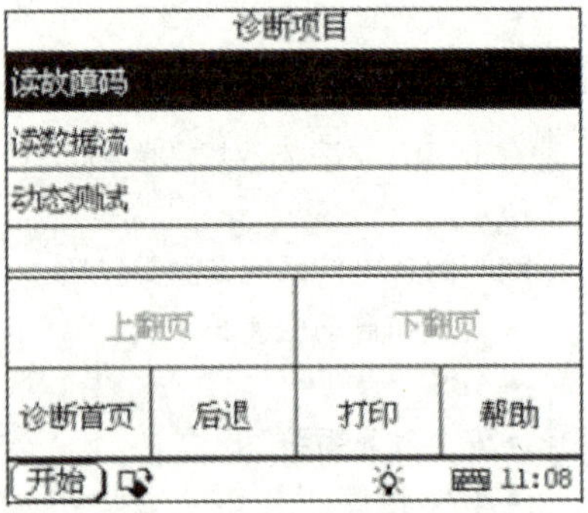
9	点击[读故障码]按钮，屏幕显示读故障码的功能菜单： • 故障代码 • 清故障码 按钮说明： • [诊断首页]：返回诊断首页。 • [后退]：退回前一界面。 • [帮助]：查找帮助信息。	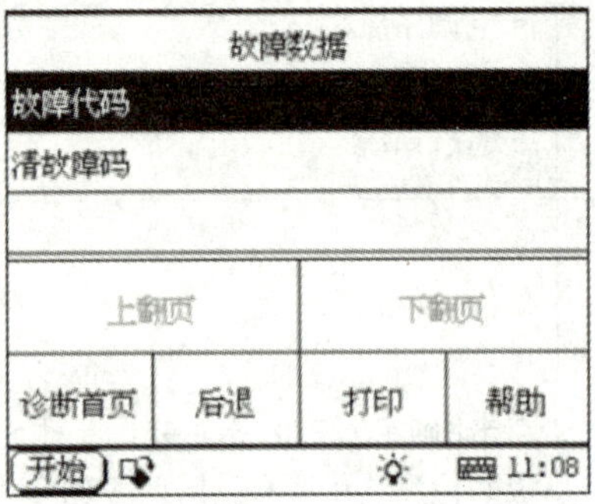
10	在功能菜单中，点击[故障代码]选项，X－431 即执行故障码读取功能。如果故障码读取成功，屏幕将显示读取结果。如果所测系统有故障码，屏幕将显示故障码编号及故障码的说明，如图所示。 按钮说明： • [诊断首页]：返回诊断首页。 • [后退]：退回前一界面。 • [打印]：打印测试结果。	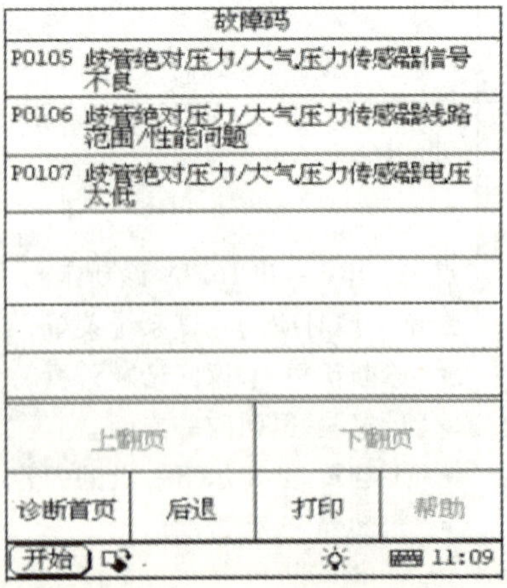

序号	操作步骤	示例
11	在“读故障码”功能菜单中，点击[清除故障码]选项，屏幕显示如图所示。 按钮说明： ●[是]：执行清除故障码。 ●[否]：取消清除故障码。	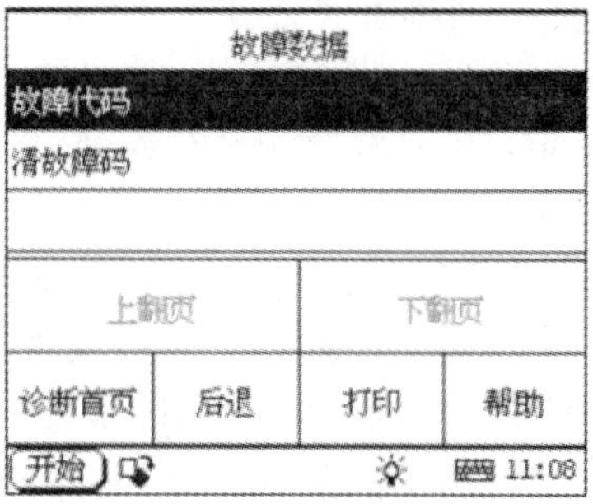
12	点击[是]按钮，屏幕显示“故障码被清除”，表示已清除故障码。 按钮说明： ●[确定]：返回功能菜单。	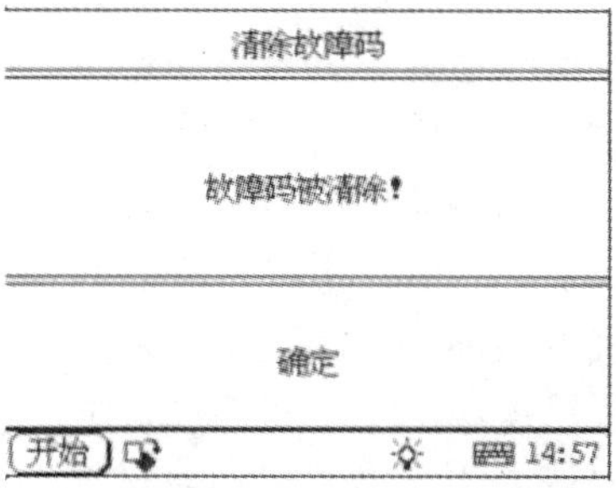
13	点击[后退]按钮，返回功能菜单。 按钮说明： ●[诊断首页]：返回诊断首页。 ●[后退]：退回前一界面。 ●[帮助]：查找帮助信息。	

项目拓展

FSI 发动机

FSI 发动机是 Fuel Stratified Injection 的简写，意思是燃油分层喷射，是基于 GDI(缸内直喷式发动机)的一种技术。与常规的气道喷射点燃式发动机相比，FSI 将燃油直接喷入燃烧室，由于喷雾的气化冷却作用，它优化了充气效率，实现了汽油机的质调节，不再需要节气门，从而大大降低了进气损失；分层燃烧减少了发动机的传热损失，增大了满负荷的输出功率并降低了部分燃油消耗。

FSI 发动机在发动机低速或中速运转时采用分层注油模式，此时节气门为半开状态，空气由进气管进入汽缸撞在活塞顶部，由于活塞顶部制作成特殊的形状因而在火花塞附近形成期望中的涡流。当压缩过程接近尾声时，少量的燃油由喷射器喷出，形成可燃气体。这种分层注油方式可充分提高发动机的经济性，因为在转速较低、负荷较小时除了火花塞周围需要形成浓度较高的油气混合物外，燃烧室的其他地方只需空气含量较高的混合气即可，而 FSI 使其与理想状态非常接近。当节气门完全开启，发动机高速运转时，大量空气高速进入汽缸形成较强涡流并与汽油均匀混合，从而促进燃油充分燃烧，提高发动机的动力输出。电脑不断地根据发动机的工作状况改变注油模式，始终保持最适宜的供油方式。燃油的充分利用，不仅提高了燃油的利用效率和发动机的输出，而且改善了排放。

FSI直喷发动机有如此多的技术优势，相应的其对发动机硬件或者油品的要求必然也很高。首先，它的喷油器是安装在燃烧室上的，汽油直接喷注到汽缸当中去，油路必须具备比缸内更高的压力才能把汽油有效地喷注到汽缸当中去。燃油管道内的压力提高以后，管道的各个接头的密封处的强度也要随之提高。这样，对喷油器的设计和制造工艺也提出了更高的要求。而且由于喷油器是直接安装在燃烧室上的，那么必须需要喷油器有耐高温的能力。其次，FSI直喷发动机的压缩比很高，达到了11.5，在这种情况下对油的标号和油质要求就很严格。就目前中国的情况来说，必须使用98号的高清洁度汽油。

FSI发动机的特点：FSI发动机按照发动机负荷工况，基本上可以自动选择两种运行模式。在低负荷时为分层稀薄燃烧，在高负荷时则为均质理论空燃比(14.6~14.7)燃烧。在这两种运行模式中，燃料的喷射时间有所不同，真空作动的开关阀进行开启/关闭。在高负荷中所进行的均质理论空燃比燃烧中，燃油则是在进气冲程中喷射。理论空燃比的均质混合气易于燃烧，不必借助涡流作用，因此，由于进气阻力减少，开关阀打开。而在全负荷以外，进行废气再循环，限制泵吸损失，由于直喷化而使压缩比提高到12.1，即使在均质理论空燃比混合气燃烧中，仍能降低燃油耗。进一步说，在FSI发动机中，在低负荷与高负荷之间，作为第三运行模式而设定了均质稀薄燃烧。在这种运行模式中，燃油在进气冲程喷射，并且由于产生加速稀薄混合气燃烧的纵涡流，开关阀被关闭。这时，阻碍燃烧的废气再循环(EGR)暂不进行。与均质理论空燃比燃烧不同的是，吸入空气量超过了燃油的喷射量。

项目小结

1. 发动机电控系统由传感器、执行器、发动机ECU三部分组成。

2. 电控发动机的工作原理是：发动机ECU采集空气流量信号、发动机转速信号、冷却液温度传感器信号、节气门位置传感器信号等与发动机运行相关的实时监控数据，对信号数据进行处理，与发动机ECU中数据库里保存的标准数据进行比较后，ECU向喷油器、点火器等执行器发出相应指令，对喷油喷射、点火正时、发动机怠速等进行控制，满足对发动机的控制要求，使发动机达到最佳运行状态。

3. 对电控发动机各种传感器与执行器的安置位置和作用做了详细的说明。指导学习者通过维修手册对不同发动机零部件进行认识。

4. 详细介绍了故障诊断仪X-431的使用方法，故障码的调取与清除、数据流的读取是本项目中必须掌握的内容。

5. 详细介绍了电控发动机故障诊断的基本原则与方法。

6. 介绍如何填写维修派工单等。

7. 介绍了故障灯亮的故障原因分析方法与途径。

任务工单

工单 1.1　发动机电控系统的认识

任务名称	发动机亮灯故障检修						
学习任务	发动机电控系统的识别					课时	4
班级		姓名		学号		评分	

第一部分：知识准备

（一）填空题

1. 20 世纪 60 年代，______________制造出了第一套电控喷油系统。
2. EFI 主要解决两个问题：一是________________，二是________________。
3. 发动机电控系统主要由____________、____________、____________三大部分组成。
4. 曲轴位置传感器的作用是____。
5. STA 信号的作用是____。
6. 维修人员可以从____获取发动机基本信息。
7. 发动机电控系统根据有无反馈分为________________和________________两类。

（二）连线题：将系列英文代码与相应的名称用线连接。

（三）在下图中标出各元件名称。

空气流量传感器	ESA
节气门位置传感器	CKPS
曲轴位置传感器	KS
凸轮轴位置传感器	CMPS
发动机冷却液温度传感器	ISC
爆震传感器	STA
启动开关	MAF
怠速控制	THW
点火控制	TPS

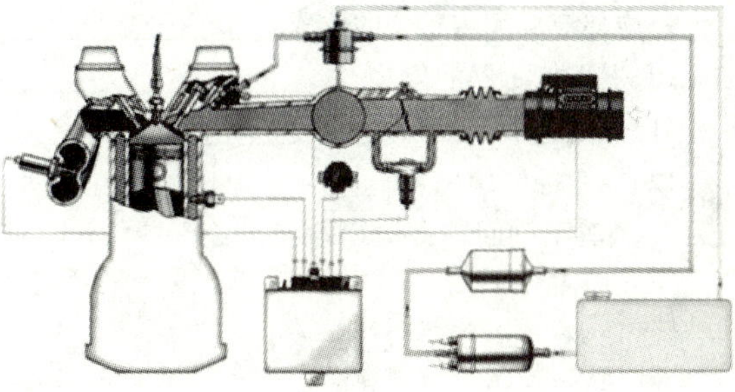

（四）简要描述发动机电控系统的工作过程。

第二部分：分析决策

1. 如何鉴别发动机电控系统的类型？

2. 从哪些地方入手了解所维护电控发动机的特点?

第三部分:操作实施

1. 本次维护汽车车款名称:____________;生产厂家:____________,汽车铭牌位置:____________________。

2. 本车款 VIN 代码________________________________。

3. 本车款发动机型号________________________________。

4. 本车款生产日期________________________________。

5. 发动机故障指示灯位置________________________________。

6. 元件位置说明:

1)燃油泵的位置________________________________。

2)喷油器的位置________________________________。

3)点火线圈的位置________________________________。

4)空气流量传感器/进气压力传感器的位置________________________________。

5)发动机转速/曲轴位置传感器的位置________________________________。

6)凸轮轴位置传感器的位置________________________________。

7)节气门位置传感器的位置________________________________。

8)进气温度传感器的位置________________________________。

9)冷却液温度传感器的位置________________________________。

10)爆震传感器的位置________________________________。

11)氧传感器的位置________________________________。

12)怠速控制阀位置________________________________。

7. 回答下列问题:根据情况在"有"、"无"上画"√"。

1)有无 EGR?	有	无
2)有无电子节气门?	有	无
3)有无电子气门正时?	有	无
4)有无二次空气喷射?	有	无
5)有无巡航控制?	有	无

8. 发动机电控系统 ECU 位置在________________________________。

9. 汽车保险盒有__________个,其位置分别在________________________________

________________________________。

画出发动机舱内保险盒内元件位置图,并标出名称。

通过上述检查,你有什么感受和结论?

工单 1.2　故障码与数据流的读取

任务名称	发动机亮灯故障检修						
学习任务	调取与清除故障码					课时	4
班级		姓名		学号		评分	

第一部分：知识准备

1. 当电路出现超出规定范围________V 时，故障诊断系统就判定该电路信号出现故障。

2. 发动机运转时，当 ECU 在一段时间里收不到某一传感器的输入信号或输入信号在一段时间内不发生变化，ECU 亦判定为________。

3. 偶然出现________不正常信号，ECU 诊断系统不会判断为故障。只有当不正常信号持续________时间或________出现时，ECU 才将其判定为故障。

4. 故障信息的显示方式有________、________、________、________。

5. 故障诊断仪可分为________、________两大类。

6. 德国大众车系装用 Motronic 系统的轿车，故障码的调取一般使用专用的故障诊断仪________或________。

第二部分：分析决策

1. 通用公司车系读取发动机故障码的方法，是将 OBD－Ⅱ诊断座的________端子搭铁，再从仪表板上"CHECK ENGINE"灯闪烁去读故障码。

2. 福特公司车系读取发动机故障码的方法，是将 OBD－Ⅱ诊断座的________端子搭铁，再从仪表板上"CHECK ENGINE"灯闪烁去读故障码。

3. 克莱斯勒公司车系可将点火开关接通，等________s 后，由"CHECK ENGINE"灯闪烁去读故障码。

4. 丰田车系发动机故障码的读取方法，是将 OBD－Ⅱ16 针诊断座________端子跨接或将________端子跨接，由仪表板上"CHECK ENGINE"灯闪烁读取故障码。

第三部分：操作实施

调取与清除故障码的步骤（以元征 X－431 诊断仪为例）

习 题

一、判断题

1. 在发动机集中控制系统中，同一传感器信号可应用于不同子控制系统中。（ ）

2. 现代汽车广泛采用集中控制系统，是将多种控制功能集中到一个控制单元上。（ ）

二、填空题

1. 电控燃油喷射系统用英文表示为________，怠速控制系统用英文表示为________。

2. 目前，应用在发动机上的电子控制系统主要包括电控燃油喷射系统、________和其他辅助控制系统。

3. 在电控燃油喷射系统中，除喷油量控制外，还包括喷油正时控制、________和________控制。

4. 电控点火系统最基本的功能是________。此外，该系统还具有________控制和________控制功能。

5. 排放控制的项目主要包括废气再循环控制、活性炭罐电磁阀控制、氧传感器和________、________控制等。

6. 传感器的功用是________。

7. 凸轮轴位置传感器作为________控制和________控制的主控制信号。

8. 爆震传感器是作为________控制的修正信号。

9. 电子控制单元主要是根据________确定基本的喷油量。

10. 执行元件受________控制，其作用是________。

11. 电控系统由________、________、________三大部分组成。

12. 电控系统有________、________两种基本类型。

13. 应用在发动机上的电子控制技术有：电控燃油喷射系统、________、________、________、进气控制系统、增压控制系统、巡航控制系统、警告提示、自诊断与报警系统、失效保护系统、应急备用系统。

14. ________是采集并向 ECU 输送信息的装置。

15. ________是发动机控制系统核心。

16. STA 信号主要作用是________。

17. 空挡启动开关信号的作用是________。

三、问答题

1. 怠速控制系统的功用是什么？

2. 自诊断系统的功用是什么？

3. OBD－Ⅱ有什么特点？

4. 电控技术对发动机性能有何影响？

5. 传感器的功用是什么？

6. 什么叫开环控制系统？什么叫闭环控制系统？

7. 电子控制单元的功用是什么？

项目二　发动机不能启动故障检测

学习目标

1. 能运用发动机故障诊断仪读取发动机故障代码和数据流；
2. 能描述 ECU 电源电路组成和控制原理及电源电路故障检修方法；
3. 能描述曲轴位置传感器和凸轮轴位置传感器的类型和工作原理；
4. 会进行传感器的检测与分析；
5. 能描述点火系统的结构和控制原理；
6. 会进行点火系统的故障检修；
7. 能描述燃油供给系统的组成和工作原理；
8. 能对喷油器和电动燃油泵控制电路进行分析；
9. 会检测喷油器和燃油泵；
10. 能掌握电控发动机油路故障诊断的基本原则与方法。

案例引入

一辆别克君威，发动机为四冲程 V 型 6 缸 2.98 升汽油机，行驶了 15 万公里。客户反映该车每天早上都难以启动，即使启动了也很难加速。今天发动机更是不着火了。开始时还可以启动，就是排气管冒黑烟，还有浓浓的汽油味，但是启动几次后就无法启动了。自己下车检查了一下，蓄电池有电，输油管好像油压不是很足。还有就是以前可以启动时发动机有很大的噪声并且还有很明显的抖动，但是加速后又好了点。针对如此故障，作为专业维修服务人员，如何向客户解释故障是怎样产生的？如何对此类故障进行诊断分析？用什么方法及设备进行排除？

项目分析

1. 故障分析

当启动系统的电路通过检测，证明确实没有故障之后，就应将注意力集中在发动机为什么不能运转上了。影响发动机运转的因素主要有四个：电火花、燃油、汽缸压力和正时。

传感器部分的如空气流量传感器、节气门位置传感器、冷却液温度传感器、转速或曲轴位置传感器等有故障。执行器部分的点火控制器、电动汽油泵或冷启动喷油器不工作，喷油器有严重漏油。其他部分如油箱中无油、油路压力过低、电源或点火系统有故障、空气滤清器堵塞或进气管漏气严重、发动机气缸压力过低或防盗系统锁死、空挡启动开关输出信号不良、发动机控制模块电脑损坏。高级轿车的自动变速器空挡启动开关信号输出错误或发动机防盗系统触发、锁死都会造成发动机不能正常运行。

2. 故障检修

(1)检查蓄电池的连接、电压和电解液密度等情况。

(2)检查油路部分：将油压表接至管路中燃油滤清器与油压调节器之间，打开点火开关，观察油泵是否工作；若不工作，应查熔丝、油泵、油泵继电器的工作情况；若工作，再观察油压情况，若无油压或油压不足，则表明油箱内无油或油路有堵塞，应查油量、燃油滤清器、油压调节器等工作部件技术状况。

(3)检查点火部分：用高压火试火器检验高压火跳火情况，观察高压线端有无强烈的蓝色火花。若无或很弱，应查高压线、点火控制器、高压线圈、分电器、曲轴位置传感器等部件；若有高压火，则用同样的“吊火”方法查各分缸高压线工作情况，检查点火正时、启动喷油器正时开关等。

(4)检查车用传感器：将汽车故障诊断专用插座孔用导线跨接或用汽车专用诊断仪与汽车诊断插座相连；置点火开关至“ON”位，读取发动机故障码。根据显示的故障码，参照故障说明书，便可针对相应元器件进行检测、诊断，查找并排除故障。

(5)检查执行器：查火花塞、喷油器是否工作良好，其检修方法是：取下被油淹了的火花塞进行清洗或在火上灼烧(油淹火花塞多因启动发动机之前反复打开点火开关或将节气门踏板踩到底以求加大供油以及冷启动喷油器造成)；若火花塞良好，再查喷油器的两接线端，接通点火开关，启动发动机，察看二极管的频闪现象，若无频闪，应查喷油器与电源、电脑之间的接线是否良好，喷油器阻值是否符合标准值。另外，还应查燃油管路有无渗漏和变形、熔丝、输油泵、燃油滤清器、燃油压力调节器和开路继电器等工作情况。

(6)检查辅助空气阀：若辅助空气阀不良，应再查冷却液软管、空气软管和气缸压缩压力。若气缸压缩压力低于规定值时，表明发动机有漏气，应拆检发动机排除。

(7)用万用表检查电控系统电子控制回路：查配线连接情况；向 ECU 供电，检查熔丝、熔断器和主继电器；检查真空传感器、冷却液温度传感器、空气流量传感器、喷射信号回路。

(8)检查进气管路有无真空泄漏、查滤清器盖、机油油面高度、软管连接、PCV 软管、EGR 阀是否持续开启。

项目内容

2.1 ECU 及电源电路

2.1.1 ECU 及电源电路

发动机 ECU 是发动机电控系统的核心，ECU 电源电路是保证 ECU 正常工作的前提。它的故障一般会导致整个发动机电控系统工作瘫痪，并且无发动机故障码输出。发动机无初始燃烧故障首先表现的是发动机无任何着火征兆，故首先判断的应该是有电路故障，此时应该优先利用万用表等仪器检查ECU电源电路，判断出是否是保险丝、继电器、线路连接等方面有问题，并进行修复。

2.1.2　ECU电源电路的类型识别

1. ECU电源的作用

(1)提供ECU工作电源，使ECU正常工作。

(2)当收到冲击电流电压时，对ECU进行保护。

2. ECU电源的结构

发动机ECU电源的构成在不同生产厂家据其控制功能有不同的形式，但都包括蓄电池、继电器、保险、点火开关三个基本元件。根据其控制方式不同可分为点火开关直接控制式和发动机ECU控制式。

1)点火开关直接控制式

图2-1所示为点火开关直接控制式ECU电源电路，从图可看出，ECU电源输入有三个端子：BATT、+B、$+B_1$。其中BATT是常设电源端子，其作用是给ECU存储器提供电源，保证数据在发动机停机时不会丢失，其不受任何控制，只要连接良好和主保险、EFI保险正常就能提供电源；+B、$+B_1$是工作电源端子，提供ECU正常工作时的电源，其受控于点火开关。当点火开关置于ON位置时，蓄电池通过点火开关向EFI主继电器供电，EFI主继电器供电触点闭合，蓄电池经主保险、EFI保险、EFI主继电器供电触点向+B、$+B_1$供电。E_1为ECU搭铁。

2)发动机ECU控制式

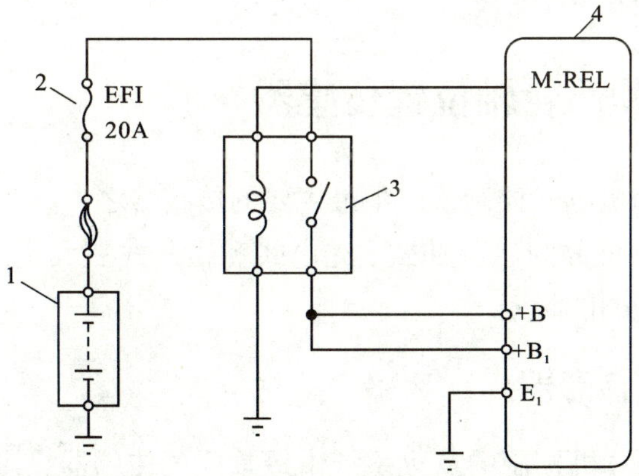

图2-1　点火开关直接控制式ECU电源电路

1—蓄电池；2—EFI保险；

3—EFI主继电器；4—发动机控制模块(ECU)

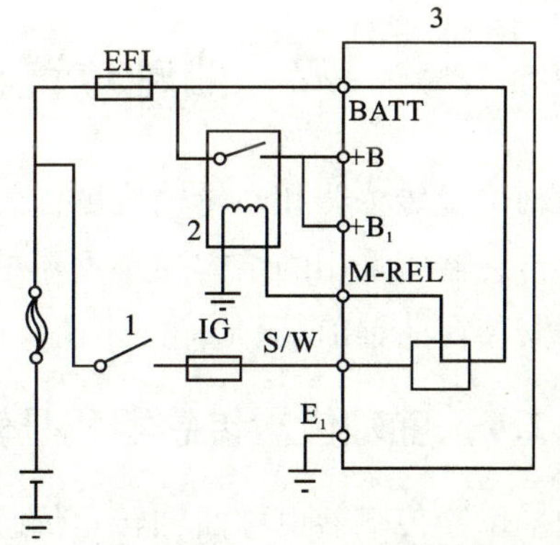

图2-2　发动机ECU控制式ECU电源电路

1—点火开关；2—EFI主继电器；

3—发动机控制模块(ECU)

图2-2所示为发动机ECU控制式ECU电源电路，是现代汽车普遍的ECU电源控制方式。其供电方式是：

(1)常设电源端子 BATT 供电(图 2-3)

图 2-3　BATT 供电

(2)+B 端子供电(图 2-4)

ECU 的 IGSW 端子控制 ECU 内部继电器通过 BATT 端子向 M-REL 端子供电。

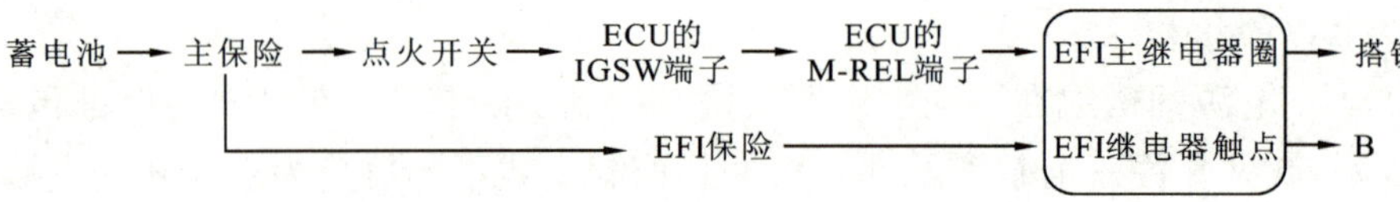

图 2-4　+B 端子供电

(3)怠速控制阀初始控制(图 2-5)

当点火开关"OFF"时，ECU 使主继电器继续接通 2 s，以使怠速控制阀能回到初始位置。

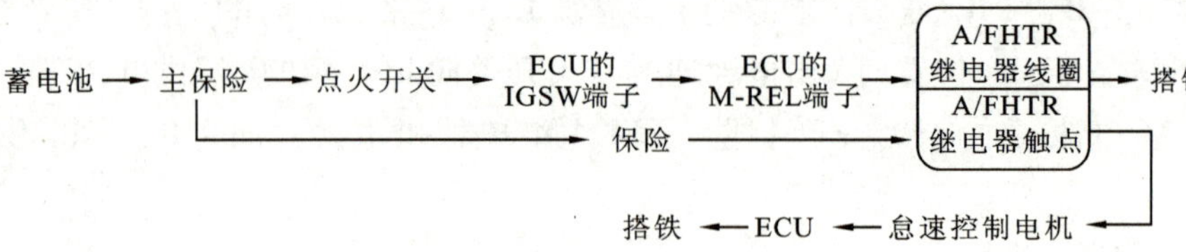

图 2-5　怠速控制阀初始控制

2.2　曲轴位置传感器和凸轮轴位置传感器

曲轴位置传感器和凸轮轴位置传感器是发动机电子控制系统中最主要的传感器之一。曲轴位置传感器所采用的结构随车型不同而不同，可分为磁脉冲式、光电式和霍尔式三大类。它通常安装在曲轴前端、凸轮轴前端、飞轮上或分电器内。

2.2.1　曲轴位置传感器和凸轮轴位置传感器

曲轴位置传感器也称曲轴转角传感器，是计算机控制的点火系统中最重要的传感器，其作用是检测上止点信号、曲轴转角信号和发动机转速信号，并将其输入计算机，从而使计算机能按气缸的点火顺序发出最佳点火时刻指令和确定喷油时刻。

凸轮轴位置传感器又称为气缸识别传感器。凸轮轴位置传感器的功用是采集配气凸轮轴的位置信号，并输入 ECU，以便 ECU 识别 1 缸压缩上止点，从而进行顺序喷油控制、点火时刻控制和爆震控制。此外，凸轮轴位置信号还用于发动机启动时识别出第一次点火时刻。因为凸轮轴位置传感器能够识别哪一个气缸活塞即将到达上止点，所以称为气缸识别传感器。

一般来说，同时点火、分组或同时喷射的直列发动机只安装一个曲轴位置传感器。但是有的曲轴位置传感器可产生判缸信号；独立点火、顺序喷射的直列发动机既要安装曲轴位置传感器，又要安装凸轮轴位置传感器。V 型发动机无论同时点火还是独立点火，也无论分组喷射还是顺序喷射，都需要安装曲轴位置传感器和凸轮轴位置传感器。

发动机在运行过程中，若没有收到凸轮轴位置传感器信号，发动机照常运行。但重新启动时，ECU 无法判断 1 缸压缩上止点位置，则需要重复几次，直到点火模块选择到恰当的点火线圈，此时的点火提前角和点火时间控制按曲轴位置传感器确定，并且是固定的点火提前角。一般来说，凸轮轴位置传感器在汽车行驶中出现问题时，因为发动机性能不会受到影响，驾驶员是感觉不出来的。

2.2.2 传感器的结构与原理

曲轴位置传感器与凸轮轴位置传感器按照工作原理分可分为磁脉冲式(TCCS)、霍尔式、光电式；其安装位置可在曲轴前端、飞轮壳上、分电器内(TCCS)或分设在曲轴、凸轮轴前端。

1. 丰田公司磁脉冲式曲轴位置传感器

丰田公司 TCCS 系统用磁脉冲式曲轴位置传感器安装在分电器内，其结构如图 2－6 所示。该传感器分成上、下两部分，上部分产生 G 信号，下部分产生 Ne 信号，都是利用带有轮齿的转子旋转时，使信号发生器感应线圈内的磁通变化，从而在感应线圈里产生交变的感应电动势，再将它放大后，送入 ECU。

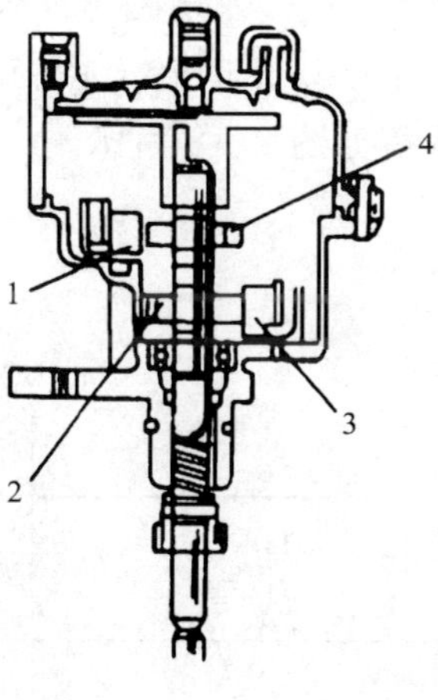

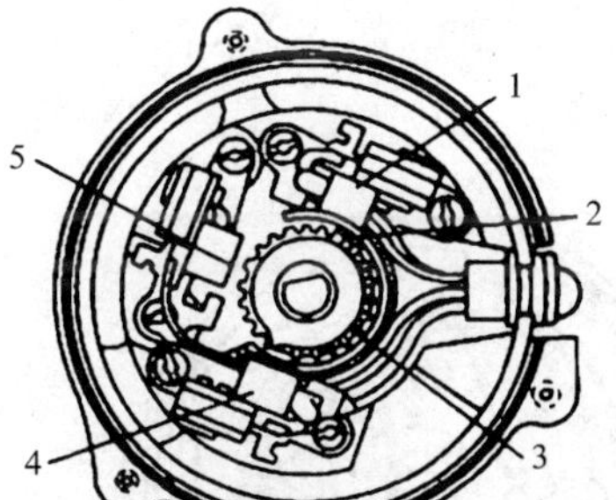

图 2－6 丰田公司磁脉冲式曲轴位置传感器

1—G_1 感应线圈；2—No. 2 正时转子；3—No. 1 正时转子；4—G_2 感应线圈；5—Ne 感应线圈

Ne 信号是检测曲轴转角及发动机转速的信号，相当于日产公司磁脉冲式曲轴位置传感器的 1°信号。该信号由固定在下半部具有等间隔 24 个轮齿的转子(No. 2 正时转子)及固定于其对面的感应线圈产生，如图 2－7(a)所示。

当转子旋转时，轮齿与感应线圈凸缘部(磁头)的空气间隙发生变化，导致通过感应线圈

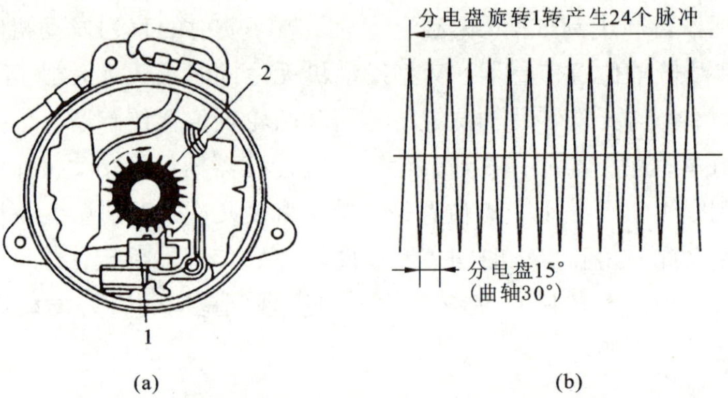

图 2-7　Ne 信号发生器结构与波形

1—Ne 感应线圈；2—正时转子

的磁场发生变化而产生感应电动势。轮齿靠近及远离磁头时，将产生一次增减磁通的变化，所以，每一个轮齿通过磁头时，都将在感应线圈中产生一个完整的交流电压信号。No.2 正时转子上有 24 个齿，故转子旋转 1 圈，即曲轴旋转 720°时，感应线圈产生 24 个交流电压信号。Ne 信号如图 2-7(b)所示，其一个周期的脉冲相当于 30°曲轴转角（720° ÷ 24 = 30°）。更精确的转角检测，是利用 30°转角的时间由 ECU 再均分 30 等份，即产生 1°曲轴转角的信号。同理，发动机的转速由 ECU 依照 Ne 信号的两个脉冲（60°曲轴转角）所经过的时间为基准进行计测。

G 信号用于判别气缸及检测活塞上止点位置，相当于日产公司磁脉冲式曲轴位置传感器 120°信号。G 信号是由位于 Ne 发生器上方的凸缘转轮（No.1 正时转子）及其对面对称的两个感应线圈（G_1 感应线圈和 G_2 感应线圈）产生的。其构造如图 2-8 所示。

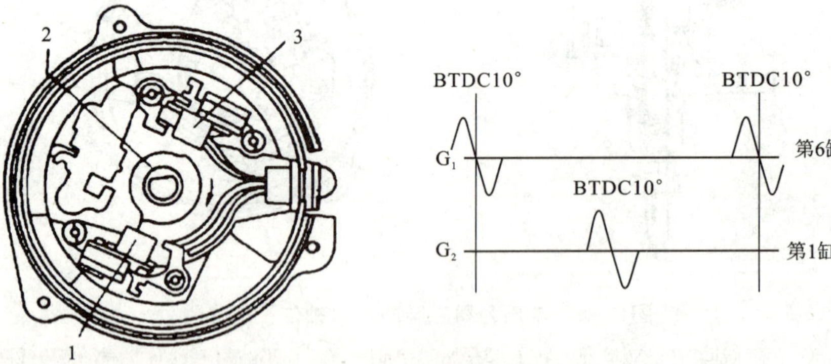

图 2-8　G 信号发生器的结构与波形

1—G_2 感应线圈；2—G_1 感应线圈；3—正时转子

产生 G 信号的原理与 Ne 信号相同。G 信号也用做计算曲轴转角时的基准信号。G_1、G_2

信号分别检测第6缸及第1缸的上止点。由于 G_1、G_2 信号发生器设置位置的关系，当产生 G_1、G_2 信号时，实际上活塞并不是正好达到上止点(BTDC)，而是在上止点前10°的位置。图2－9所示为曲轴位置传感器 G_1、G_2、Ne 信号与曲轴转角的关系。

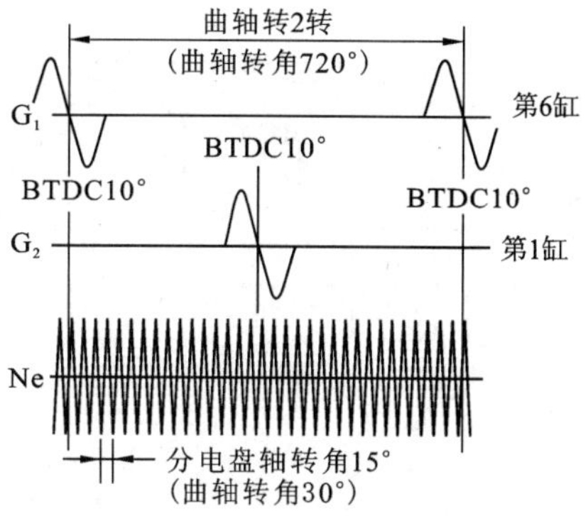

图2－9　G_1、G_2、Ne 信号与曲轴转角的关系

2. 日产公司光电式曲轴位置传感器

图2－10为日产公司光电式曲轴位置传感器，它设置在分电器内，它由信号发生器和带缝隙和光孔的信号盘组成。信号盘安装在分电器轴上，其外围有360条缝隙，产生1°(曲轴转角)信号；外围稍靠内侧分布着6个光孔(间隔60°)，产生120°信号，其中有一个较宽的光孔是产生对应第1缸上止点的120°信号的，如图2－11所示。

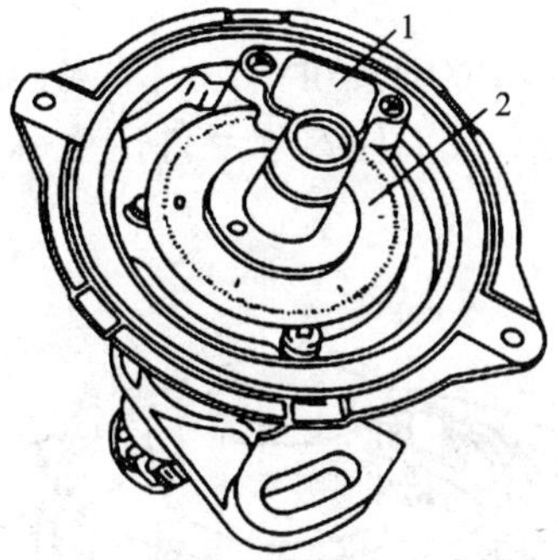

图2－10　光电式曲轴位置传感器
1—曲轴转角传感器；2—信号盘

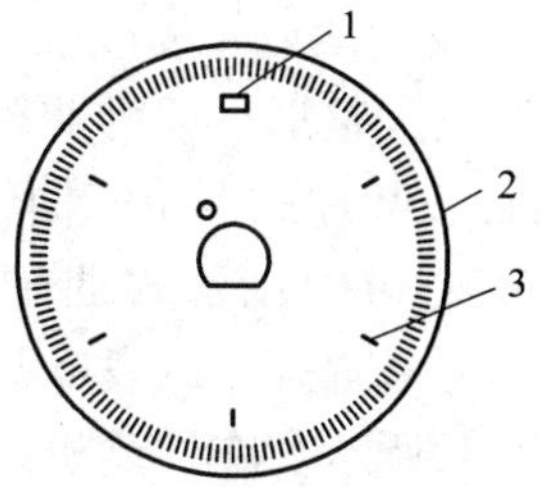

图2－11　信号盘的结构
1—120°信号孔(第1缸)；
2—1°信号缝隙；3—120°信号孔

信号发生器固装在分电器壳体上，主要由两只发光二极管、两只光敏二极管和电子电路组成(图2－12)。

如图2－13所示，两只发光二极管分别正对着光敏二极管，发光二极管以光敏二极管为照射目标。信号盘位于发光二极管和光敏二极管之间，当信号盘随发动机曲轴运转时，因信号盘上有光孔，产生透光和遮光的交替变化，造成信号发生器输出表征曲轴位置和转角的脉冲信号。

当发光二极管的光束照射到光敏二极管上时，光敏二极管感光而导通；当发光二极管的光束被遮挡时，光敏二极管截止。信号发生器输出的脉冲电压信号送至电子电路放大整形后，即向电控单元输送曲轴转角1°信号和120°信号。因信号发生器安装位置的关系，120°信号在活塞上止点前70°输出。发动机曲轴每转2圈，分电器轴转1圈，则1°信号发生器输出360个脉冲，每个脉冲周期高电位对应1°，低电位亦对应1°，共表征曲轴转角720°。与此同时，120°信号发生器共产生6个脉冲信号。

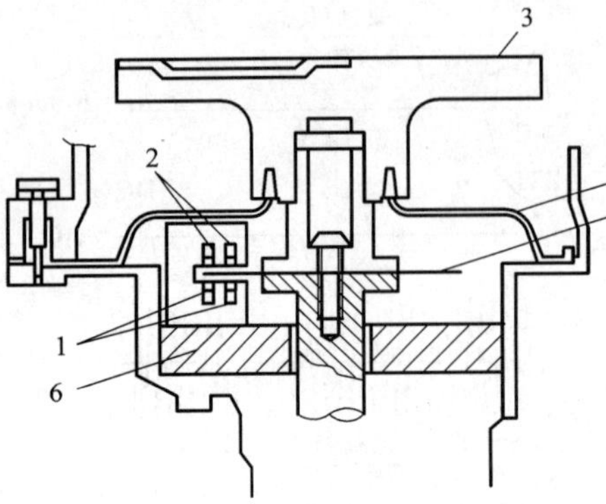

图 2－12　信号发生器的布置

1—光敏二极管；2—发光二极管；3—分火头；
4—密封盖；5—转盘；6—电子电路

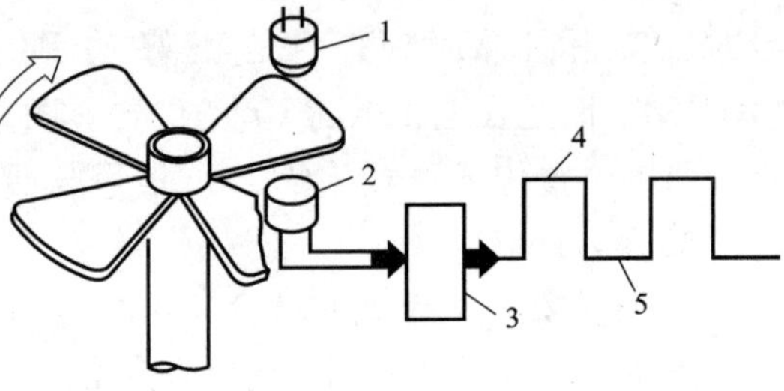

图 2－13　光电式信号发生器作用原理

1—发光二极管；2—光敏二极管；
3—电子电路；4—光源照射；5—遮蔽光源

3. 霍尔式曲轴位置传感器

霍尔式曲轴位置传感器是利用霍尔效应的原理，产生与曲轴转角相对应的电压脉冲信号的。它利用触发叶片或轮齿改变通过霍尔元件的磁场强度，从而使霍尔元件产生脉冲的霍尔电压信号，经放大整形后即为曲轴位置传感器的输出信号。

1）采用触发叶片的霍尔式曲轴位置传感器

美国 GM 公司的霍尔式曲轴位置传感器安装在曲轴前端，采用触发叶片的结构形式，如图 2－14 所示。在发动机的曲轴皮带轮前端固装着内外两个带触发叶片的信号轮，与曲轴一起旋转。外信号轮外缘上均匀分布着 18 个触发叶片和 18 个窗口，每个触发叶片和窗口的宽度为 10°弧长；内信号轮外缘上设有 3 个触发叶片和 3 个窗口，3 个触发叶片的宽度不同，分别为 100°、90°和 110°弧长，3 个窗口的宽度亦不相同，分别为 20°、30°和 10°弧长。由于内信号轮的安装位置关系，宽度为 100°弧长的触发叶片前沿位于第 1 缸和第 4 缸上止点（TDC）前 75°，90°弧长的触发叶片前沿在第 6 缸和第 3 缸上止点前 75°，110°弧长的触发叶片前沿在第 5 缸和第 2 缸上止点前 75°。

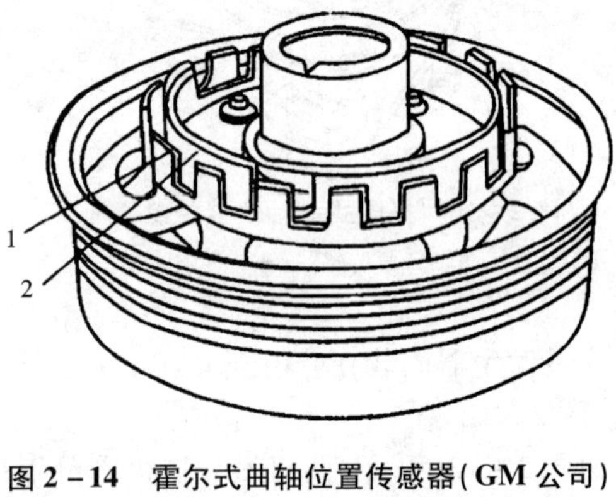

图 2－14　霍尔式曲轴位置传感器（GM 公司）

1—外信号轮；2—内信号轮

霍尔信号发生器由永久磁铁、导磁板和霍尔集成电路等组成。内外信号轮侧面各设置一个霍尔信号发生器。信号轮转动时，每当叶片进入永久磁铁与霍尔元件之间的空气隙时，霍尔集成电路中的磁场即被触发叶片所旁路（或称隔磁），如图 2－15（a）所示。这时不产生霍尔电压；当触发叶片离开空气隙时，永久磁铁 2 的磁通便通过导磁板 3 穿过霍尔元件［图 2－15（b）］，这时产生霍尔电压。将霍尔元件间歇产生的霍尔电压信号经霍尔集成电路放大整形后，即向 ECU 输送电压脉冲信号（图 2－16）。

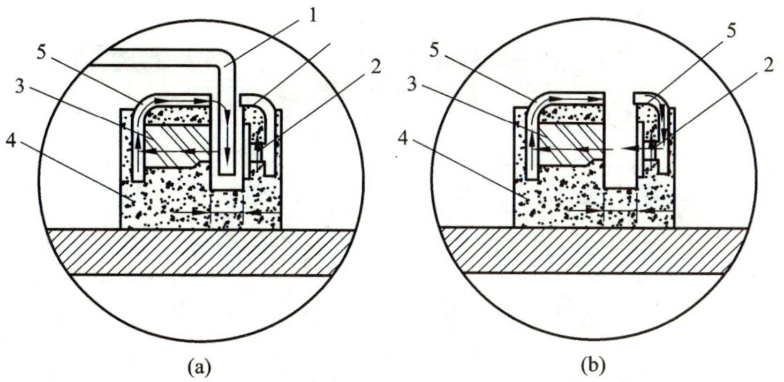

图 2－15 霍尔信号发生器的工作原理

(a)触发叶片进入空气隙中，霍尔元件中的磁场被旁路

(b)触发叶片离开进入空气隙中，霍尔元件被磁场饱和

1—信号轮的触发叶片；2—霍尔元件；3—永久磁铁；4—底板；5—导磁板

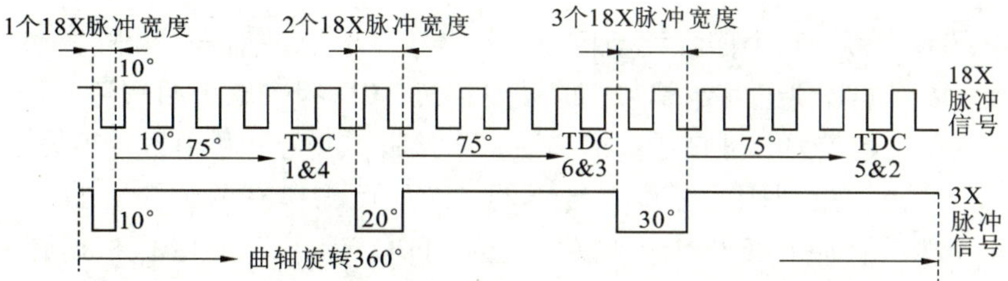

图 2－16 霍尔式曲轴位置传感器输出信号(GM 公司)

外信号轮每旋转 1 周产生 18 个脉冲信号(称为 18X 信号)，1 个脉冲周期相当于曲轴旋转 20°转角的时间，ECU 再将 1 个脉冲周期均分为 20 等分，即可求得曲轴旋转 1°所对应的时间，并根据这一信号，控制点火时刻。该信号的功用相当于光电式曲轴位置传感器产生 1°信号的功能。内信号轮每旋转 1 周产生 3 个不同宽度的电压脉冲信号(称为 3X 信号)，脉冲周期均为 120°曲轴转角的时间，脉冲上升沿分别产生于第 1、4 缸、第 3、6 缸和第 2、5 缸上止点前 75°作为 ECU 判别气缸和计算点火时刻的基准信号，此信号相当于前述光电式曲轴位置传感器。

2)采用触发轮齿的霍尔式曲轴位置传感器

克莱斯勒公司的霍尔式曲轴位置传感器安装在飞轮壳上，采用触发轮齿的结构。同时在分电器内设置同步信号发生器，用以协助曲轴位置传感器判别缸号。北京切诺基车的霍尔式曲轴位置传感器如图 2－17 所示，在 2.5L 四缸发动机的飞轮上有 8 个槽，分成两组，每 4 个槽为一组，两组相隔 180°，每组中的相邻两槽相隔 20°。在 4.0L 六缸发动机的飞轮上有 12 个槽，4 个槽为一组，分成三组，每组相隔 120°，相邻两槽也间隔 20°。

当飞轮齿槽通过传感器的信号发生器时，霍尔传感器输出高电位(5 V)；当飞轮齿槽间的金属与传感器成一直线时，传感器输出低电位(0.3 V)。因此，每当 1 个飞轮齿槽通过传感器时，传感器便产生 1 个高、低电位脉冲信号。当飞轮上的每一组槽通过传感器时，传感

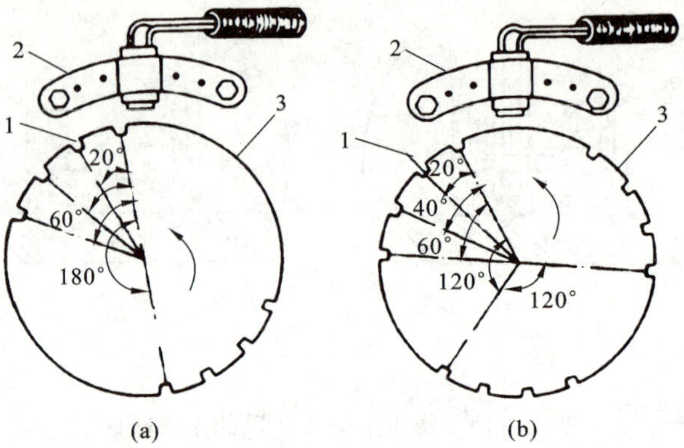

图 2－17　北京切诺基车用霍尔式曲轴位置传感器

(a)2.5 L 发动机；(b)4.0 L 发动机

1—槽；2—曲轴位置传感器；3—飞轮

器将产生 4 个脉冲信号。其中四缸发动机每 1 转产生 2 组脉冲信号，六缸发动机每 1 转产生 3 组脉冲信号。传感器提供的每组信号，可被发动机 ECU 用来确定两缸活塞的位置，如在四缸发动机上，利用一组信号，可知活塞 1 和活塞 4 接近上止点；利用另一组信号，可知活塞 2 和活塞 3 接近上止点。故利用曲轴位置传感器，ECU 可知道有两个气缸的活塞在接近上止点。由于第 4 个槽的脉冲下降沿对应活塞上止点（TDC）前 4°，故 ECU 根据脉冲情况很容易确定活塞上止点前的运行位置。另外，ECU 还可以根据各脉冲间通过的时间，计算出发动机的转速。

2.3　点火控制电路

2.3.1　点火控制电路

在汽车行驶过程中，有时突然出现发动机熄火且不能再次启动的故障现象，具体表现为发动机可以转动但无任何着火征兆，发动机有时候有故障码，有些情况下没有故障码。只有当我们掌握点火系统检修的技能，才能快速地诊断汽车发动机点火系统的故障部位。

点火控制电路主要是指 ECU 接到信号都能精确执行点火的电路，其功能就是可以使发动机在任何工况下均处于最佳点火提前状态，并实现三方面的功能：点火提前角控制、通电时间控制和爆震控制。

2.3.2　点火系统的组成及原理

1. 电控点火系统的分类

1）有分电器式点火系统

该系统仍然保留传统点火系统的分电器，点火线圈产生的高压电是经过分电器中的配电器进行分配的，即由分火头和分电器盖组成的配电器，依照点火顺序适时地将高压电分配至各气缸，使各缸火花塞依次点火。

2)无分电器式点火系统

该系统中点火线圈上的高压线直接与火花塞相连，工作时，点火线圈产生的高压电直接送至各火花塞，由ECU根据各传感器输入的信息，依照发动机的点火顺序，适时地控制各缸火花塞点火。无分电器点火系统由于废除了分电器，因此不存在分火头和旁电极间跳火的问题，减小了能量损失，不存在分火头与旁电极之间产生火花问题，电磁干扰小，节省了安装空间。点火系统又可分为以下两类：

(1)同时点火方式：两个气缸合用一个点火线圈，对两个气缸同时点火。

(2)直接点火方式：每个气缸的火花塞配一个点火线圈，单独对本缸点火。

2. 电控点火系统组成(以丰田磁脉冲式电子点火系统为例)

电控点火系统在设计和结构上，随着汽车生产厂家、生产年代不同都有所不同，但基本结构是大同小异，它主要由传感器、电子控制器、点火器、点火线圈等组成。见图2－18。

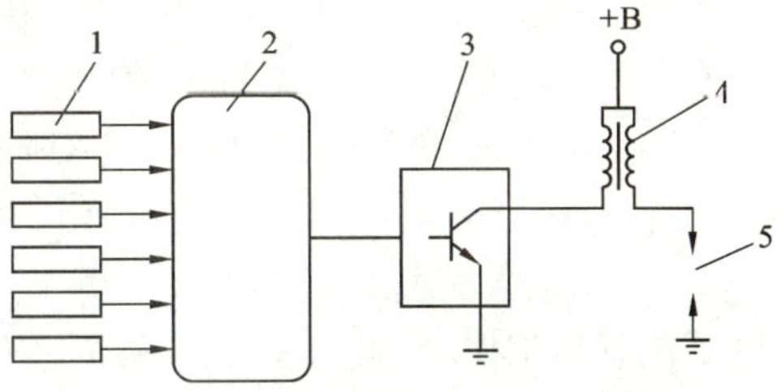

图2－18 微机控制点火示意图

1—各种传感器；2—电子控制单元(ECU)；3—点火器；4—点火线圈；5—火花塞

1)传感器及传递信号

传感器是监测发动机各种运行工况信息，并将数据传送至发动机ECU(见表2－1)各种传感器所传送的信息。主要传感器有：曲轴或凸轮轴位置传感器、曲轴位置(发动机转速)信号、活塞位置(上止点)信号。

表2－1 各种传感器所传送的信息

序号	传感器	传送信息	序号	传感器	传送信息
1	空气流量传感器	进气量信号	6	车速传感器	车速信号
2	进气压力传感器	进气量信号	7	空挡开关	变速器空挡信号
3	水温与进气传感器	进气与水温信号	8	爆震传感器	爆震信号
4	氧传感器	空燃比浓稀信号	9	空调器开关	空调信号
5	节气门位置传感器	负荷与加速信号	10	蓄电池	电池电压信号

2)电子控制器(电控单元ECU)

电子控制器的作用是根据发动机各传感器的输入信息及内存数据，进行运算、处理、判断，然后输出指令(信号)，控制执行器的动作，达到快速、准确控制发动机的工作目的。

3. 点火器

点火器的作用是根据电子控制器输出的指令(信号)，通过内部大功率管的导通与截止，控制初级电流的通断，完成点火工作。有些还具有恒流控制、闭合角控制、气缸判别、点火监视等功能。

4. 有分电器式点火系统的工作原理

有分电器式点火系统工作时，电子控制器根据传感器输入的发动机工作信息，经过计算、处理、判断，输出控制信号到点火器，适时地控制点火器中功率三极管的导通和截止，进而控制初级电流的通断，点火线圈产生的高压电，经配电器送至各缸火花塞，并控制点火提前角、闭合角。

1）信号传入

曲轴位置传感器由上部的G信号发生器和下部的Ne信号发生器组成。Ne信号是曲轴位置及发动机转速信号。Ne信号装置主要由24个轮齿信号转子、传感线圈产生的交变电动势信号（见图2－7）。每个交变信号相当于30°曲轴位置，由此计算出发动机转速。

G信号是测试曲轴位置的基准信号，用来判别气缸及检测活塞上止点的位置。G信号发生器由带有凸缘的信号转子、G_1、G_2两个传感线圈产生（见图2－8）。

当G信号转子上的凸缘通过G_1传感线圈凸缘时，产生G_1信号，检测第6缸上止点位置；当G信号转子上的凸缘通过G_2传感线圈凸缘时，产生G_2信号，检测第1缸上止点位置。G_1、G_2相差180°，分电器转一圈，分别出现一次。Ne信号与G信号关系见图2－9。

2）电子控制器

电子控制器工作时，电子控制器根据各传感器输入的发动机信息，经过处理，从存储器中选择最佳点火提前角，图2－19为ESA系统与传统离心、真空点火时刻控制比较。根据G_1、G_2、Ne信号，判断发动机曲轴到达规定位置时，发出控制信号IGt至点火器，当IGt为低电位时，大功率三极管截止，初级绕组电路切断，次级绕组产生高压电。启动时，点火时刻直接由传感器信号控制一个固定的点火提前角，当转速超过一定值时，自动转换成由ECU输出的IGt控制。

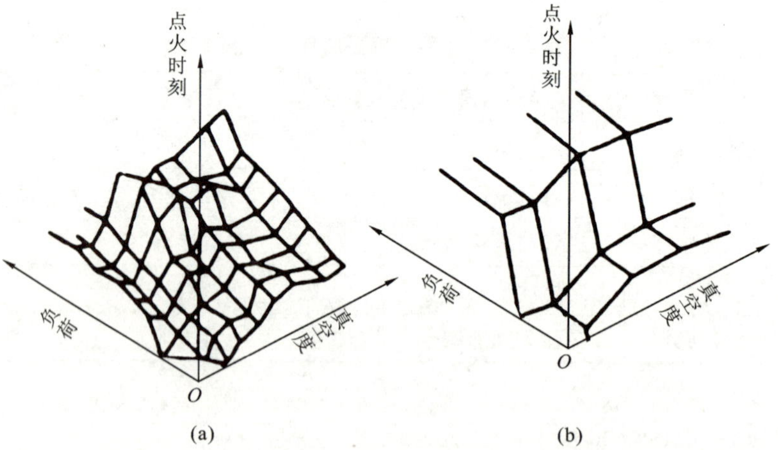

图2－19　ESA系统与传统离心、真空点火时刻控制比较

（a）ESA点火时刻控制特性；（b）传统离心、真空点火时刻调节特性

3）点火器

ESA系统的点火器可以根据电子控制器输出的IGt信号，控制点火时刻；还具有闭合角控制、恒流控制、点火监视、加速检出、锁止保护和过压保护等功能。

5. 无分电器点火系统(DLI 系统)

无分电器点火系统常称为 DLI 系统，它取消了传统的分电器，没有配电器，点火线圈产生的高压电直接送到火花塞。常采用以下两种方式：同时点火方式和单独点火方式。

同时点火系统每两缸使用一个点火线圈(双缸点火系统)。同时点火系统主要由传感器、电子控制器、点火器、点火线圈等组成(见图 2－20)。

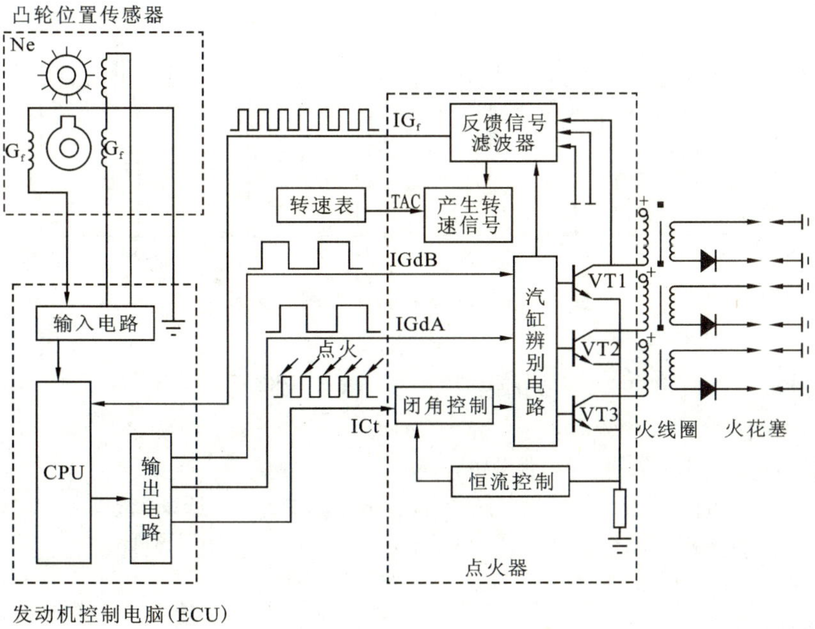

图 2－20　丰田皇冠汽车 DLI 系统方框图

1)信号输入

凸轮位置传感器由 G(G_1、G_2)和 Ne 两部分信号发生器组成。ECU 根据 G_1、G_2 和 Ne 信号判别气缸、检测曲轴位置以及决定点火时刻的初始点火提前角。

凸轮位置传感器的 G 信号转子每转一转(相当于曲轴转两转)，分别产生一次 G_1、G_2 信号，G_1 信号可判别第 6 缸处于压缩上止点附近，表示第 6 缸完成点火准备，然后依 Ne 信号决定第 6 缸的点火时刻；G_2 信号可判别第 1 缸处于压缩上止点附近，依 Ne 信号决定第 1 缸的点火时刻。

Ne 信号发生器信号转子有 24 个齿，Ne 信号用以检测转子转角 15°(或曲轴位置 30°)，作为点火时的基准信号、发动机转速信号。G_1、G_2、Ne 信号关系见图 2－21。

2)电子控制器(ECU)进行控制

ECU 根据各传感器输入信号，经计算、处理，将点火时刻信号 IGt 和气缸判别信号(IGdA、IGdB)送至点火器，实现对点火的控制。

(1)点火时刻(提前角)控制信号

当 G_1、G_2 信号产生后，第一个 Ne 信号即为第 6 缸或第 1 缸的初始点火时刻信号。当 G_1、G_2 信号产生时，以此信号为基准，由 Ne 信号控制其后三次点火信号(每 4 个 Ne 信号产

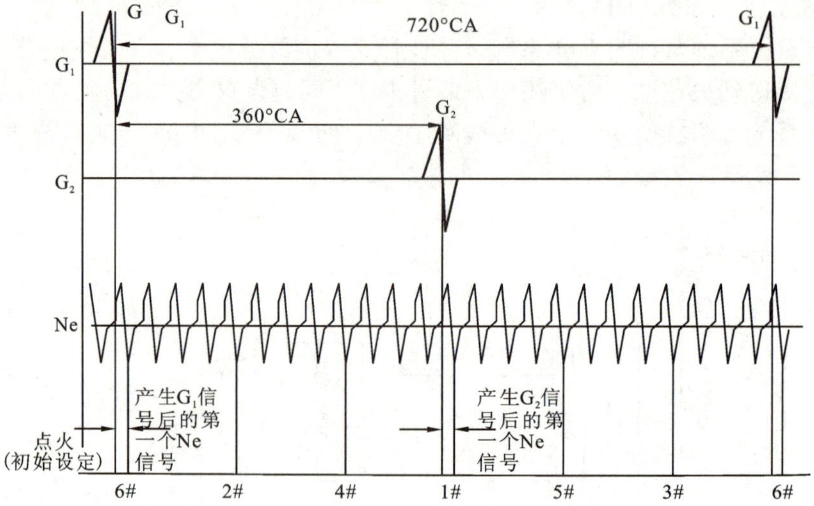

图 2 – 21　G_1、G_2、Ne 信号的关系

生一个点火信号），之后再由 G 信号重设其后的三次点火信号。

（2）气缸判别信号

ECU 根据 G_1、G_2、Ne 信号，经计算和分频电路，输出气缸信号 IGdA、IGdB。点火器根据 IGt、IGdA、IGdB 信号确定需要点火的气缸。判缸信号 IGdA、IGdB 的时序波形见图 2 – 22。

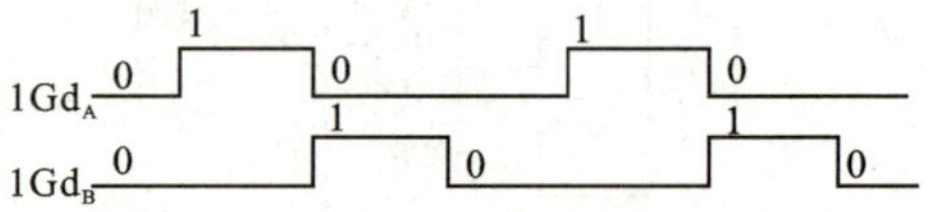

图 2 – 22　IGdA、IGdB 气缸判别信号的时序波形

3）点火器执行控制

点火器的工作电路见图 2 – 23。点火器的最基本功能是接收 ECU 输出的 IGdA、IGdB 和 IGt 信号，依次驱动各点火线圈初级绕组的接通和截止，实现电控点火。

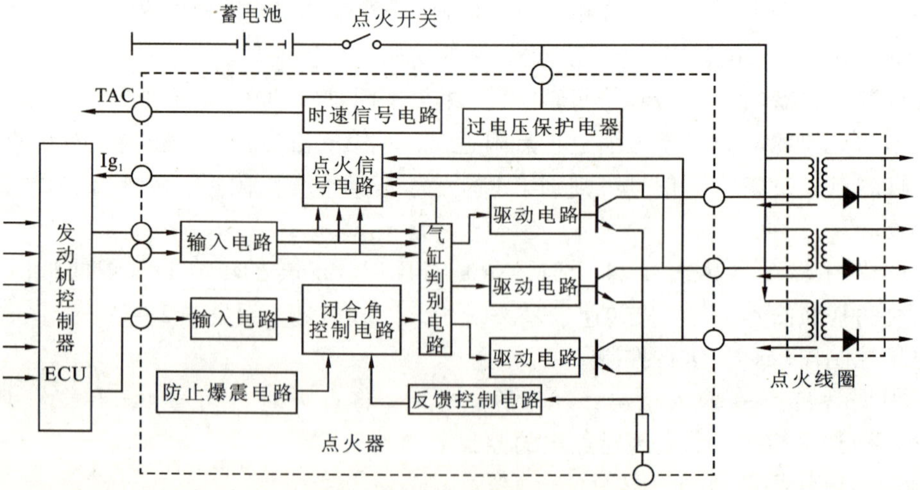

图 2 – 23　点火器电路图

当点火器从 ECU 接收到 IGdA、IGdB 和 IGt 信号后，点火器内的气缸判别电路判别出需要点火的缸，点火器通过驱动电路，控制相应的点火线圈的大功率管导通，初级绕组充磁，当点火信号 IGt 变为低电位时，切断初级绕组，次级绕组产生高压电。整个发动机的点火正时流程图见图 2－24。

4）点火线圈开始点火

DLI 用点火线圈采用小型闭磁路点火线圈。它由初级线圈、次级线圈、铁芯、高压二极管、外壳、低压接柱、高压引线等组成。每组点火线圈供应两缸同时点火，示意图见图 2－25。当初级绕组电流被切断时，两个气缸中都有跳火现象发生，在能量分配上，压缩行程的气缸压力较高，所需跳火电压高，而排气行程气缸压力接近大气压，所需电压低，因此能保证压缩行程气缸有足够的点火能量。

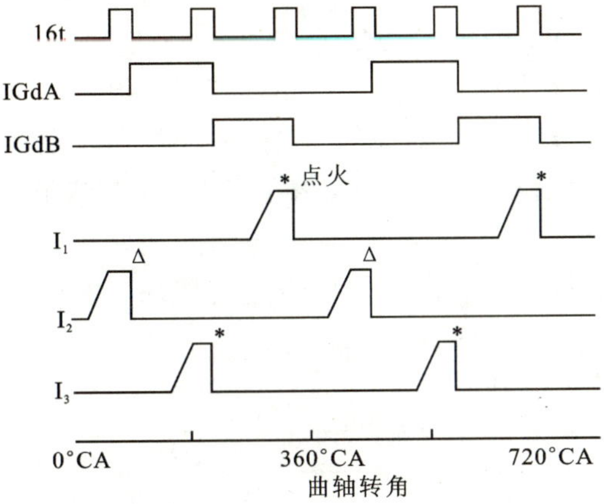

图 2－24 点火正时流程图

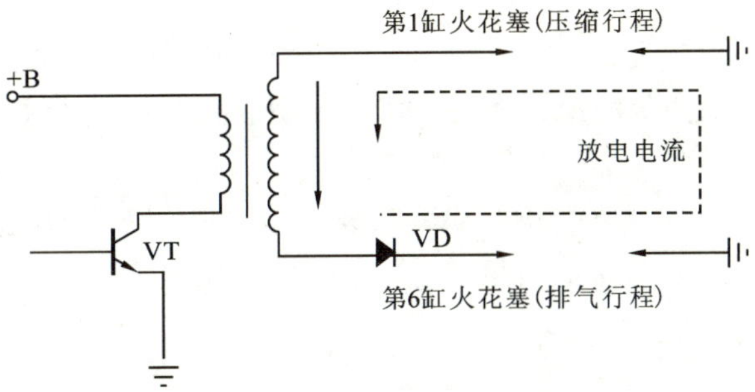

图 2－25 两缸串联同时点火

2.3.3 点火系统中点火提前角、闭合角的控制

1. 点火提前角的控制

1）点火提前角控制

（1）启动时点火提前角的控制

在启动期间，转速变化剧烈，无法实行最佳点火提前角控制，此时 ECU 主要是根据发动机转速（Ne）信号和启动开关（STA）信号，以预先设定的点火提前角点火，当转速超过一定值时（一般大于 500 r/min），转入最佳点火提前角控制。一般将点火时刻固定在设定的初始点火提前角（随发动机而异，丰田 TCCS 系统为 10°）。控制信号主要是 Ne 信号和 STA 信号。

（2）启动后点火提前角的控制

汽油机启动后，电控点火系统实行最佳点火提前角控制。点火提前角的计算见图 2－26：实际点火提前角＝初始点火提前角＋基本点火提前角＋修正点火提前角。

①怠速时基本点火提前角见图 2－27。控制信号：IDL 信号、Ne 信号、A/C 信号

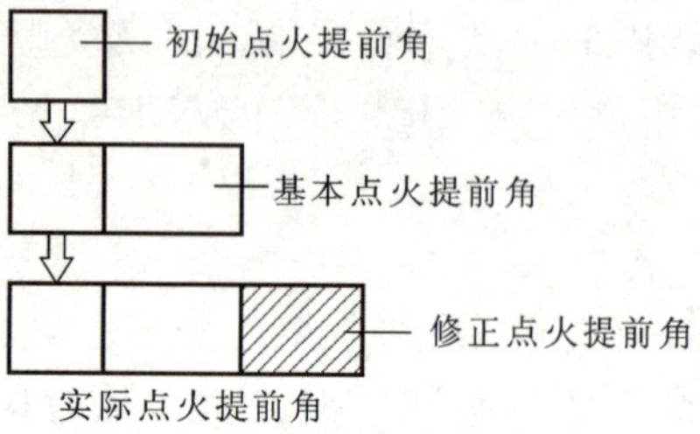

图 2－26　点火提前角的计算

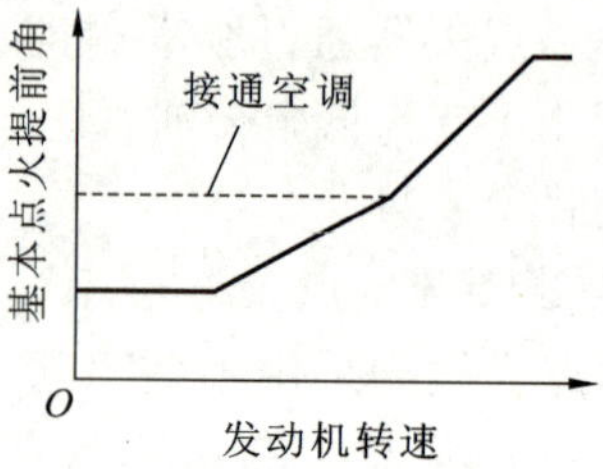

图 2－27　怠速工况基本点火提前角

②平常行驶的基本点火提前角存储在 ECU 的 ROM 中，根据转速和负荷查表选出最佳点火提前角(见图 2－28)。

2)点火提前角的修正

除了转速、负荷两个主要因素外，其他对点火提前角有影响的因素均归入到点火提前角修正值中，在汽油机运转时，ECU 根据有关传感器信号，分别求出对应值，它们的代数和就是修正点火提前角。修正内容有：暖机工况修正、空燃比反馈修正、怠速稳定修正、爆震反馈修正。

(1)暖机工况修正

发动机冷车启动后的暖机过程中，随冷却液温的提高，混合气的燃烧速度加快，燃烧过程所占的曲轴转角减小，点火提前角也应适当减小(图 2－29)。

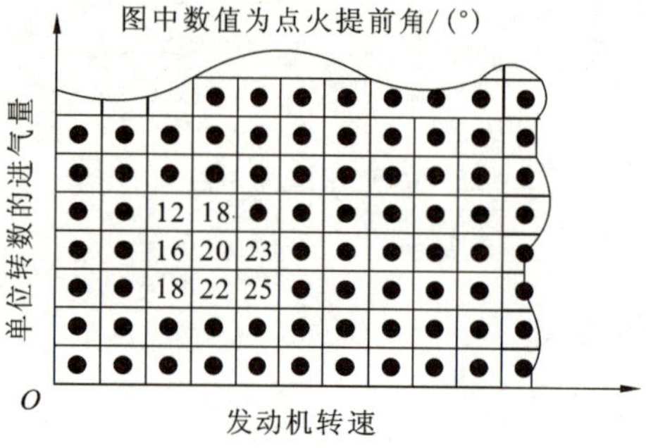

图 2－28　数据表格存储形式

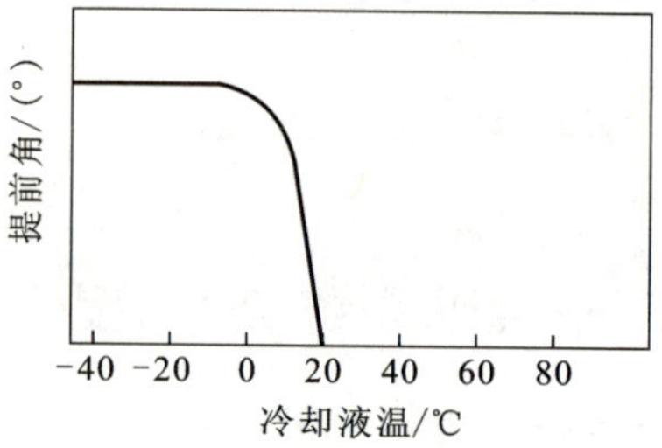

图 2－29　点火提前角暖机工况修正

当水温较高时，如超过 90℃，为避免发动机过热，其点火提前角必须减小。

(2)空燃比反馈修正

由于空燃比反馈控制系统是根据氧传感器的反馈信号调整喷油量的多少来达到最佳空燃比控制的，所以这种喷油量的变化必然带来发动机转速的变化。为了稳定发动机转速，点火提前角需根据喷油量的变化进行修正，如图 2－30 所示。

ECU 根据实际转速与目标转速的差来修正点火提前角，低于目标转速，应增大点火提前角，反之，推迟点火提前角。

控制信号有发动机转速信号(Ne 信号)、节气门位置传感器信号(IDL 信号)、车速传感器信号(SPD 信号)、空调开关信号(A/C 信号)。

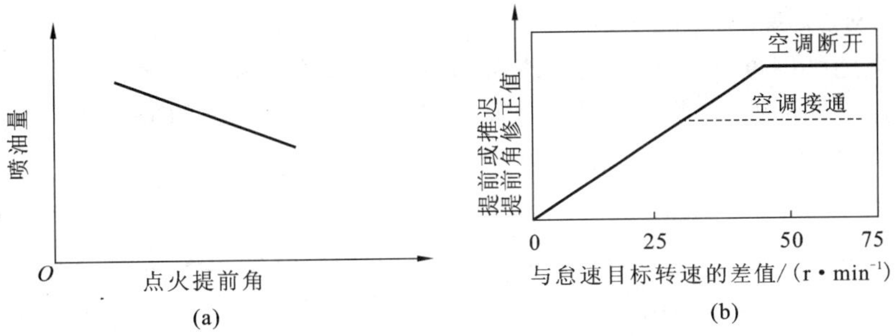

图 2－30　点火提前角空燃比反馈修正

(3)爆震反馈修正(见爆震控制内容)

3)点火提前角的测定

(1)用突然加速法判断点火正时

①当突然加速时，如果发动机速度急速提高并伴有短促而轻微的突爆声(轻微爆震)，而后快很消失，则为点火正时。

②如果突然加速，发动机转速不能随节气门开大而增大，发动机发闷且排气管出现“突突”声，则为点火过迟。

③如果突然加速时，发动机出现严重的金属敲击声，即爆震(敲缸)，则为点火过早。注意：发动机应处于正常工作温度。

(2)使用点火正时灯测定点火正时

①查找并验证飞轮或曲轴前端带轮上1缸压缩终了上止点标记和点火提前角标记，擦拭使之清晰可见，如标记不清晰，最好用粉笔或油漆将标记描白。

②将点火正时灯正确连接到汽车发动机上，将传感器夹在1缸高压线上。正时灯如图2－31所示，将红色线接在蓄电池正极，黑色线接负极，信号线夹在1缸高压线上。

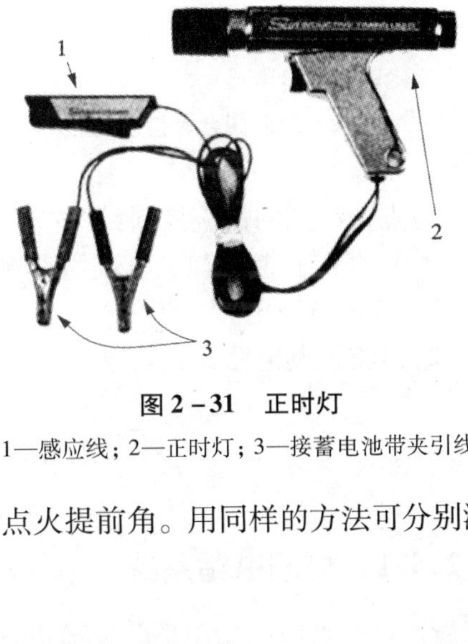

图 2－31　正时灯

1—感应线；2—正时灯；3—接蓄电池带夹引线

③启动发动机，至正常工作温度状态，保持在怠速下稳定运转。打开正时灯并对准正时标记(正时刻度盘或正时指针)，调整正时灯电位器，使正时标记清晰可见，此时表头读数即为发动机怠速运转时的点火提前角。用同样的方法可分别测出不同工况、转速时的点火提前角并记录。

2. 闭合角与恒流控制

1)闭合角控制

(1)闭合角(通电时间)的概念

闭合角是沿用了传统点火系统的概念。在电子控制的点火系统中是指初级电路接通的时间。点火线圈的次级电压是和初级电路断开时的初级电流成正比。通电时间短时，初级电流小，会使感应的次级电压偏低，容易造成失火。初级电流大，对点火有利；但通电时间过长，会使点火线圈发热，甚至烧坏，还会使能耗增大。因此要控制一个最佳通电时间，即闭合角。

(2)闭合角对发动机工作的影响

初级电路接通的时间次级电压最大值与初级电路断开电流成正比，而断开电流与通电时间长短有关，必须保证通电时间才能使初级电流达到饱和。通电时间过长，点火线圈又会发热并使电能消耗增大。闭合角控制模型见图 2－32。

2)恒流控制

在有些点火装置中，为了提高点火能量，采用了初级线圈电阻很小的高能点火线圈，其饱和电流可达 30 A 以上。但在发动机低速工作时，则会由于闭合时间过长而使点火线圈的电流过大，会使点火线圈和点火电子组件过热而损坏，因此在点火控制电路中增加了恒流控制电路。恒流控制见图 2－33。

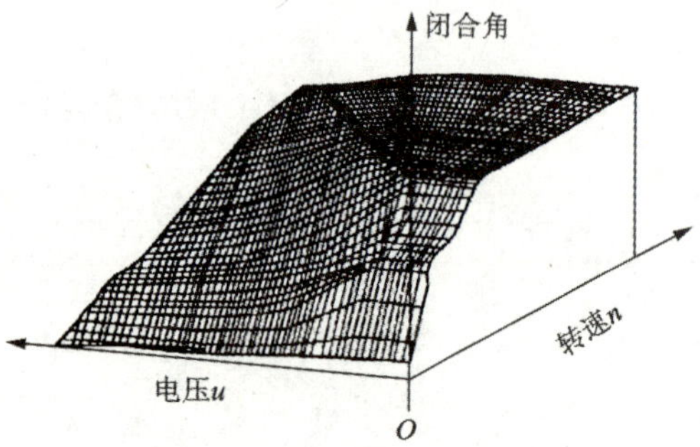

图 2－32　闭合角控制特性

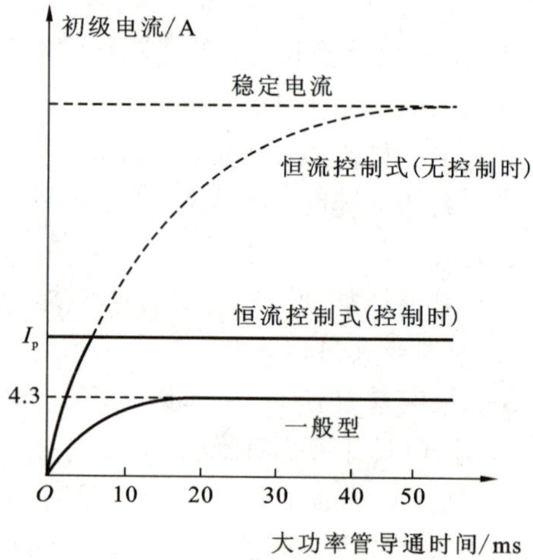

图 2－33　恒流控制特性

(1)点火线圈的恒流控制目的：为了防止初级电流过大烧坏点火线圈，增加了恒流控制电路，保证任何转速下初级电流均为规定值(7 A)，利用电流检测电阻的电压降使反馈控制晶体管基极电流稳定。

(2)恒流控制电路在点火电路中的位置见图 2－34。

2.4　燃油泵控制电路

2.4.1　燃油供给系统

燃油供给系统的功用是向发动机各个气缸供给混合气燃烧所需的燃油量，它由燃油箱、电动油泵、燃油分配管、燃油滤清器、油压调节器、喷油器和回油管等组成。如图 2－35 所示，燃油由燃油泵从油箱中泵出，具有一定压力的燃油经过燃油滤清器除去杂质及水分后，送至燃油分配管，由分配管送至各缸喷油器。喷油器根据 ECU 的喷油指令，开启喷油阀，将适量的燃油喷于进气门前，待进气行程时，再将可燃混合气吸入气缸中。装在燃油分配管上的燃油压力调节器是用以调节系统油压的，目的在于保持喷油器内油压与进气歧管内的压差

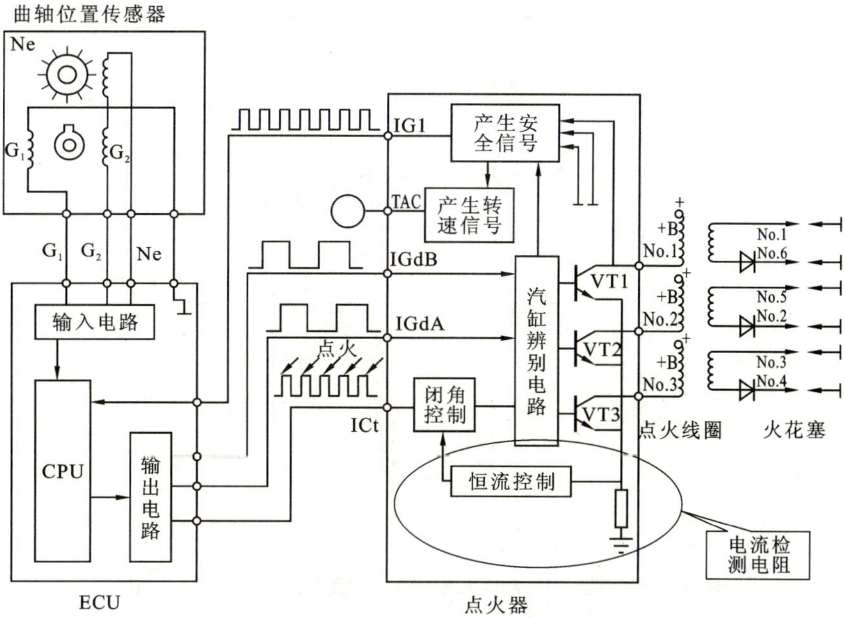

图 2-34　恒流控制电路在点火电路中的位置

恒定，一般控制在高于进气歧管压力 300 kPa 左右。

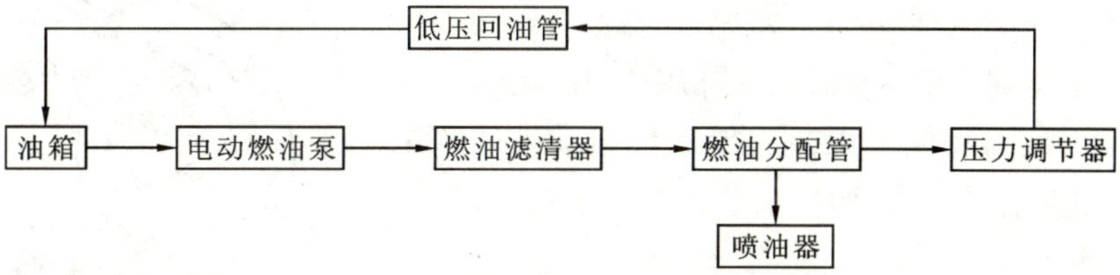

图 2-35　燃油系统结构框图

桑塔纳 2000 GSI AJR 发动机燃油系统结构如图 2-36 所示，燃油泵是整个燃油系统的关键，燃油泵本身及其控制电路工作的正常与否直接影响到发动机的性能，而且燃油系统的故障率相对来说较高，掌握燃油泵控制电路及本身性能的检测方法也是电控汽油发动机故障排除的关键。

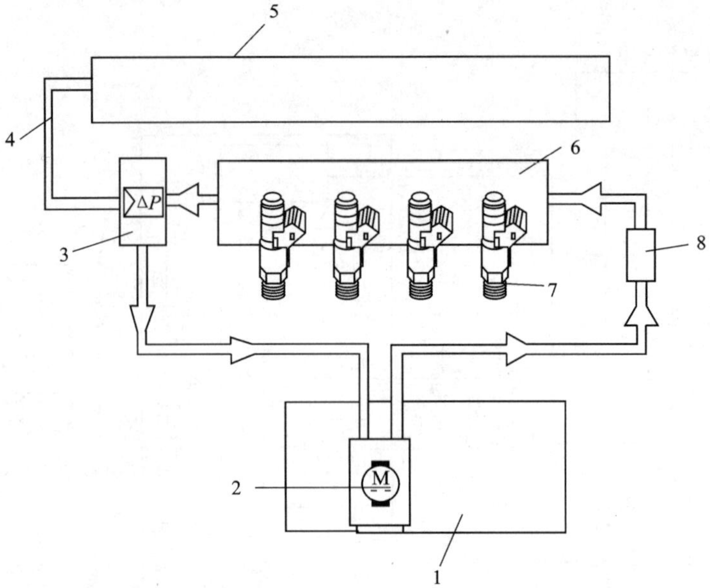

图 2-36 桑塔纳 2000 GSI AJR 发动机燃油系统结构图

1—燃油箱；2—燃油泵；3—燃油压力调节器；4—进气歧管压力；
5—进气歧管；6—燃油分配管；7—喷油器；8—燃油滤清器

2.4.2 电动燃油泵结构

1. 安装位置

一般燃油泵装在燃油箱内，外形如图 2-37 所示。燃油穿过燃油泵内部。安全阀的开启压力为 343～441 kPa。电动燃油泵装有止回阀以改善发动机启动性能，并保持合适的燃油供给系统剩余压力防止产生气阻。

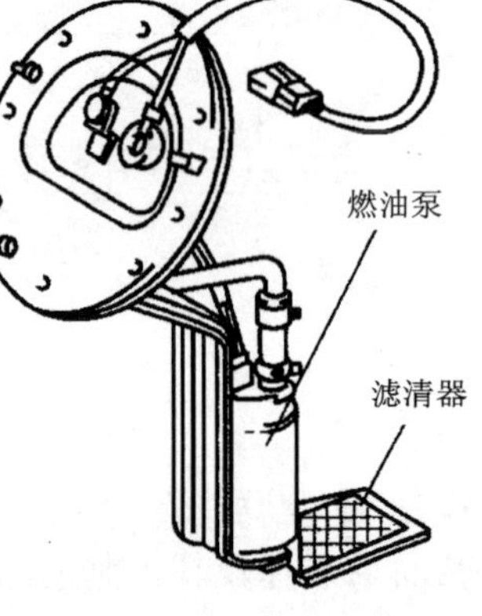

图 2-37 燃油泵的外形

2. 内部结构与原理

电动燃油泵为了能利用燃油进行冷却，通常做成永磁式驱动电动机、泵体和外壳三部分。按结构的不同，电动燃油泵可分为滚柱式、涡轮式、齿轮式和叶片式等。按安装位置的不同，电动燃油泵又可分为内装式和外装式。内装式电动燃油泵安装在油箱内部，优点是不易产生气阻和泄漏，有利于热油输送，且工作噪声小；外装式电动燃油泵串接在油箱外部的输油管路中，容易布置，但噪声大，且易产生气泡形成气阻，外装式一般采用滚柱式电动燃油泵。

1）滚柱式

滚柱式电动燃油泵属外装泵，主要由驱动电动机、滚柱泵、安全阀、止回阀和阻尼减振器等组成，如图 2-38 所示。

滚柱式电动燃油泵工作原理如图 2-39 所示。装有滚柱的转子与泵体间偏心安装。转子凹槽内的滚柱在旋转惯性力的作用下紧压在泵体内表面上。相邻两滚柱与泵体内表面形成一个油腔。在转子转动过程中，油腔的容积不断发生变化，在转向进油腔时容积增大，吸入燃油；在转向出油腔时，容积减小，压力升高并泵出燃油。

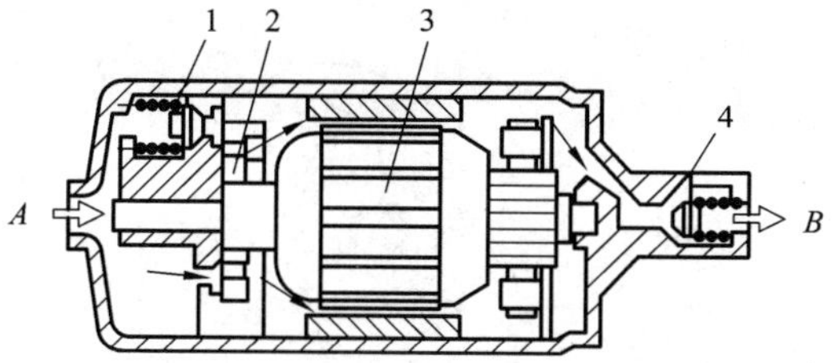

图2-38 滚柱式电动燃油泵结构示意图

1—安全阀；2—滚柱泵；3—驱动电机；4—止回阀

A—进油口；B—出油口

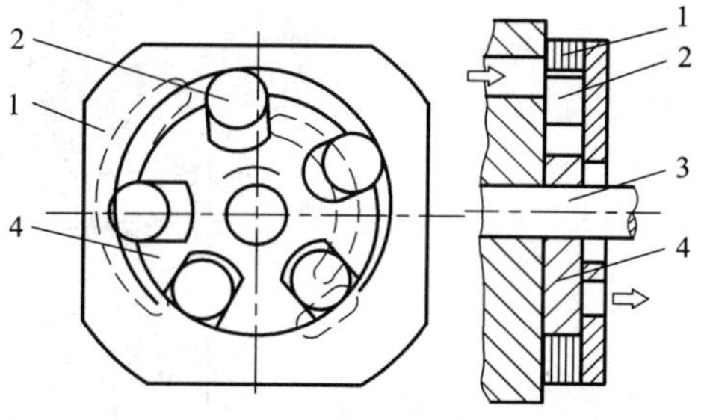

图2-39 滚柱式电动燃油泵工作原理图

1—泵体；2—滚柱；3—轴；4—转子

燃油喷射系统中，要求燃油泵供给比发动机最大喷油量要多的燃油，因而燃油泵的最大工作压力比实际需求值大得多，但系统油压不能过高，故在燃油泵中设有一安全阀。燃油泵工作压力升高到400 kPa时，安全阀打开，燃油泵出油腔与吸油腔相通，燃油在泵内循环，避免供油压力过高。

为了防止发动机停转时供油压力突然下降而引起燃油倒流，在燃油泵出油口安装了止回阀。当发动机熄火时，燃油泵停止转动，止回阀关闭，这样在供油系统中仍有残余压力。油路中残余压力的存在有利于发动机再启动，并能避免高温时气阻现象的发生。

由于滚柱泵工作过程的非连续性，在油路中的油压有波动，因此在燃油泵出油端还装有阻尼减振器。阻尼减振器内的膜片和弹簧组成的缓冲系统吸收燃油的压力波，降低压力波动和噪声，提高喷油控制精度。

2）涡轮式

涡轮式电动燃油泵属内装泵，主要由驱动电动机、涡轮泵、止回阀和安全阀等组成。结构和工作原理如图2-40所示。

涡轮式电动燃油泵的驱动电动机、止回阀和安全阀等的工作过程与滚柱式电动燃油泵相似。燃油泵部分主要由一个或两个叶轮、外壳和泵盖组成。当叶轮旋转时，叶轮边缘的叶片把燃油从进油口压向出油口。

涡轮式电动燃油泵的特点是供油压力的脉动小，供油系统中不需要设置减振器，因而易于实现小型化，适合装在油箱内，简化供油系统管路，降低噪声。由于它输送率低，故主要用于低压且输送量大的场合。

3）转子式和叶片式

转子式燃油泵工作原理与滚柱式十分类似，主要是利用内外转子啮合过程中腔室容积大小的变化，将燃油以一定的压力泵出。由于泵腔数目较多，因而出油压力波动较滚柱式小。

叶片式电动燃油泵工作原理则类似于涡轮式，主要利用液体之间的动能转换实现燃油的输送和压力升高。叶片和涡轮式的主要区别在于叶轮的形状、数目和滚道布置。优点是两者都能以蒸汽和燃油的混合物运转，并能通过适当的放气口分离蒸汽，防止气阻。如图2-41所示，分别为齿轮式和叶片式电动燃油泵工作原理图。

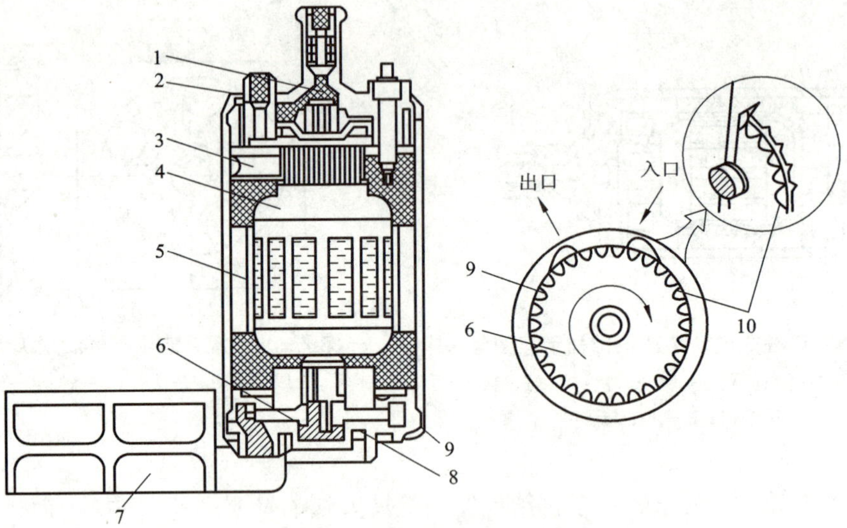

图 2－40　涡轮式电动燃油泵

1—止回阀；2—泄压阀；3—电刷；4—电枢；5—磁极；6—叶轮；7—滤网；8—泵盖；9—壳体；10—叶片

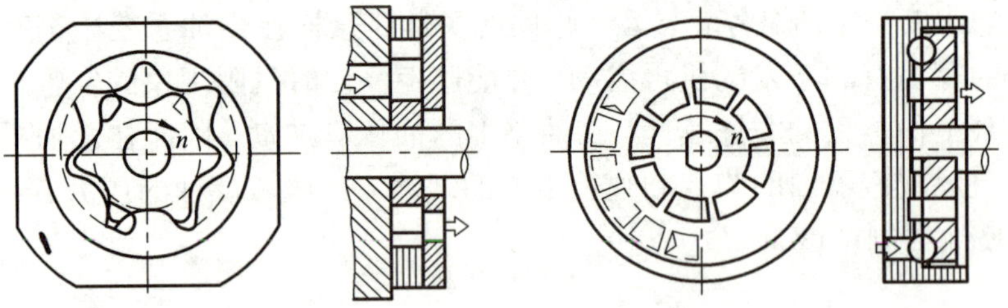

(a)　　　　　　　　　　(b)

图 2－41　转子式和叶片式电动燃油泵工作原理

(a)齿轮式；(b)叶片式

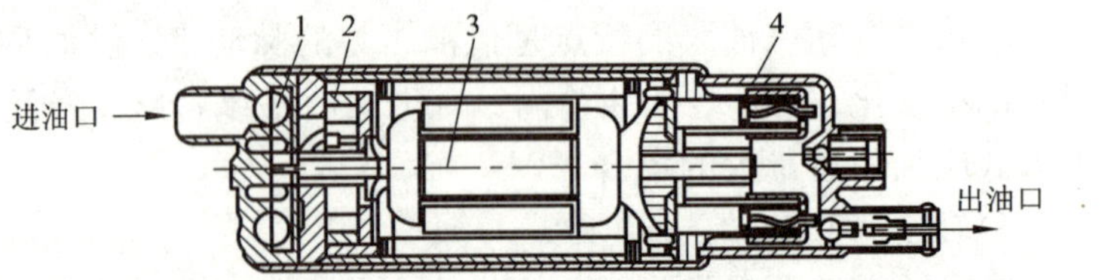

图 2－42　双极电动燃油泵

1—初级泵；2—主输油泵；3—永磁电动机；4—壳体

由于燃油极易挥发，加上油泵工作时温度升高和吸油时产生局部真空，更助长了燃油的气化，特别是燃油泵吸油腔内存在的气泡，将使泵油量明显减少，从而导致输油压力的波动。为此，在现代汽车上，电动燃油泵采用双级泵的结构形式并将其安装在油箱内的趋势日益明显。双级泵是由初级泵和主输油泵两者合成一个组件，由一只电动机驱动的结构，如图 2－42所示。初级泵油泵一般采用齿轮泵或涡轮泵，用以提高泵油压力。它们相互独立并轴向串联，由同一根电采用的是侧槽泵，它能分离吸油端产生的蒸汽，并以较低的压力将燃油送到主输油泵内。主输枢轴驱动。这种双极电动燃油泵具有良好的热启动能力，其主输油泵起着主导作用，初级泵起改善热燃油输送性能的作用。

2.4.3 电动燃油泵控制电路

电控燃油喷射系统燃油泵控制的基本要求是：当点火开关打开后，ECU 将控制燃油泵工作 2 ~ 5 s，以建立必需的油压。此时若不启动发动机，ECU 将切断燃油泵的控制电路，燃油泵停止工作。在发动机启动过程和运转过程中，ECU 控制燃油泵保持正常运转。

燃油泵的转速由外加电压决定。通常燃油泵总是在一定的转速下运转，因而输出油量不变。但在发动机高速、大负荷工况下需油量大，有必要提高燃油泵转速以增加泵油量。当发动机工作在低速、中小负荷工况时，应使燃油泵低速运转以减少泵的磨损及不必要的电能消耗，故在一些发动机中对燃油泵设置了转速控制机构，对电动燃油泵的转速进行控制。燃油泵控制电路是电子控制系统设计差异较大的电路之一，不同车型有不同的控制方法，要认真掌握。

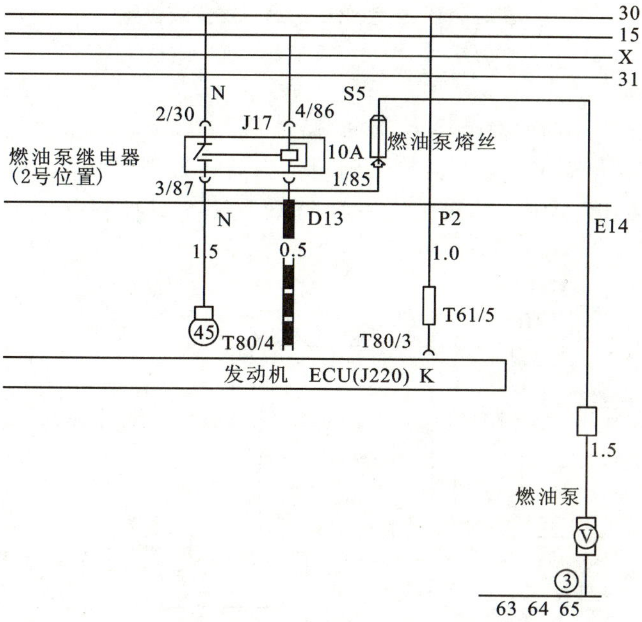

图 2 - 43 桑塔纳 2000GSI AJR 发动机燃油泵控制电路

1．桑塔纳 2000GSI AJR 发动机燃油泵控制电路

桑塔纳 2000GSI AJR 发动机燃油泵控制电路如图 2 - 45 所示，电动燃油泵由发动机控制单元 J220 控制，点火开关接通后，电动燃油泵继电器线圈电路为：继电器盒内 15 号线—继电器端子 86—继电器内线圈—继电器端子 85—0.6 导线—控制单元 J220 T80/4 端子—控制单元 J220 内部电路—搭铁。继电器线圈通电后，继电器内常开触点闭合，继电器盒内 30 号线—继电器端子 30—继电器内触点—继电器端子 87—继电器盒 N 接柱，向电动燃油泵及其他电子控制系统执行器供电。电动燃油泵电路为：电源正极—继电器盒内 30 线—继电器触点—熔丝 S5(10A)(经过 B 线)—继电器盒 E14 接柱—1.5 导线—电动燃油泵—搭铁(如图 2 - 44 所示)。燃油泵继电器(J17)在中央电器继电器板 2 号位，燃油泵继电器熔丝在熔断器

盒5号位，S5为10A。燃油泵继电器控制着燃油泵（G6）、喷油器（N30～N33）、空气流量传感器（G70）、活性炭罐电磁阀（N80）和氧传感器加热器（Z19）的电压供应。

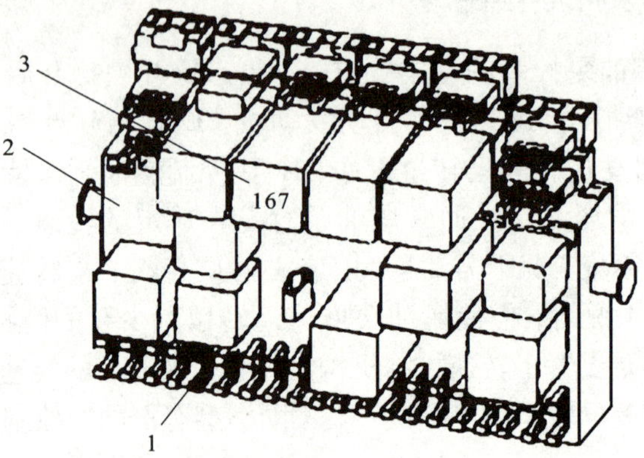

图2－44　电动燃油泵继电器安装位置

1—5号熔丝；2—继电器板；3—燃油泵继电器（J17）

2. 采用燃油泵开关控制的燃油泵控制电路

此控制电路应用在早期采用叶片式空气流量传感器的L型电控燃油喷射系统中，如丰田皇冠（CROWN）2.8 5M－E发动机、丰田大霸王（PREVIA）等。其控制电路如图2－45所示。

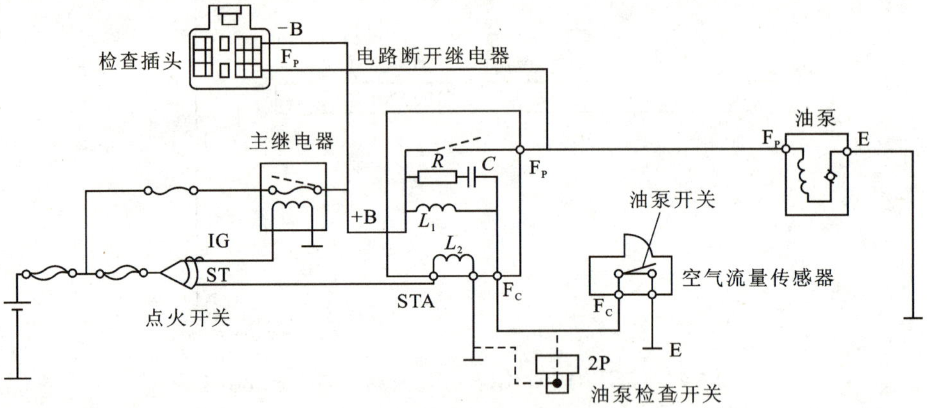

图2－45　燃油泵控制电路（L型）

点火开关接通启动端（STA），燃油泵开关继电器内线圈L2通电，继电器触点闭合，电源向燃油泵电动机供电，燃油泵开始工作。发动机启动后，吸入的空气流使空气流量传感器内的叶片转动，空气流量传感器内的燃油泵开关接通，继电器线圈L通电。这时，即使启动开关（STA）断开，其继电器触点仍呈接通状态。当发动机由于某种原因停止转动时，空气流量传感器的燃油泵开关断开，继电器线圈L断电，继电器触点断开，燃油泵停止工作。

3. ECU控制的燃油泵控制电路

ECU控制的燃油泵控制电路应用于D型电控燃油喷射系统和采用热线（膜）式空气流量

传感器及卡门旋涡式空气流量传感器的电控燃油喷射系统中，如丰田皇冠3.0、丰田佳美和丰田花冠等。其控制电路如图2－46所示。

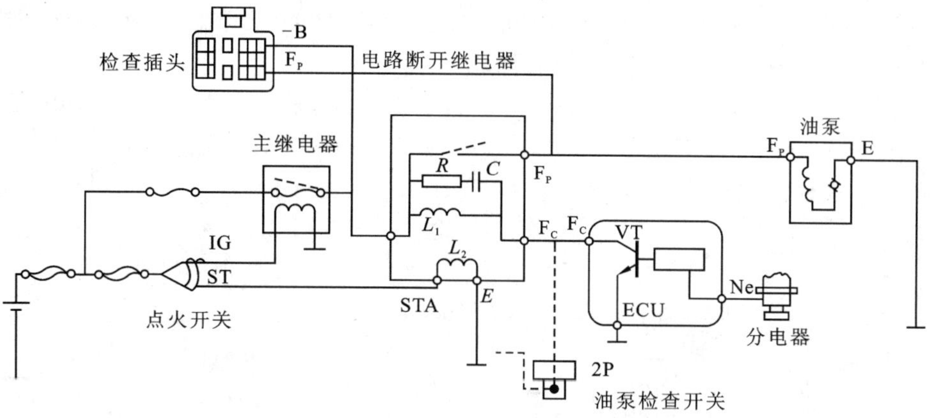

图2－46　燃油泵控制电路（D型）

发动机启动时，点火开关的启动端（STA）接通，继电器线圈L2通电，其触点闭合，燃油泵通电工作。发动机运转时，发动机转速信号（Ne）输入ECU，ECU内晶体管VT导通，继电器线圈L通电。因此，只要发动机运转，继电器触点总是闭合的。ECU通过发动机转速信号来检测发动机运转状态。如发动机停止转动，晶体管VT截止，继电器L1断电，其触点断开，燃油泵停止工作。

4. 具有转速控制的燃油泵控制电路

1）电阻器式

适用车型有丰田雷克萨斯LS300、LS430、ES300及皇冠3.0等，图2－47所示为电阻式燃油泵转速控制电路。它是在燃油泵控制电路中，增设一个电阻（降压电阻）和燃油泵控制继电器（或称电阻器旁路继电器）。发动机工作时，ECU根据发动机转速和负荷，对燃油泵控制继电器进行控制，燃油泵控制继电器则控制电阻是否串入在燃油泵控制电路中，以此控制燃油泵电动机上的不同电压，进而实现燃油泵转速变化。

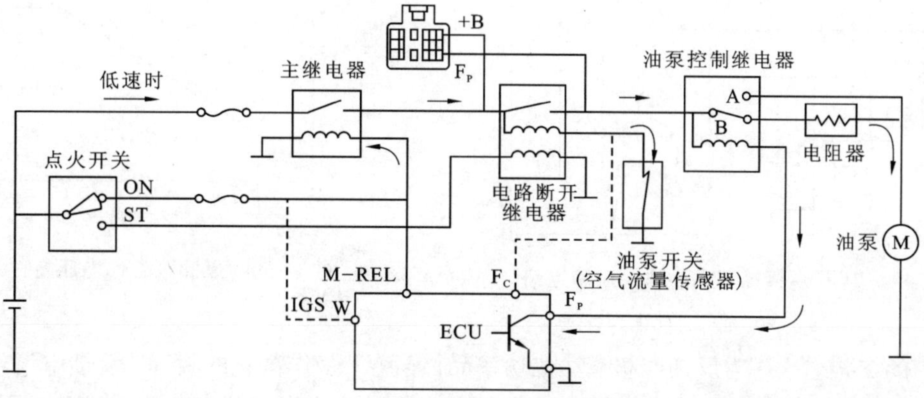

图2－47　电阻式燃油泵控制电路

当发动机在启动阶段或高转速、大负荷下工作时，发动机 ECU 向燃油泵 ECU 的"FPC"端输入一个高电平信号，此时燃油泵 ECU 的"F_p"端向燃油泵电动机供应较高的电压（相当于蓄电池的电压），使燃油泵高速运转。发动机启动后，在怠速或小负荷下工作时，发动机 ECU 向燃油泵 ECU 的"FPC"端输入一较低电平信号，此时 ECU 的"F_p"端向燃油泵电动机供应低于蓄电池的电压（约 9 V），使燃油泵低速运转。

当发动机的转速低于最低转速（如 120 r/min）时，燃油泵 ECU 断开燃油泵电路，使燃油泵停止工作，尽管此时点火开关处于接通状态，燃油泵也不工作。图 2－48 中所示的发动机 ECU 与燃油泵 ECU 间的连接线 DI 为燃油泵 ECU 的故障诊断信号线路。

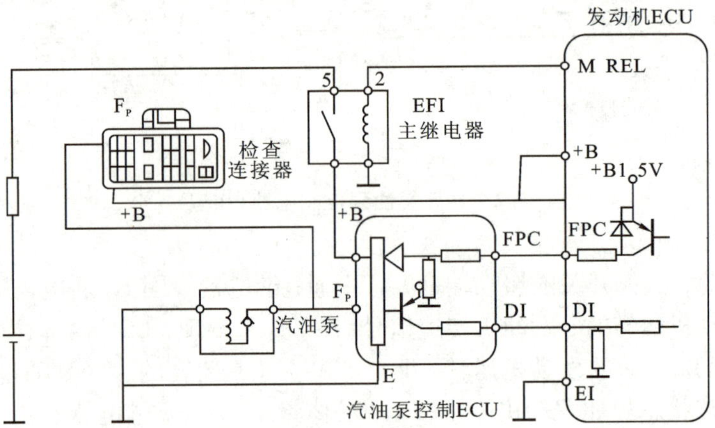

图 2－48 燃油泵控制电路（专设燃油泵 ECU 式）

2）发动机 ECU 直接控制式

随着发动机功率的增大，燃油泵的泵油量也必然增大，因而导致燃油泵消耗的电功率和燃油泵的噪声都比较大。为了尽可能减少电能的消耗和噪声污染，近年来研制成功一种发动机 ECU 直接控制式电路，由发动机 ECU 直接控制燃油泵的工作电压（驱动电压），控制电路如图 2－49 所示。

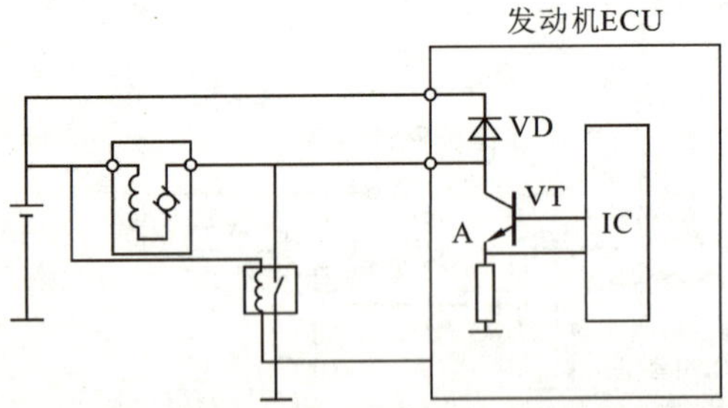

图 2－49 ECU 直接控制式燃油泵控制电路

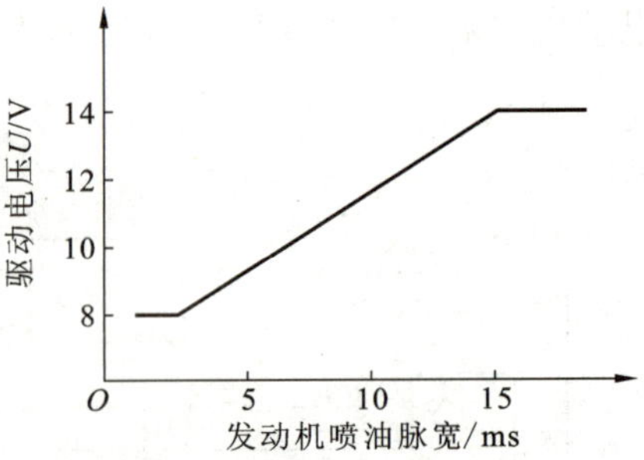

图 2－50 燃油泵工作电压特性

图中的二极管 VD 为反馈二极管，在功率晶体管 VT 工作截止的瞬间，反馈电流经过二极管构成回路，此时既可以平缓工作电流，也可节省电功率。发动机工作时，发动机 ECU 原则上根据燃油消耗量、需要的回油量和供油装置的温度等，通过内部的控制回路 IC，控制功率晶体管 VT 进行高频率(约 20 kHz)的导通和截止,控制 A 点的平均降压值(分压值)使燃油泵保持在所需的工作电压。燃油泵工作电压与发动机负荷成正比变化。发动机 ECU 在进行实际控制时,燃油泵的工作电压主要随发动机转速和喷油脉宽变化(图 2－50)。

在发动机 ECU 直接控制方式中,还装有燃油泵继电器。

发动机 ECU 直接控制方式,电功率可节省 40%,燃油泵运转噪声也降低很多。日产 VG30E 即采用了这种控制形式。

2.5　喷油器电路

2.5.1　喷油器

喷油器是发动机电控燃油喷射系统的一个关键的执行器,它接受 ECU 送来的喷油脉冲信号,精确地计算燃油喷射量。电子控制燃油喷射系统全部采用电磁式喷油器。

喷油器用专门的支座安装,支座为橡胶成型件,从而形成隔热作用,防止喷油器中的燃油产生气泡,有助于提高发动机的高温启动性能。另外,橡胶成型件可保护喷油器不受过高振动应力的作用。视发动机结构形式的不同,喷油器或经燃油管或经带保险夹头的连接插座与燃油分配管连接(图 2－51)。单点喷射系统的喷油器安装在节气门体空气入口处,多点喷射系统的喷油器安装在各缸进气歧管或气缸盖上的各缸进气道上。图 2－52 所示为桑塔纳 2000GSI AJR 发动机 4 个喷油器的安装位置。

喷油器是一种加工精度非常高的精密器件,要求其动态流量范围大、抗堵塞与抗污染能力强、雾化性能好。为了满足这些性能要求,先后开发研制了各种不同结构形式的电磁喷油器,主要有轴针式、球阀式和片阀式等。喷油器的磁化线圈可按任何特性值绕制,但典型的有两种,一种是低电阻型喷油器(阻值为 2～3Ω),另一种是高电阻型喷油器(阻值为 13～17Ω)。

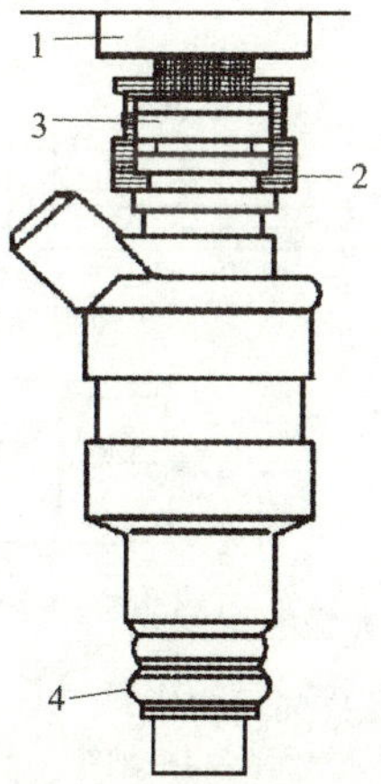

图 2－51　喷油器的链接

1—燃油分配管;2—保险夹头;
3—上密封圈;4—下密封圈

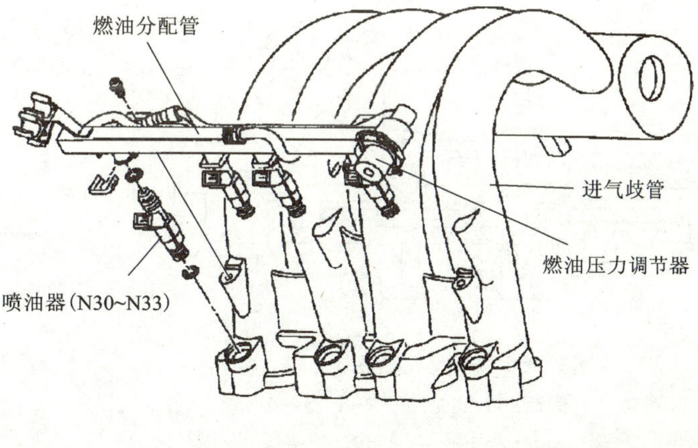

图 2－52　桑塔纳 2000GSI AJR 发动机喷油器的安装位置

2.5.2 喷油器的类型及结构

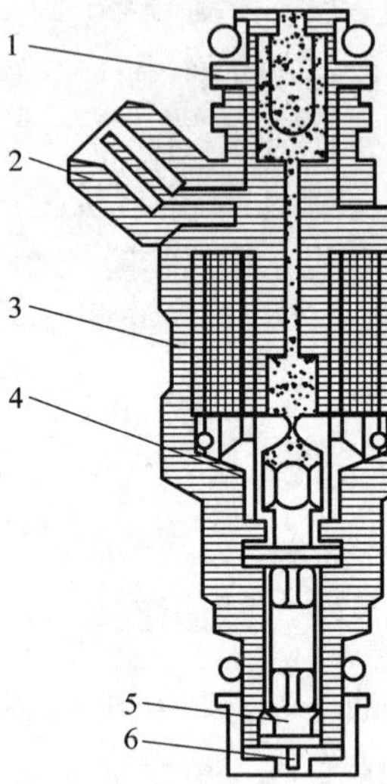

图 2－53 针轴式喷油器

1—滤网；2—电接头；3—磁化线圈；4—衔铁；5—针阀；6—喷油轴针

1. 轴针式喷油器

图 2－53 所示为轴针式喷油器的结构与连接情况。它主要由喷油器外壳、喷油器、针阀、套在针阀上的衔铁以及根据喷油脉冲信号产生电磁吸力的电磁线圈构成。电磁线圈无电流时，喷油器内的针阀被螺旋弹簧压在喷油器出口处的密封锥形阀座上。电磁线圈通电时，产生吸力使衔铁上移，衔铁带动针阀从其座面上升约 0.1 mm，燃油从精密环形间隙中流出。为使燃油充分雾化，针阀前端磨出一段喷油轴针。喷油器吸动及下降时间为 1～1.5 ms。

2. 球阀式喷油器

由于现代轿车发动机具有较低的燃油消耗率和较高的功率，各种型号发动机的进气空气流量范围扩大，因此，喷油器的动态流量范围必须随之增大。

减轻阀针质量并提高弹簧预紧力，对获得宽广的动态流量范围十分有效。同时，用球阀简化计量部位的结构，有助于提高喷油量精度。此外，喷油器体和盖用导磁不锈钢制成，提高了耐蚀性。

球阀式喷油器的结构如图 2－54 所示。它与轴针式喷油器的主要区别在于阀针的结构。球阀式的阀针是由钢球、导杆和衔铁用激光束焊接成整体制成的，其质量减轻到只有普通轴针式阀针的一半，这是采用短的空心导杆实现的。为了保证密封，轴针式阀针必须有较长的导向杆，而球阀具有自动定心作用，无须较长的导向杆，因此，球阀式的阀针质量轻，且具有较高的密封能力，明显优于轴针式针阀。图 2－55 所示为同等级的球阀式阀针与轴针式阀针的比较。

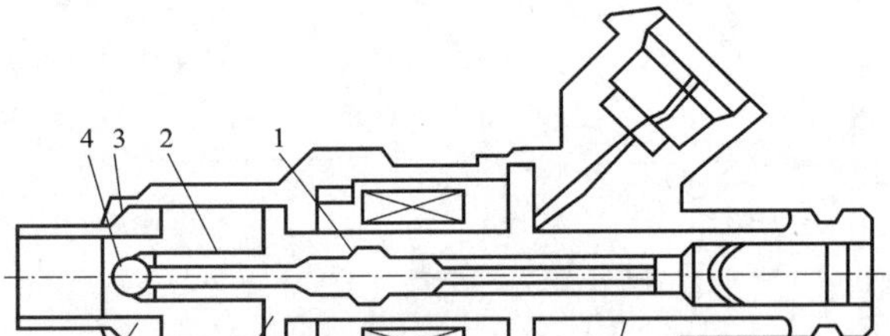

图 2－54 球阀式喷油器

1—弹簧；2—阀针；3—阀座；4—喷孔；5—护套；6—挡块；7—衔铁；8—喷油器体；9—磁化线圈；10—盖

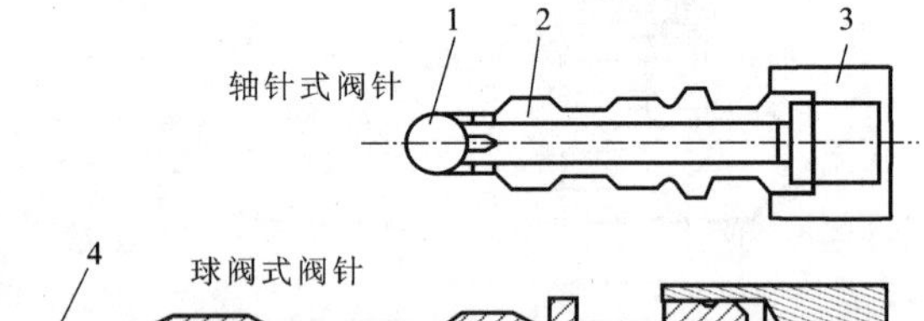

图 2－55 同等级的球阀式阀针与轴针式阀针的比较

1—钢球；2—导杆；3—衔铁；4—轴针

当喷油脉冲输入电磁线圈时，产生电磁吸力，固定在阀针上的衔铁被向上吸起，阀针抬离阀座，燃油开始通过计量孔喷出。当喷油脉冲终止时，吸力消失，阀针在弹簧力作用下返回阀座，于是喷油结束。因此，每次脉冲的喷油量取决于输入磁化线圈的工作脉冲的宽度。

3. 片阀式喷油器

片阀式喷油器内部结构的主要特点是质量轻的阀片和孔式阀座，它们与磁性优化的喷油器总成结合起来，使喷油器不仅具有较大的动态流量范围，而且抗堵塞能力较强。燃油从喷油器顶部注入。图 2－56 所示是片阀式喷油器的纵向剖面图。

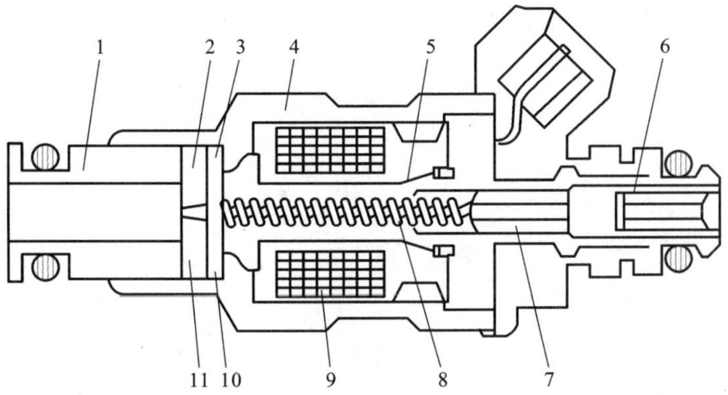

图 2－56　片阀式喷油器

1—喷嘴套；2—阀座；3—挡圈；4—喷油器体；5—铁芯；
6—燃油滤清器；7—调压滑阀；8—弹簧；9—磁化线圈；10—阀片

当喷油器处于未激励状态(阀关闭)时，阀片被螺旋弹簧力和液压力压紧在阀座上。当来自 ECU 的喷油脉冲通过喷油线圈时，即产生磁场，在电磁力足以克服弹簧力和液压力的合力之前，阀片仍将压紧在阀座上。一旦电磁力超过两者的合力，阀片即开始脱离阀座上的密封环，被铁芯吸住，于是具有压力的燃油进入阀座密封环中的计量孔。反之，一旦来自 ECU 的喷油脉冲结束，电磁力开始衰减，但是阀片仍瞬时保持阀开启状态，直到喷油器弹簧力克服衰减的电磁力为止。当弹簧力大于衰减的电磁力时，阀片将脱离挡圈返回到阀座上，切断燃油喷射。

2.5.3　喷油器的控制和驱动方式

1. 喷油器的基本控制电路

喷油器的基本控制电路如图 2－57 所示。

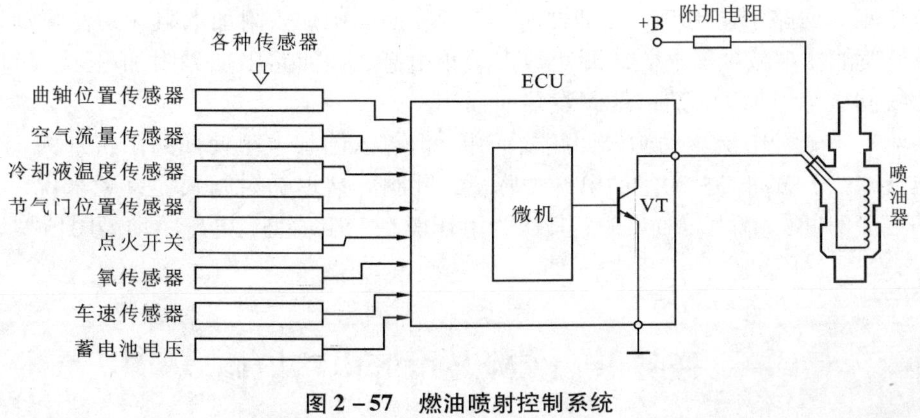

图 2－57　燃油喷射控制系统

发动机工作时，ECU 根据有关信号，经运算判断后输出控制信号，控制大功率晶体管导通与截止。当大功率管导通时，即接通喷油器电磁线圈电路，产生电磁吸力。当电磁吸力超过针阀弹簧弹力和燃油压力的合力时，磁心被吸动，针阀随之离开阀座，即阀门打开，喷油器开始喷油。当大功率晶体管截止时，则喷油器电磁线圈电路被切断，电磁吸力消失，当针阀弹簧弹力超过衰减的电磁吸力时，弹簧力又使针阀返回到阀座上，使阀门关闭，喷油器停止喷油。

喷油器的驱动方式分为电流驱动与电压驱动两种方式。电流驱动只适用于低阻喷油器，电压驱动既可用于低阻喷油器，又可用于高阻喷油器，如图 2－58 所示。低阻喷油器是指电磁线圈电阻值为 2～5Ω 的喷油器。高阻喷油器是指电磁线圈电阻值为 12～17Ω 的喷油器。

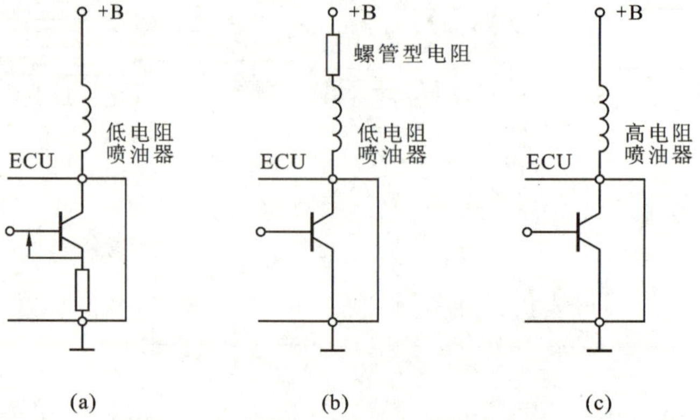

图 2－58　喷油器驱动方式

(a)电流驱动；(b)低阻值电压驱动；(c)高阻值电压驱动

2. 喷油器的驱动方式

(1)电流驱动

在电流驱动回路中无附加电阻，低阻喷油器直接与蓄电池连接，通过 ECU 中的晶体管对流过喷油器电磁线圈的电流进行控制。由于无附加电阻，回路阻抗小，开始导通时，大电流使针阀迅速打开，喷油器有良好的响应性。针阀打开后，需要的保持电流较小，可以防止喷油器线圈发热，减少功率消耗。

(2)电压驱动

在电压驱动回路中使用低阻喷油器时，必须在回路中加入附加电阻。为使喷油器响应性好，在低阻喷油器中减少了电磁线圈匝数以减小电感，在回路中加入附加电阻，可以防止匝数减少后线圈中电流加大，造成线圈发热而损坏。

电压驱动方式较电流驱动构成回路要简单，但加入附加电阻使回路阻抗加大，导致流过线圈的电流减少，喷油器上产生的电磁力降低，针阀开启迟滞时间长。一般来说，电流驱动喷油器的迟滞时间(无效喷射)最短，其次为电压驱动低阻值型，电压驱动高阻值型最长。

项目实施

任务 1　ECM 及电源电路检修

以丰田皇冠 3.0 轿车 2JZ－GE 发动机 ECU 电源电路为例，对 ECU 电源电路检修做具体介绍。

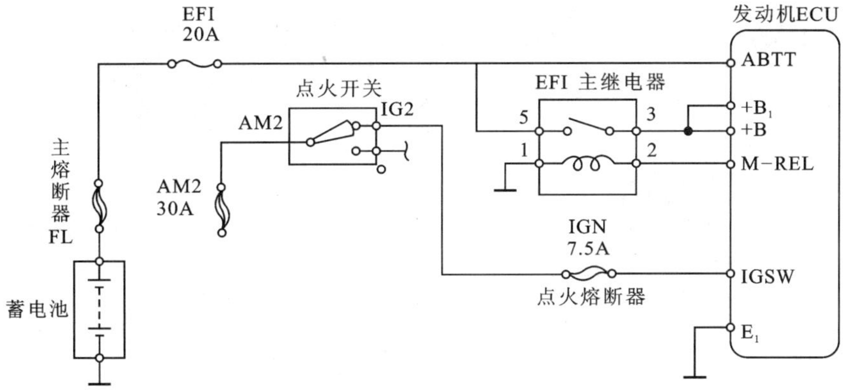

图 2-59 丰田 2JZ-GE 发动机 ECU 电源电路

如图 2-59 所示为主继电器和发动 ECM 电源电路。蓄电池电源经 EFI 熔丝分别进入发动机 ECM 的“BATT”端和主继电器，“BATT”向发动机 ECU 提供连续工作电压；主继电器通过触点向发动机 ECU“+B”、“+B_1”提供电源，同时还向怠速控制阀、真空电磁阀、汽油泵 ECU、氧传感器和诊断接头“+B”等提供电源。发动机 ECU 通过“M-REL”向主继电器线圈提供电源。当点火开关 AM2 接通时，蓄电池电源经 AM2 30A 熔丝、点火开关 AM2、点火熔断器 IGN 7.5A 进入发动机 ECU“IGSW”，向发动机 ECU 提供控制电源。此时，汽油喷射系统主继电器通电闭合，整个控制系统的电源电路全部接通，进入工作状态。点火开关 AM2 还向喷油器和点火器点火线圈等提供电源。

一、检测说明

当点火开关打开时，发动机 ECU 上端子 BATT、IGSW、M-REL、+B(+B_1)与 E_1 之间的电压值均为 9~14 V。若无电压或电压过低时，说明电源电路或连接器有断路或接触不良，具体检修如下：

(1)首先检查蓄电池是否有电，然后检查发动机 ECU 端子 E_1 与搭铁之间的电阻值。若电阻值小于 0.01Ω，说明搭铁良好，否则应检查搭铁是否松动等情况。

(2)若 BATT 与 E_1 之间无电压或电压过低，则检查主熔断器和 EFI 熔断器。若熔断器烧断，应更换，并注意更换后熔断器的工作情况，以确定电路是否存在某处短路或搭铁故障。若熔断器正常，则应检查蓄电池至 ECU 端子 BATT 之间的电源导线和连接器。

(3)若 IGSW 与 E_1 之间电压不正常，则检查熔断器、点火开关及点火开关至 ECU 端子 IGSW 之间线路。

(4)若 M-REL 与 E_1 之间电压不正常，则检查 EFI 主继电器和连接导线及连接器。

(5)若 +B(+B_1)与 E_1 之间电压不正常，则检查发动机 ECU 端子 M-REL 与 E_1 之间的电压是否正常。若正常，则检查蓄电池至 EFI 主继电器之间线路、EFI 主继电器、EFI 主继电器和 ECU 之间线路是否正常。

(6)EFI 主继电器的检查(见图 2-60)。

将 EFI 主继电器从插座上拔下，用万用表测量 EFI 主继电器各端子之间的电阻值。正常

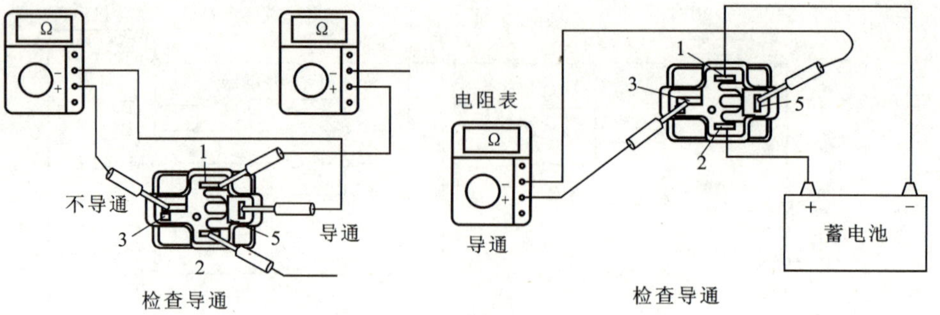

图 2-60　EFI 主继电器的检查

时，端子 1、2 之间有一定的电阻值，而 3、5 之间的电阻为无穷大。在 1、2 之间通电(12 V)，此时应能听到触点吸合的声音，测量 3、5 之间的电阻，应近似为零。如不符合上述要求，应更换主继电器。其他继电器的检测原理与此类似。

二、检测流程(表 2-2)

表 2-2　ECU 电源电路故障检查流程

步骤	检查项目		措施
1	检查发动机 ECU 连接器的端子 +B 和 E_1 间电压 步骤： 1. 拆去仪表板下盖 2. 点火开关拧至"ON" 3. 测量发动机 ECU 连接器的端子 +B 和 E_1 间电压 良好：电压 9～14 V	良好	进行电路检查
		不良	进行 2
2	检查发动机 ECU 的 E_1 端子和车身接地间线束和连接器有无开路	良好	进行 3
		不良	修理或更换线束或连接器
3	检查发动机 ECU 连接器 IGSW 端子和车身接地间电压 步骤： 1. 点火开关拧至"ON" 2. 测量发动机 ECU 的 IGSW 端子和车身接地间电压 良好：电压 9～14 V	良好	进行 6
		不良	进行 4
4	检查 IGN 保险丝 步骤： 1. 从仪表板 T/B 上拆下 IGN 保险丝 2. 检查 IGN 保险丝是否导通 良好：导通	良好	进行 5
		不良	检查与 IGN 保险丝相连的所有线束和元件有无短路

续表 2－2

步骤	检查项目		措施
5	检查点火开关	良好	检查并修理蓄电池和点火开关，点火开关和发动机 ECU 间线束和连接器
		不良	更换点火开关
6	检查发动机 ECU 连接器 MREL 端子和车身接地间电压。 步骤： 1. 点火开关拧至“ON”。 2. 测量发动机 ECU 连接器 MREL 端子和车身接地间电压。 良好：电压 9 ~ 14 V	良好	进行 7
		不良	检查并更换发动机 ECU
7	检查发动机室 T/B 的 EFI1 号保险丝	良好	进行 8
		不良	检查与 EFI1 号保险丝相连所有线束和元件有无短路
8	检查 EFI 主继电器	良好	进行 9
		不良	更换 EFI 主继电器
9	检查发动机 ECU 的 MREL 端子和车身接地间线束和连接器有无开路和短路	良好	检查并修理 EFI1 号保险丝和蓄电池间线束或连接器
		不良	修理和更换线束或连接器

三、检测中的注意事项

(1)必须使用高阻抗的万用表(阻抗应大于 10 MΩ/V)，低阻抗的万用表会损坏 ECU。最好使用汽车专用万用表进行检测。

(2)在点火开关处于开启(ON)位置时，蓄电池电压应不低于 11 V，过低的蓄电池电压会影响测量结果。

(3)不可在拔下 ECU 的线束与连接器的状态下，直接测量 ECU 的各端子电阻，否则会损坏 ECU。

(4)若要拔下 ECU 的线束连接器测量各控制线路，则应先拆下蓄电池负极搭铁线。不可在蓄电池连接完好的状态下拔下 ECU 的线束连接器，否则可能损坏 ECU。

(5)在检修过程中，不可用火线刮火。电源正负极不能装反。

(6)连接器的拆装与检查。

拆：导线连接器都带有锁紧卡环或卡锁，拆下连接器前应先将卡环松开或按下锁扣，然后拆下连接器。使用时间较久的连接器可能已老化，拆卸时应特别小心防止弄断卡锁。

装：安装时若是卡锁则直接将连接器推到底；若是卡环，则在安装连接器后将弹簧钢丝卡环装好。

(7)在用万用表电压挡或电阻挡检查接头时，若是防水型接头，应仔细取出防水橡胶，然后将测试棒插进线束端的接头里；若接头已拆下，还可从接头无线束的前端插入。

任务2　曲轴位置传感器检修

一、磁脉冲式曲轴位置传感器的检测

以皇冠3.0轿车2JZ－GE型发动机电子控制系统中使用的磁脉冲式曲轴位置传感器为例说明其检测方法。

(1)曲轴位置传感器的电阻检查

点火开关拧至“OFF”，拔下曲轴位置传感器的导线连接器，用万用表的电阻挡测量曲轴位置传感器上各端子间的电阻值(表2－3)。如电阻值不在规定的范围内，必须更换曲轴位置传感器。

表2－3　曲轴位置传感器的电阻值

端子	条件	电阻值/Ω
G_1-G_-	冷态	125～200
	热态	160～235
G_2-G_-	冷态	125～200
	热态	160～235
$Ne-G_-$	冷态	155～250
	热态	190～290

(2)曲轴位置传感器输出信号的检查

拔下曲轴位置传感器的导线连接器，当发动机转动时，用万用表的电压挡检测曲轴位置传感器上G_1-G_-、G_2-G_-、$Ne-G_-$端子间是否有脉冲电压信号输出。如没有脉冲电压信号输出，则须更换曲轴位置传感器。

(3)感应线圈与正时转子的间隙检查

用厚薄规测量正时转子与感应线圈凸出部分的空气间隙(图2－61)，其间隙应为0.2～0.4 mm。若间隙不合要求，则须更换分电器壳体总成。

(4)示波器检测磁感应式传感器

磁感应式曲轴位置和凸轮轴位置传感器波形如图2－62所示。对曲轴位置传感器而言，良好的波形在0 V电平上下幅值应基本接近，幅值和频率会随发动机转速增加而增大。转速相同时，幅值、频率和形状应是一致的、可重复的、有规律的和可预测的，两脉冲时间间隔应一致(除触发轮齿上缺齿的同步脉冲外)。如果波形峰值变小或变形，将会出现发动机失速、断火或熄火。如果波形显示不正常，应首先检查线路是否正常，再检查机械传动部分(分电器/凸轮轴/曲轴)是否正常。最后检查触发轮齿是否有缺角或弯曲。

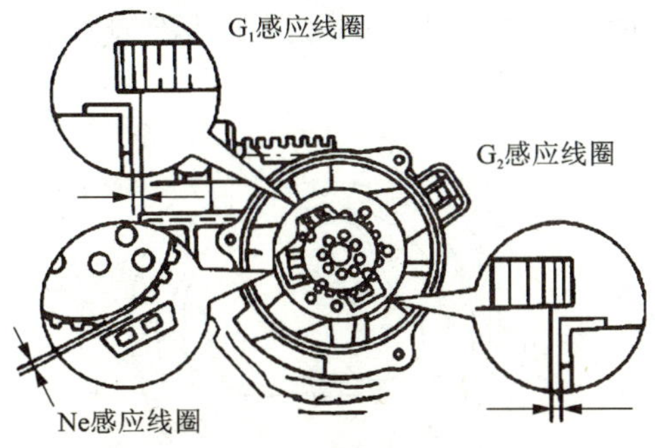

图 2-61　检查感应线圈与正时转子的间隙

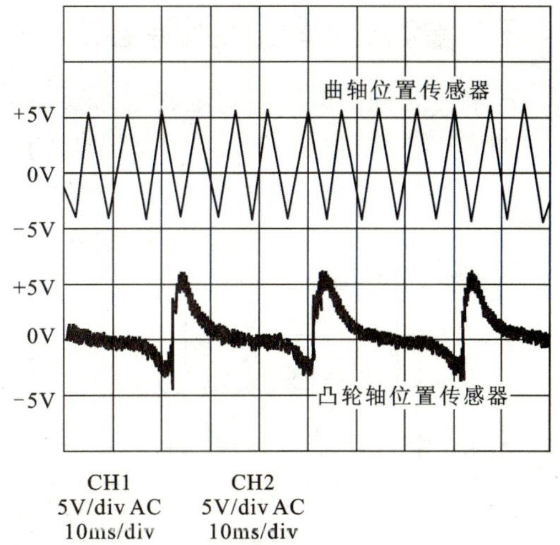

图 2-62　凸轮轴和曲轴位置传感器波形

曲轴位置传感器和凸轮轴位置传感器显示在同一显示屏上，可检查凸轮轴与曲轴之间的正时关系。

二、光电式曲轴位置传感器的检测

(1)曲轴位置传感器的线束检查

图 2-63 所示为韩国“现代 SONATA”汽车光电式曲轴位置传感器连接器(插头)的端子位置。

检查时，拔下曲轴位置传感器的导线连接器，把点火开关置于“ON”，用万用表的电压挡(图 2-64)测量线束侧 4#端子与地间的电压应为 12 V，线束侧 2#端子和 3#端子与地间电压应为 4.8 ~ 5.2 V，用万用表的电阻挡测量线束侧 1#端子与地间应为 0 V(导通)。

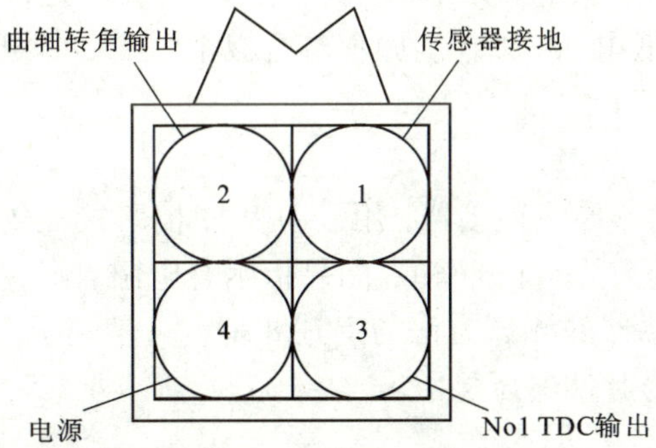

图 2-63　曲轴位置传感器连接器

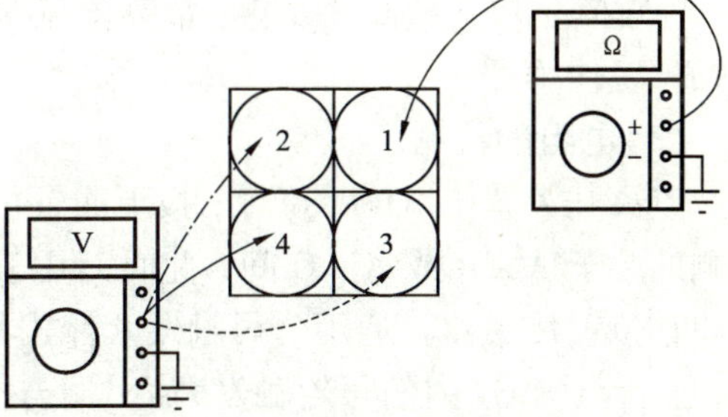

图 2-64　曲轴转角传感器线束测量

(2)光电式曲轴位置传感器输出信号检测

用万用表电压挡接在传感器侧 3#端子和 1#端子上，在启动发动机时，电压应为 0.2 ~ 1.2 V。在启动发动机后的怠速运转期间，用万用表电压挡检测 2#端子和 1#端子电压应为 1.8 ~ 2.5 V，否则应更换曲轴位置传感器。

三、霍尔式曲轴位置传感器的检测

霍尔式曲轴位置传感器的检测方法有一个共同点，即主要通过测量有无输出电脉冲信号来判断其是否良好。下面以北京切诺基的霍尔式曲轴位置传感器为例来说明其检测方法。

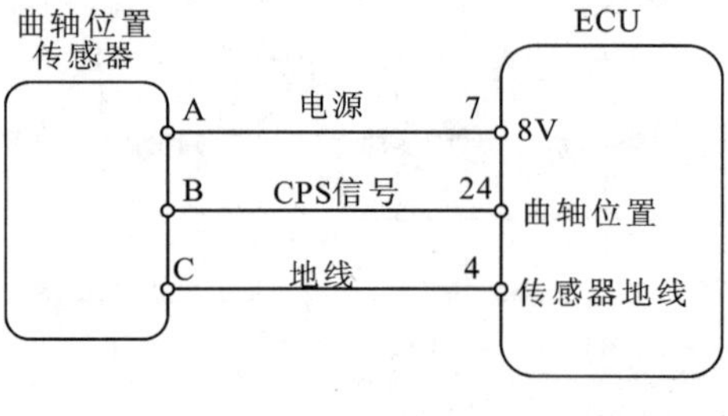

图 2－65　曲轴位置传感器工作电路

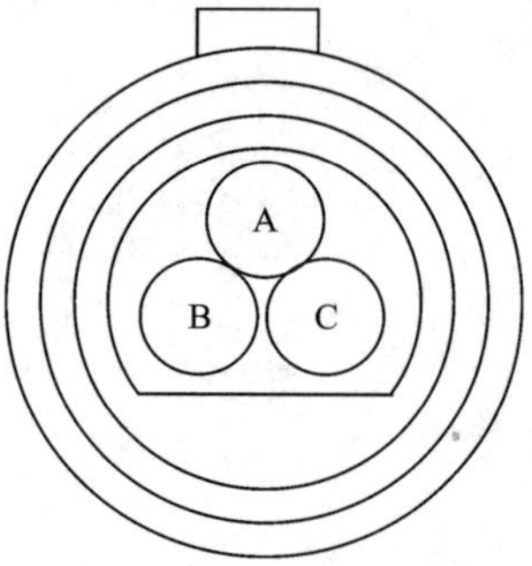

图 2－66　曲轴位置传感器接头

图 2－65 为曲轴位置传感器工作电路。曲轴位置传感器与 ECU 由三条引线相连。其中一条是 ECU 向传感器加电压的电源线，输入传感器的电压为 8 V；另一条是传感器的输出信号线，当飞轮齿槽通过传感器时，霍尔传感器输出脉冲信号，高电位为 5 V，低电位为 0.3 V；第三条是通往传感器的接地线。曲轴位置传感器接头如图 2－66 所示。

（1）传感器电源、电压的测试

点火开关置于“ON”，用万用表电压挡测量 ECU 侧 7#端子的电压应为 8 V，在传感器导线连接器“A”端子处测量电压也应为 8 V，否则为电源、线断路或接头接触不良。

（2）端子间电压的检测

用万用表的电压挡，对传感器的 ABC 三个端子间进行测试，当点火开关置于“ON”时，A－C端子间的电压值约为 8 V；B－C 端子间的电压值在发动机转动时，在 0.3～5 V 之间变化，且数值显示呈脉冲性变化，最高电压 5 V，最低电压 0.3 V。如不符合以上结果，应更换曲轴位置传感器。

（3）电阻的检测

点火开关置于“OFF”位置，拔下曲轴位置传感器导线连接器，用万用表 Ω 档跨接在传感器侧的端子 A－B 或 A－C 间，此时万用表显示读数为∞（开路），如果指示有电阻，则应更换曲轴位置传感器。通用公司触发叶片式霍尔传感器的测试方法与上述相似，只是端子为 4 个，上止点信号（内信号轮触发）输出端与接地端为脉冲电压显示。

（4）信号波形的检测

霍尔式曲轴位置传感器和凸轮轴位置传感器信号波形如图 2－67 所示。检查脉冲幅值、频率和形状的一致性，频率应随发动机转速变化，如波形上下沿的拐角异常，则故障与传感器有关。信号特点是随着发动机转速的提高，信号的频率越来越快，但传感器的输出信号的振幅并不发生变化。

如果在示波器 0 V 电压处显示一条直线，则检查示波器与传感器的连接；分电器、曲轴、凸轮轴是否能转动；传感器电源电路与控制电脑的电源与接地是否良好。

如果在示波器电源电压处显示一条直线，则检查传感器接地是否良好；分电器、曲轴、凸轮轴是否能转动，如以上均良好则传感器损坏。如果幅值过高，说明电阻太大或接地不良。

如果波形显示不正常，则检查导线、连接器、测试线，可摇动线束来判定故障原因是传感器还是导线或连接器。

霍尔效应式传感器是一种有源信号发生器，检查传感器工作是否正常，首先检查传感器的电源线电压是否正常；在电源电压正常条件下，接通点火开关，拆下点火控制器接线盒上的防尘套，将两表笔接入3和6号接线柱（桑塔纳轿车发动机电子点火系统），启动发动机（转动分电器轴），其电压值的大小应发生交变，用电压表测正负极的电压，正常值应在9 V以上，霍尔式传感器输出的电压在0~7 V以上，否则应更新。表2-4为桑塔纳轿车发动机电子点火系统点火器端子说明。

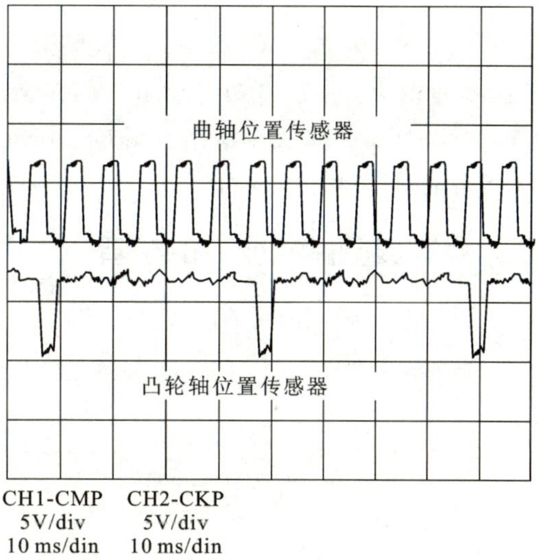

图2-67　霍尔式曲轴位置传感器和凸轮轴位置传感器信号波形

表2-4　桑塔纳轿车发动机电子点火系统点火器端子说明

接线	与外部连接件	测试电压/V	说明
1	接点火线圈（-）	0~12	正常或模拟点火信号输入
2	接电源负极	0	搭铁
3	接分电器点火信号发生器（-）	0	点火信号发生器（-）
4	接点火线圈（+）	12	点火器电源电压
5	接分电器点火信号发生器（+）	10	点火器输出的点火信号发生器电源
6	接分电器点火信号发生器（S）	0.4~9	点火信号发生器输入电压
7	空接柱		

任务3　点火控制电路检修

电子点火系统由信号发生器产生触发或控制点火的信号，经过点火器内的放大电路控制大功率三极管的导通和截止，达到控制点火线圈初级电流通断的目的，对提高发动机的动力性、经济性以及减少排放污染均极为有利。但其结构复杂，所以该系统故障的诊断与排除也时常令那些经验丰富的维修技师们束手无策。

一、判断故障是否在点火系统

当发动机不能启动或行驶中发动机突然熄火，这时有可能是点火系统出现故障，诊断方法为：

（1）拔出分电器盖中央高压线，将端头距缸体 3～7 mm；

（2）接通点火开关，启动发动机，观察高压线是否跳火。火花强烈，说明故障不在点火系。若此时仍怀疑是点火系统的故障时，可对分电器盖、分火头、高压线（电阻值应小于 25 kΩ）及点火正时进行详细检查。

二、点火线圈跳火能力的检查

经上述检查，确定故障在点火系统时，可自制一检查线（如图 2－68）进行检查。

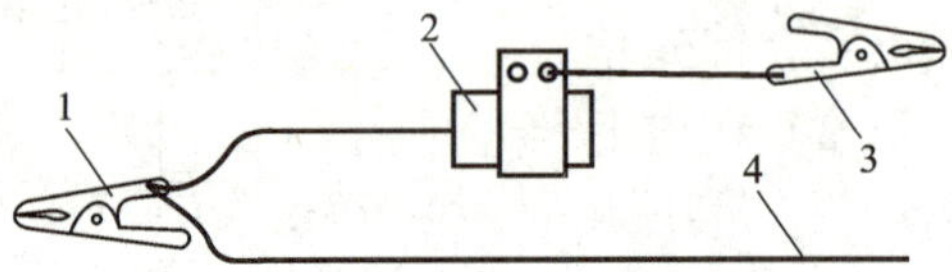

图 2－68　点火线圈跳火能力检测线

1—搭铁夹子；2—普通电容器；3—接点火线圈"－"接柱；4—此端与点火线圈"－"间断接通

（1）断开点火开关，拆掉点火线圈"－"接线柱上的全部导线（防止损坏点火器）。

（2）将检查线 1 端接铁，3 端接点火线圈"－"接线柱。拔出分电器盖端中央高压线并使端头距缸体 5～7 mm。

（3）接通点火开关，用检测线 4 接通与断开点火线圈"－"接线柱。若在断开的瞬间高压线跳火，说明点火系统低压电路和点火线圈良好；否则，说明低压电路或点火线圈有故障，应分别检查。检查线路用的电容器与传统点火系统的电容器作用相同，因为检查线在接通与断开点火线圈"－"接线柱时，通过的电流较大。同时，为防止烧坏点火线圈，接通时间不要超过 1s。

（4）点火线圈的检查方法是：先拆除点火线圈上的导线，再测量其电阻值。正常值为：初级绕组 1.3～1.7Ω，次级绕组 10～15 kΩ。点火线圈不应有短路、断路和搭铁现象，否则，应予更换。检查时，点火线圈应处在其工作温度下为最好。

三、信号发生器的检查

（1）用非磁性厚薄规，测量信号转子凸齿与传感线圈铁芯间的间隙，应为 0.2～0.4 mm，否则应进行调整。

（2）用万用表测量点火信号发生器传感线圈电阻，其阻值应为 160～200 Ω，否则，应更换传感器线圈。

四、点火器的检查

（1）在断开点火开关的状态下，拆开点火器与分电器之间的插接件。

（2）在点火器的两根信号输入线间，接一只 1.5 V 的干电池。干电池用来模拟信号发生器的输出电压信号。

（3）接通点火开关，用万用表电压挡测试点火线圈"－"接线柱与搭铁之间的电压值。当干电池如图 2－69（a）所示正向连接时，点火器内的三极管处于导通状态，电压值为 1～2 V。

当干电池如图 2－33(b)所示反向连接时，点火器内的大功率三极管不导通，电压值约为 12 V。若测试结果与上述不符，说明点火器有故障，应予检修或更换。在接通干电池测试电压时，时间以短为好，一般不要超过 1 s。

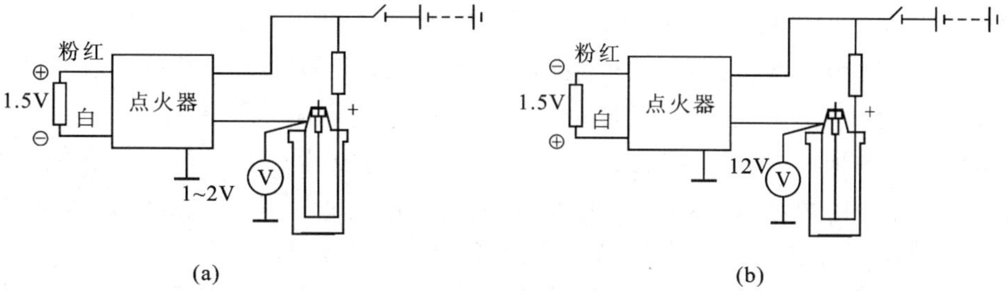

图 2－69　点火器检查连接电路图

五、上海别克轿车发动机点火系统检修实例

1. 检修程序

(1)将火花试验器 J26792 卡在发动机搭铁线上。将火花塞引线一端连接到火花试验器上，另一端与测试线圈保持连接。将另一火花塞引线连接到其他线圈接线柱，火花塞引线的另一端连接到搭铁上。

(2)启动发动机，同时观察火花试验器，应能看到火花。对于每个点火线圈，重复上述步骤。

(3)如果火花塞不跳火，应检查如下情况：①检查线圈是否开裂、积炭或起火花。②检查次级电阻值是否超出规定范围。线圈次级电阻值应为 5000～7000 Ω，火花塞引线电阻值应为 1968 Ω/m；如果次级点火部件有故障，点火部件将对搭铁起火花。③检查是否有功能失效的点火控制模块、点火系统导线至点火模块供电或搭铁连接过松或系统导线损坏。

(4)拆卸火花塞并检查是否有如下情况：①火花塞上有污物、裂纹或间隙小。②电极烧损或损坏或加热范围不正确。如果火花塞受到气体或油质污染，在更换火花塞之前，应确定产生污物的原因。

(5)曲轴位置传感器 CKP 24X 信号出现间断。

(6)点火供电电路或传感器搭铁电路至曲轴位置传感器或凸轮轴位置传感器间断。

(7)3X 参照信号出现间断。

(8)凸轮轴位置信号出现间断。

2. 点火系统检修注意事项

(1)点火线圈次级电压输出能力非常高——超过 40000 V。当发动机运转时，应避免身体与点火次级高压零部件接触，否则会造成人身伤害！

(2)7X 曲轴位置传感器是点火系统中最关键的零件，如果传感器损坏，发动机将不能启动。

(3)曲轴位置传感器的间隙非常重要，任何时候传感器都不能碰间断环，否则传感器将损坏。如果平衡装置间断环弯曲，间断环叶片会损坏传感器。

(4)点火正时不可调整，因为在曲轴平衡装置或正时链条盖上没有正时记号。

(5)如果需要更换曲轴位置传感器，则必须首先拆下曲轴平衡装置。平衡装置是压配在曲轴上的，可使用专用工具 J38197。拆下蛇形附件驱动带和平衡装置固定螺栓，当重新安装时，拧紧平衡装置固定螺栓。

(6)在更换曲轴位置传感器组件时，检查曲轴平衡装置间断环的叶片是否弯曲，如果没有仔细检查而存在弯曲的叶片，新的曲轴位置传感器在曲轴一转即可损坏叶片。

(7)点火线圈次级或次级绕组的两端都未与发动机的搭铁相连。虽然点火线圈组件安装在点火控制模块上，但在电器上未搭铁。

(8)维修点火系统时，小心不要损坏次级点火导线或皮套。旋转每个皮套使其在火花塞或线圈接线柱上转动，然后从火花塞或线圈上拔下。注意：不要刺穿次级点火导线或皮套！如果用针尖或测试灯穿透绝缘层进行测试将会带来进一步故障。

(9)点火控制模块通过 3 个将模块固定在其支架上的固定螺栓与发动机机体搭铁。如果维修时，确保模块与其固定支架电气连接良好。

任务4　油泵电路检修

一、桑塔纳 AJR 发动机电动燃油泵的检修

以桑塔纳 2000GSI AJR 发动机电动燃油泵的检修为例加以说明。

1. 电阻的检测

将点火开关置于 OFF，拔下有 3 个端子的电动燃油泵导线插头[如图 2－70(b)所示，端子 1 为油泵搭铁线、端子 2 为组合仪表控制单元、端子 3 接油泵继电器]，从车上拆下电动燃油泵，用万用表欧姆挡测量端子 1 和端子 3 间的电阻，即为电动燃油泵直流电动机线圈的电阻，其阻值应为 2～3Ω(20℃时)。如电阻值不符，则须更换电动燃油泵。

2. 工作状况的检查

关闭点火开关，使用接头导线 V. A. G1348/3－2 将遥控器 V. A. G1348/3A 接到燃油泵继电器的触点和蓄电池正极端子上。从燃油分配管上拔下输油管，将压力表 V. A. G1318 及接头 V. A. G1318/10 连接到进油管上。将软管 V. A. G1318/1 接到压力表的接口V. A. G1318/1L 上，并伸到量杯内。打开压力表的截止阀，使其接通。操作遥控器 V. A. G1348/3A，缓慢关上截止阀，直到压力表上显示 0.3 MPa 的压力，然后保持这一位置。将遥控器接通 30 s，泵油量一般应大于 580 mL。如果没有达到最低的泵油量，故障原因可能为进油管弯曲或阻塞、燃油滤清器阻塞及燃油泵故障等。

对于皇冠 3.0 2JZ－GE 等丰田车系发动机，在进行电动燃油泵工作状况的检测时，将电动燃油泵与蓄电池相接(正负极不能接错)，并使电动燃油泵尽量远离蓄电池，每次接通不超过 10 s(时间过长会烧坏电动燃油泵电动机的线圈)。如电动燃油泵不转动，泵油量没有达到标准值，则应更换电动燃油泵。

在检修汽油供给系统时，应先目视各有关插接器有无脱落、保险丝有无烧断、管路有无泄漏等现象。切不可轻易大拆大卸，那样可能会造成新的故障。

3. 汽油箱的拆卸及分解

(1)在点火开关断开的情况下，拔下蓄电池的搭铁线。

(2)使用专用设备抽取汽油箱内的汽油。

(3)旋下位于行李箱内地毯下的汽油箱密封凸缘。

(4)拔下导线插头4上的导线，如图2－70(a)所示。

(5)打开加油口盖板，撬出环绕在加油口颈部的橡胶件的夹环。

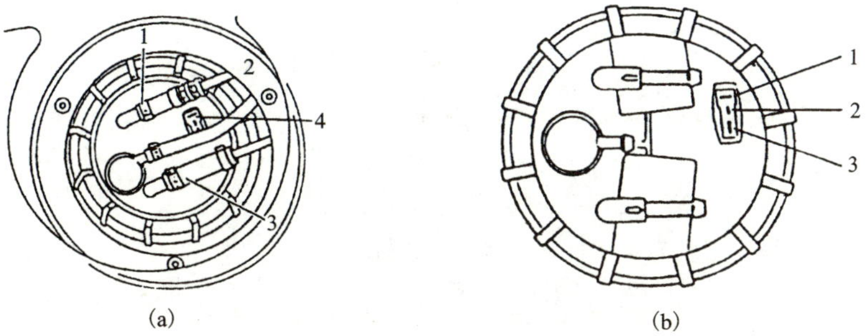

图2－70　拔下导线插头

1—回油管；2—通气管；3—进油管；4—导线插头

(6)将橡胶件推入。

(7)旋下在车底部的加油颈固定螺栓。

(8)拔下位于车辆底部的输油管、回油管和通气管，如图2－71所示。

(9)将发动机(及变速器)托架放置在汽油箱下。

(10)松开汽油箱夹带，如图2－72所示。

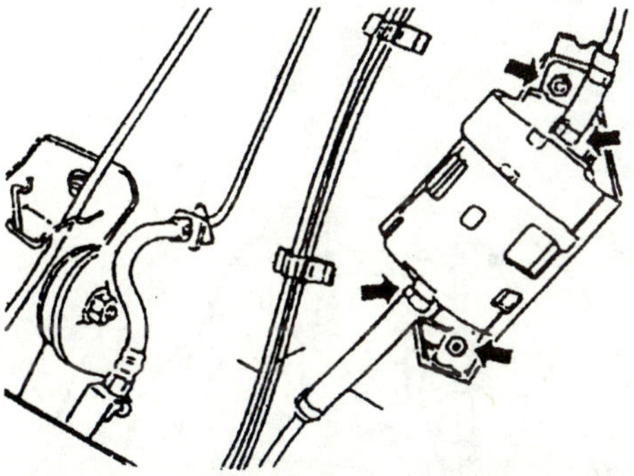

图2－71　拔下输油管、回油管和通气管

1—输油管；2—回油管；3—通气管

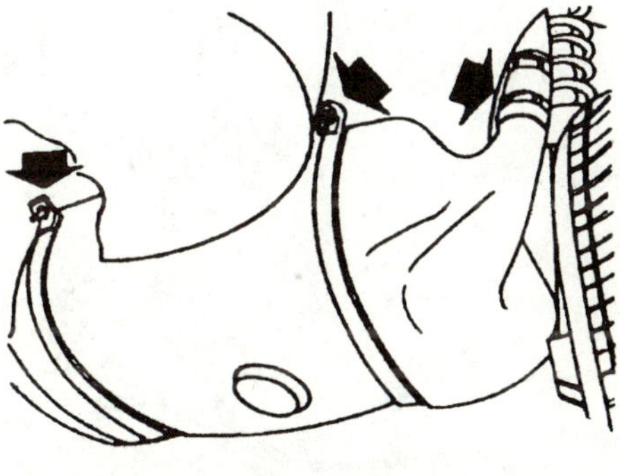

图2－72　松开汽油箱夹带

(11)放下汽油箱。汽油箱及附件如图2－73所示。

4．汽油泵的安装(如图2－74所示)

(1)将汽油泵同密封凸缘下引出的输油管和回油管以及汽油泵接头插入到汽油泵上，并保证软管接头连接紧固。

(2)将汽油泵插入到汽油箱内。

(3)用专用工具将汽油泵拧紧在汽油箱底部的固定位置上。

(4)在汽油箱开口上安装好密封圈，安装密封圈时用汽油将密封圈润湿。

(5)将密封凸缘连同浮子和汽油传感器插入到汽油箱开口并压到底。

(6)注意密封凸缘的安装位置，密封凸缘上的箭头必须对准汽油箱上的箭头，如图 2－75 所示。

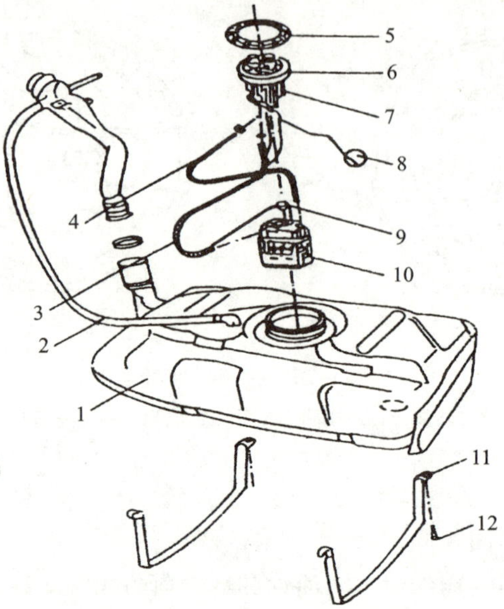

图 2－73 汽油箱及附件分解图

1—汽油箱；2—加注汽油透气管；3—回油管(来自汽油分配器)；4—进油管(接到汽油分配器)；5—塑料紧固螺母；6—透气管(连接到活性炭罐)；7—密封凸缘；8—浮子(用于汽油表传感器)；9—导线；10—汽油泵总成；11—汽油箱夹带；12—夹带螺栓

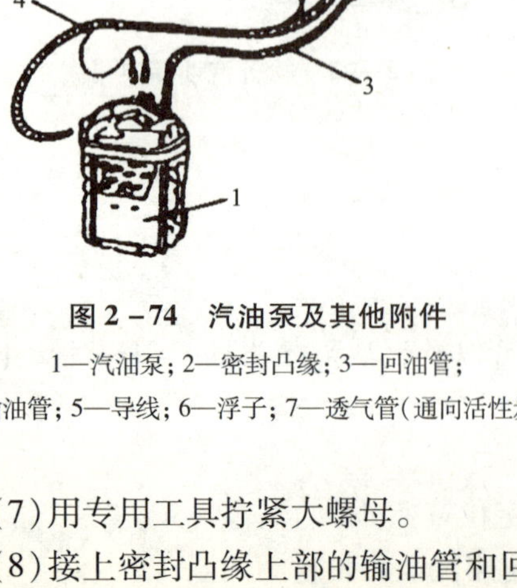

图 2－74 汽油泵及其他附件

1—汽油泵；2—密封凸缘；3—回油管；4—输油管；5—导线；6—浮子；7—透气管(通向活性炭罐)

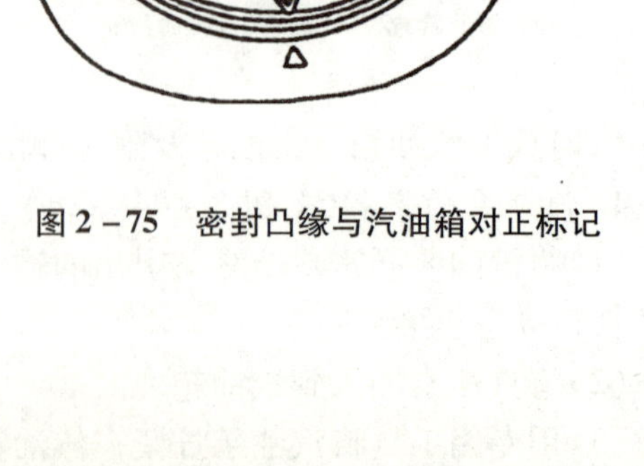

图 2－75 密封凸缘与汽油箱对正标记

(7)用专用工具拧紧大螺母。

(8)接上密封凸缘上部的输油管和回油管以及 3 个端子的导线插头。

5. 汽油滤清器的拆卸和安装

汽油滤清器的拆卸步骤如下：

(1)松开车辆底部燃油滤清器托架紧固螺栓(见图 2－76 箭头处)，取下燃油滤清器托架。

(2)松开夹箍，拔下燃油滤清器的油管，垫一块抹布防止剩余的汽油滴落。

(3)取下燃油滤清器。安装上新的燃油滤清器时应注意燃油滤清器上箭头应该指向汽油的流向。

(4)活性炭罐的拆卸和安装。活性炭罐的位置在右前轮罩下，如图 2－77 所示。拆卸及安装活性炭罐要拆下右前轮罩的挡板。

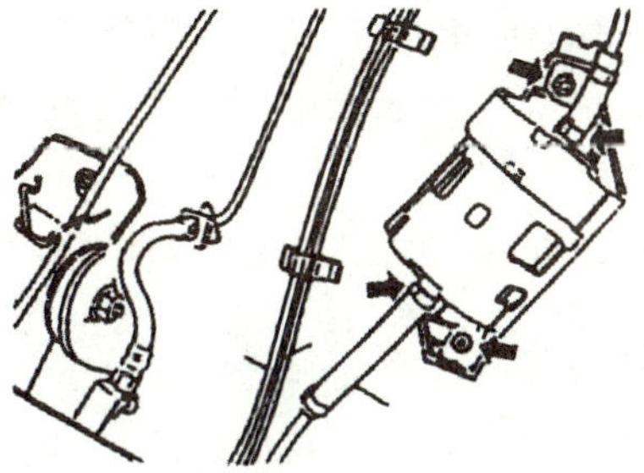

图 2－76　拔下输油管、回油管和通气管

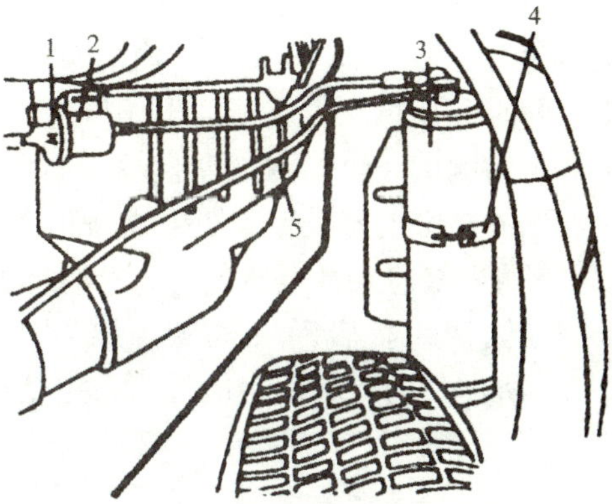

图 2－77　活性炭罐部件安装图

通向进气歧管；1—活性炭罐电磁阀；2—活性炭罐；3—活性炭罐安装夹箍；4—来自汽油箱通气软管

二、燃油供给系统的压力测量

(1)如图 2－78 所示，将压力表安装在汽油分配管的供油管上，打开汽油压力表开关，启动发动机怠速运转。系统压力标准为：怠速时拔下真空管为(300 ± 20) kPa；不拔真空管为(250 ± 20) kPa。

(2)接上真空管，轰一下油门，汽油压力表指针应在 280～300 kPa 间跳动。

(3)关闭点火开关，10 分钟后，汽油保持压力应大于 150 kPa。

(4)如果汽油保持压力小于 150 kPa，启动发动机，怠速运转。当汽油压力建立起来后，关闭点火开关，同时关闭汽油压力表开关，继续观察压力表指针是否会下降。

(5)系统油压不足原因：①管接头或管子渗漏；②汽油滤清器过脏；③汽油泵不良或蓄电池电压不足；④汽油压力调节器损坏。

(6)系统油压过高原因：汽油压力调节器损坏。

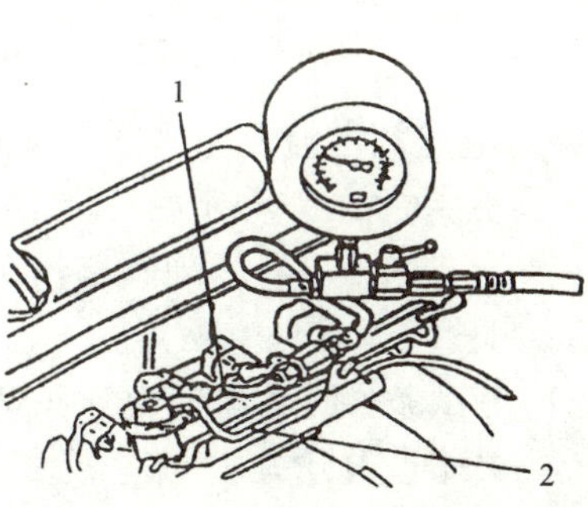

图 2－78　汽油供给系统油压的测量

1—供油管；2—回油管

三、汽油泵的测试

1. 测试汽油泵工作状况

(1)测试条件。蓄电池电压正常，汽油泵保险丝正常，燃油滤清器正常。

(2)接通点火开关。应该能够听到汽油泵启动的声音。

(3)如果汽油泵没有启动，应关闭点火开关，从中央线路板上拔下汽油泵继电器，使用接头导线 V. A. G1348/3 -2 将遥控器 V. A. G1348/3A 接到汽油泵继电器的触点和蓄电池正极端子上，启动发动机。如果汽油泵工作，应检查汽油泵继电器。

(4)汽油泵继电器(J17)在中央电器继电器板 2 号位(如图 2 -79)，汽油泵继电器保险丝在保险丝盒 5 号位，$S_5 = 10$ A。汽油泵继电器控制着汽油泵、喷油器、空气流量传感器、活性炭罐电磁阀和加热氧传感器的电压供应。检查前应确保蓄电池电压正常，汽油泵继电器保险丝正常。用测试线短接测试盒上端子 2 和 4，接通点火开关，汽油泵继电器必须有动作声，否则检查汽油泵继电器线路，如果线路正常，更换汽油泵继电器。

(5)如果汽油泵继电器良好，汽油泵仍然不工作，打开行李箱饰板，从密封凸缘拔下 3 个端子的导线插头。启动发动机，用万用表测量导线上端子 1 和端子 3 之间的电压，如图 2 -80所示。电压的额定值约为蓄电池的电压(12 V 左右)。

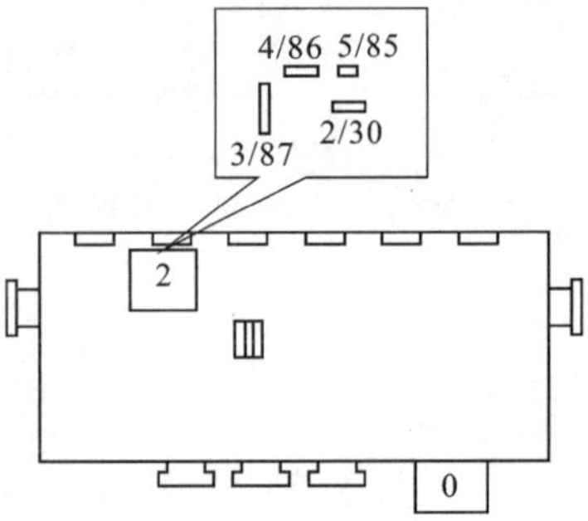

图 2 -79 汽油泵继电器位置

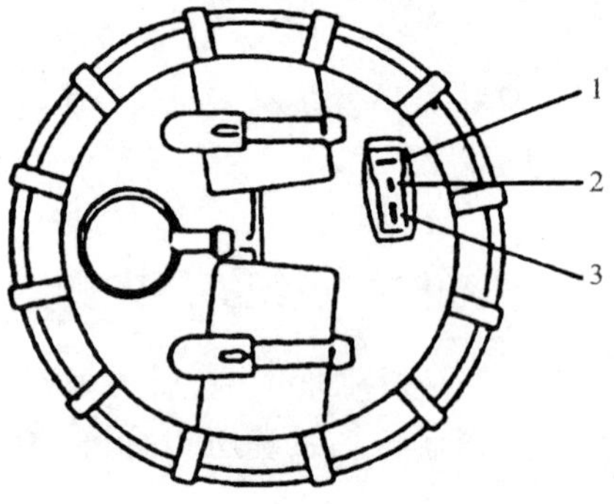

图 2 -80 汽油泵线束插头

如果电压额定值没有达到，则根据电路图查找并消除电路中的断路故障；如果达到了额定值，旋下密封凸缘紧固大螺母，检查密封凸缘和汽油泵之间的导线是否有断路故障，如图 2 -81 所示。如果没有发现断路情况，说明汽油泵有故障，应更换汽油泵。

2. 测量汽油泵供油量

(1)测试条件。蓄电池电压正常，汽油泵保险丝正常，燃油滤清器正常。

(2)关闭点火开关。

(3)使用接头导线 V. A. G1348/3 -2 将遥控器 V. A. G1348/3A 接到汽油泵继电器的触点和蓄电池正极端子上。

(4)从汽油分配管上拔下输油管。汽油系统是有压力的，在打开系统之前先在开口处放置抹布，然后小心地松开接头以释放压力。

(5)将压力表 V. A. G1318 及接头 V. A. G1318/10 连接到输油管上。

(6)将软管 V. A. G1318/l 接到压力表的接口 V. A. G1318/11 上，并伸到量杯内。

(7)打开压力表的截止阀(使其接通)。

(8)操作遥控器 V. A. G1348/3A，缓慢关上截止阀，直到压力表上显示 0.3 MPa 的压力，然后保持这一位置。

(9)排空量杯，将遥控器接通 30 s。

(10)将排出的油量与额定值相比较。额定值应大于 0.58 L/30 s。

如果没有达到最低的输油量，故障原因可能为输油管弯曲或阻塞、燃油滤清器阻塞、汽油泵故障等。

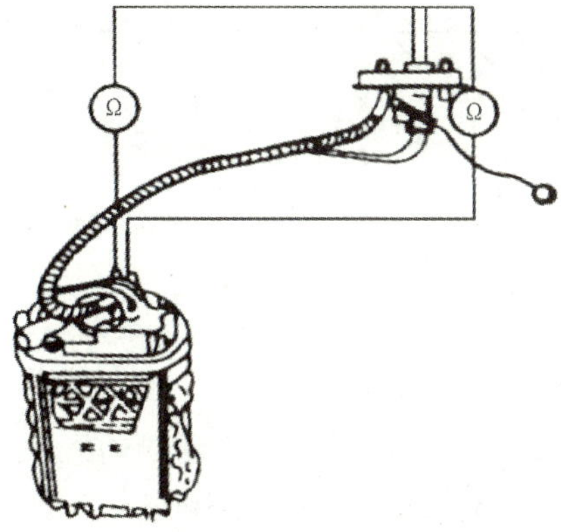

图 2-81　检查密封凸缘与汽油泵导线是否有断路故障

任务 5　喷油器电路检修

一、喷油器的检测

1. 桑塔纳 2000GSI AJR 发动机喷油器的检测

连接电路及插头如图 2-82 所示。发动机运转时，用手指接触喷油器，应可察觉到喷油的脉动。检查喷油器电阻值、30 s 喷油量等性能参数，应符合表 2-5 中规定的标准。用故障诊断仪读取喷油信号的数据流，怠速时，喷油脉宽正常值为 2 ~ 5 ms。

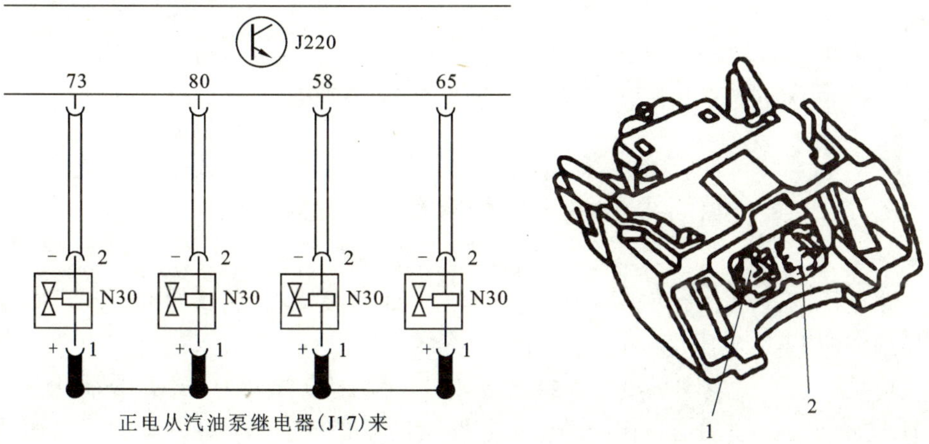

图 2-82　桑塔纳 AJR 发动机喷油器连接电路及插头

打开点火开关用万用表测量喷油器供电电压，即插头端子 1 与搭铁点之间的电压应等于蓄电池电压。如果电压值不符合要求，则应检查插头端子 1 到附加熔丝 S(30 A)之间的线路有无断路或接触不良。喷油器拆下后，通 12 V 电压时，可听到接通和断开的声音(注意：通电时间应不大于 4 s，再次试验应间隔 30 s，以防喷油器发热损坏。喷油器检测标准见表 2-5。

表 2－5 桑塔纳 AJR 发动机喷油器检测标准

检测项目及条件	2000GLI	2000GSI
室温时电阻/Ω	15.9 ±0.35	13～18
发动机工作时电阻增值/Ω	4～6	4～6
30 s 喷油量/mL	78～85	78～85

在喷油器插头的两端子间，接上二极管试灯（先将两只发光二极管并联再串联一只 5101I/0.25 W 的电阻），启动发动机，试灯应闪烁。检查喷油器的滴漏，油泵运转时，每个喷油器在 1 min 内最多允许滴油 1～2 滴，否则应更换喷油器。在测试喷油器的喷油速率的同时，可检查喷射形状，所有喷射形状应相同，都是小于 35°的圆锥雾状。

2. 皇冠 3.0 轿车 2JZ－GE 型发动机喷油器的检测

皇冠 3.0 2JZ－GE 发动机喷油器电路如图 2－83 所示。

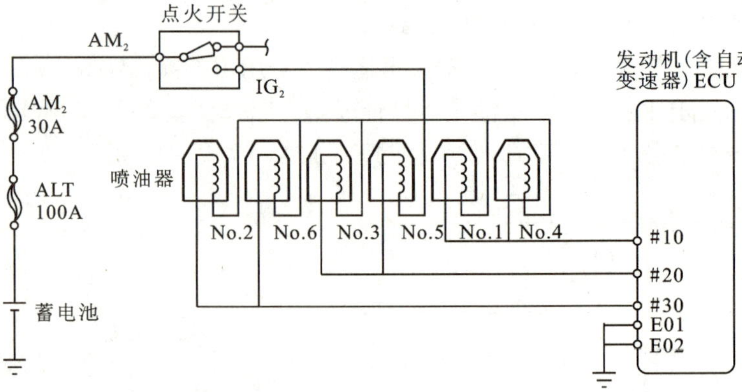

图 2－83 皇冠 3.0 2JZ－GE 发动机喷油器电路

（1）电路电压的检测。当点火开关置于 ON 位置时，发动机 ECU 的 10、20、30 端子与端子 E01 间应有 9～12 V 电压（测量方法见图 2－84）。

（2）工作情况检查。发动机热车后怠速运转时，用旋具（螺丝刀）或听诊器（触杆式）接触喷油器，通过测听各缸喷油器工作的声音来判断喷油器是否工作。在发动机运转时应能听到喷油器有节奏的“嗒嗒”声——这是喷油器在电脉冲作用下喷油的工作声。若各缸喷油器工作声音清脆均匀，则各喷油器工作正常；若某缸喷油器的工作声音很小，则该缸喷油器工作不正常——可能是针阀卡滞，应作进一步的检查；若听不见某缸喷油器的工作声音，则该缸喷油器不工作，应检查喷油器及其控制线路。

另外，也可通过检查喷油器的工作声音和发动机转速之间的关系来检查喷油器的工作情况，其具体方法是用跨接线跨接连接器的 IG 端子。使发动机转速达 2500 r/min 以上，听喷油器的喷油声音（应如下：发动机热机时，按图 2－85 所示电路接好转速表，用蓄电池作转速表的电源，转速表应该有喷油声音信号）。减小节气门开度后，在短时间内喷油声音应停止，发动机转速随即迅速下降到低于 1400 r/min，接着，喷油声音又恢复，转速上升到

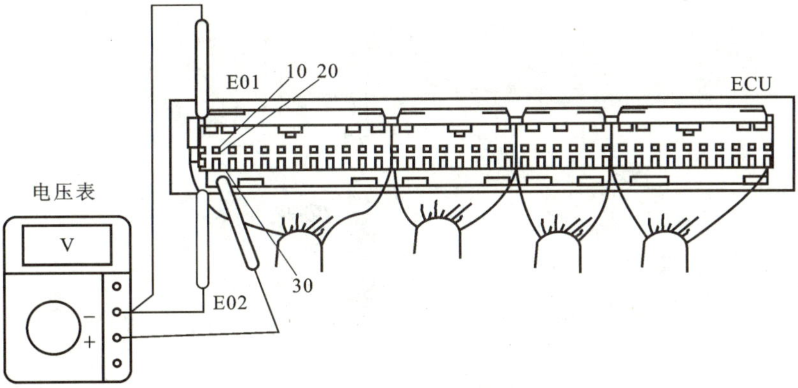

图 2 – 84　喷油器电路电压的检测

1400 r/min。若不如此，则应检查喷油器或 ECU 的喷油信号。

(3)电磁线圈电阻的测量。拔下喷油器的导线连接器，用万用表欧姆挡测量喷油器上两个接线端子间(电磁线圈)的电阻值(图 2 – 86)。在 20℃时，高电阻型喷油器的电阻值应为 12 ~ 16Ω，低电阻型喷油器应为 2 ~ 5Ω。如果电阻值不符，应更换喷油器。

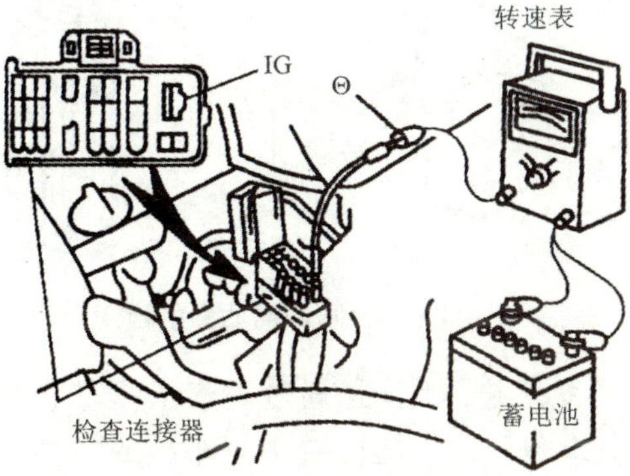

图 2 – 85　转速表的连接

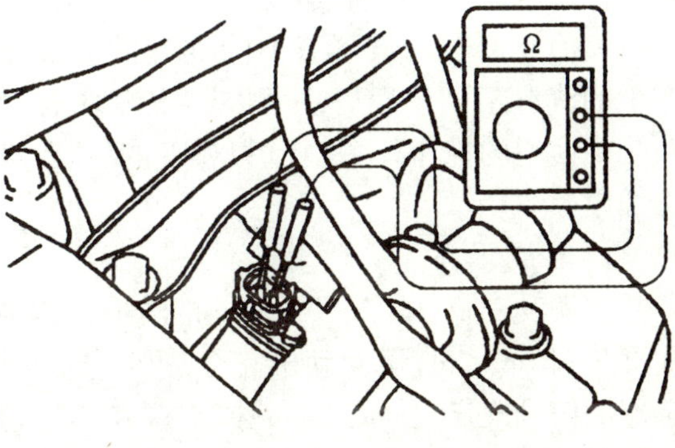

图 2 – 86　喷油器电磁线圈电阻的检测

(4)性能测试。首先拔下各喷油器的导线连接器，从车上拆下主输油管，再从主输油管上拆下喷油器，按图 2 – 87 所示连接喷油器、油压调节器、进油管、检查用的软管以及专用的软管接头等。

用连接线连接检查连接器的端子 + B 与 F，并按图 2 – 88 所示将蓄电池与喷油器连接好；通电 15 s，用量筒测出喷油器的喷油量，并观察燃油雾化情况。每个喷油器测试 2 ~ 3 次。标准喷油量为 70 ~ 80 ML(15 s)，各喷油器间的喷油量允许误差为 9 mL。如果喷油量不合标准，则应清洗或更换喷油器。在检测喷油量后，脱开蓄电池与喷油器的连接线，检查喷油器有无漏油，要求每开启与关闭受喷油驱动器(由控制单元 ECU 里的一个晶体管开关及相应电路组成)的控制，喷针漏油不多于 1 滴。

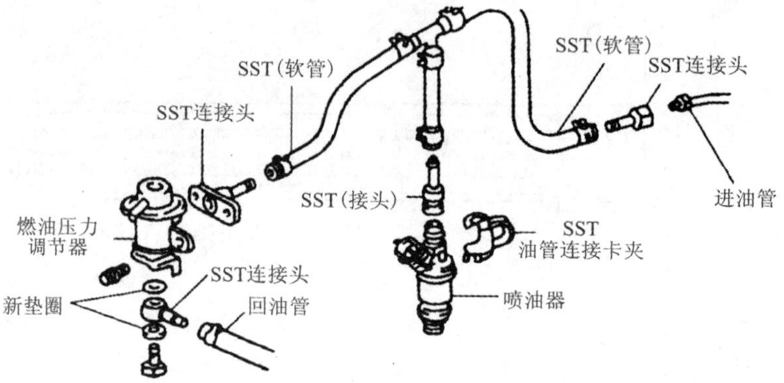

图 2－87　喷油器检测的油路连接

二、喷油器波形检测与分析

喷油器的开油驱动器有饱和开关型、峰值保持型、博世(BOSCH)峰值保持型、PNP 型这四种基本类型。除了关断电压峰值的高度以外，喷油器本身并不能确定其自身波形的特点，而开关晶体管和喷油驱动器才能确定大多数喷油器波形的判定性尺度。因此，喷油器波形的分析实际上是在分析喷油驱动器的波形。不同类型的喷油驱动器产生的波形不同。现以主要在多点顺序燃油喷射系统中使用的饱和开关型(PFI/SFI)喷油驱动器为例加以介绍。

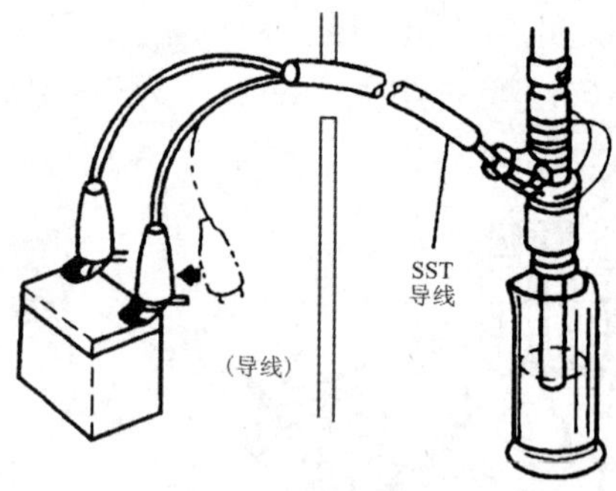

图 2－88　喷油器油量的检测

1. *检测方法*

启动发动机，以 2500 r/min 的转速保持节气门开度 2～3 min，直至发动机完全热机，同时燃油反馈系统进入闭环(通过观察示波器上氧传感器的信号确定这一点)。关掉空调和所有附属电器设备，让变速杆置于停车挡或空挡，缓慢加速并观察在加速时喷油驱动器喷油脉宽的相应增加。

进气管混合气进行修正：当人为造成真空泄漏，混合气变稀(氧传感器显示高电压)加入丙烷，使混合气变浓。如果系统工作正常，喷油时间将延长，ECU 试图对混合气进行补偿，氧传感器电压降低。如果发现喷油持续时间不发生变化，则氧传感器可能损坏。因此，在检查喷油器喷油持续时间之前，应先确认氧传感器是否正常。

提高发动机转速至 2500 r/min，并保持稳定，在许多燃油喷射系统中，当该系统控制混合气时，喷油驱动器的喷油时间性能被调节(改变)得从稍长至稍短。通常喷油驱动器喷油脉宽在正常全浓(高的氧传感器电压)至全稀(低的氧传感器电压)范围内仅在 0.25～0.5 MS 的范围内变化。

2. *波形分析*

图 2－89 所示为饱和开关型喷油驱动器控制喷油脉冲波形，波形上显示了 3 个数据：喷油脉宽、最低电压和峰值电压。观察冷启动、热启动、怠速、缓慢加速和急加速的喷油脉宽

变化，例如时代超人在热车发动机转速800 r/min时，喷油脉宽应为1.00～2.50 MS，一般怠速时应为2～5 MS，冷启动或节气门全开时大约为6～35 MS，车型不同，则这些数据也会有差异。如果急加速时喷油脉宽没有增加，应检查空气流量传感器和节气门位置传感器。如果冷启动时喷油脉宽仅3～4 MS，会造成冷车难发动，应检查冷却液温度传感器、启动信号、空气流量传感器信号。如果加速性能不良，而波形上显示的喷油脉宽在加速时能很快增加，说明控制信号、传感器信号没故障，应检查系统油压、喷油状况、点火高压等部分。

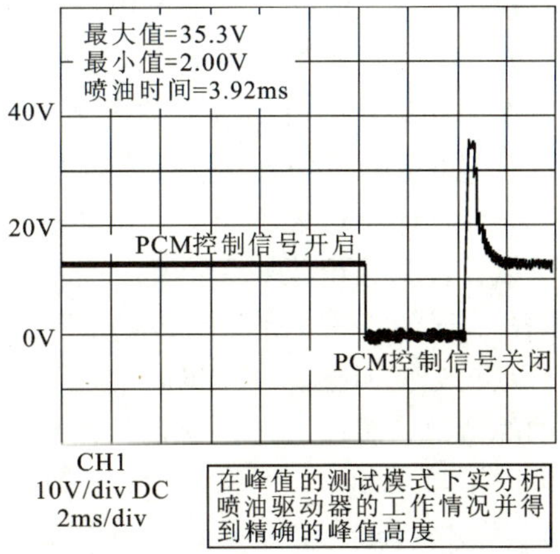

图2－89　饱和开关型喷油驱动器波形分析

观察氧传感器信号和喷油脉宽的关系，可以清楚地看到喷油脉宽在正常全浓（氧传感器高信号）至全稀（氧传感器低信号）范围内在0.25～0.5 MS之间变化。最大电压也称作峰值电压，当喷油驱动器切断时，喷油器线圈产生自感电动势，峰值电压因汽车制造商的不同和发动机系列不同而不同，但其正常的范围大约是30～100 V，有些喷油器的峰值电压被钳位二极管限制在30～60 V，此时在尖峰上的平顶代替尖顶。匝数少的喷油器通常产生较短的切断峰值电压。最小电压即为驱动器导通电压，约为0～2 V。如果波形显示的是一条0 V直线，表示驱动器被击穿，此时接通点火开关后喷油器常喷油；如果波形显示的是一条电源直线，表示驱动器断路，此时接通点火开关后喷油器不喷油。

项目小结

如果一个诊断方法能够尽可能快地排除掉所有可能的故障原因，那么这个诊断方法就是最有效的诊断方法。在点火系统中，如果有电火花但很微弱，就应该首先排除掉大部分基本的传感器故障。通常来说，电火花微弱不是由凸轮轴和曲轴这类的输入信号问题造成的。另一方面，如果点火系统中根本就没有产生电火花，则可能是由此类输入信号问题造成的。由此你可以看到，没有产生出电火花与电火花太弱这两种不同的故障现象，将影响你诊断程序的方向。

曲轴转动和凸轮轴正时运动之间的关系如果出现问题，同样也会导致没有电火花产生，这种故障现象在克莱斯勒公司的汽车上出现得更多一些。在克莱斯勒的车辆的发动机中，如果凸轮轴和曲轴的运动不同步，点火系统中的脉冲控制模块（PCM）就不会触发点火线圈。如果用数字存储示波器或者万用表进行测量的话，那么测量出的凸轮轴和曲轴的输入信号可能表现正常。如果用一个扫描仪进行双边控制测量的话，点火线圈输出量和初级线圈回路也可能表现正常。这可能会使你相信，更换脉冲控制模块是解决这一问题的办法，实际上这是无济于事的。检测凸轮轴和曲轴之间的联系，你会发现此时正时皮带出现了打滑现象，这才是导致没有电火花产生、发动机无法启动这一故障的根本原因。

1. 检测点火正时

点火正时不正确也是造成发动机无法启动的原因，它也是最容易被忽视和错误诊断的一个原因。你可能会想当然地认为，点火正时就是当第一缸火花塞点火时曲轴的位置。虽然这一点是很重要的，但这并非是可以导致发动机无法启动的正时方面唯一的原因。除此之外，气门打开，喷油器喷油，点火系统能点火，所有这些都要在恰当的时刻进行。

一个无法启动的发动机上的点火正时被搞乱了，是可以利用正时检测灯进行检测的。具体地讲，在点火系统中连接一个正时检测灯，然后再使用辅助手段将发动机启动后观察正时标记，就可以检测点火正时了。虽然这有可能没有被制造商列入基本的正时检测之列，但它确实可以让你知道电火花是产生在什么地方的。

同样，气门正时也是很关键的。本田汽车有一个众所周知的缺点：当凸轮轴正时比规定的有一点延迟的时候，供油量就会加大。如果试图在寒冷的天气启动汽车，就可能会出现无法启动的情况，而且这还会导致从发动机中向外溢出燃油。虽然在清洗了火花塞之后，发动机又可以正常启动了，但你并没有找到造成发动机无法启动这一故障的根本原因。

2. 检测燃油系统

燃油系统的诊断可以分为两部分：燃油供给系统的诊断和喷油器电路系统的诊断。正如点火系统包括初级电路和次级电路两部分一样，燃油系统也包括用于制定指令的控制系统和燃油供给系统这两部分。

制定指令的控制系统，即喷油器电路系统，通常可以用一个扫描仪和一个数字存储示波器进行诊断。有一些诊断人员，采用将一个检测灯插进喷油器线束里以代替其中的一个喷油器的方法，来检测喷油器电路系统，这并不是一种好的检测方法。虽然这种方法简便易行，但这种检测灯不能给喷油器电路施加正确的负载，而且无法检测线路中电压和搭铁的状况。与此不同，数字存储示波器可以在电路中带有负载的情况下检测电路，并会针对电路中故障的位置给出指示。数字存储示波器检测方法可以用来测量电压和电流值。测量的电压信号可以告诉你燃油供给电路的完整性，以及控制系统的状态。电流的测量值同样可以告诉你电路的工作状况。

燃油供给系统可以通过测量燃油的流量和压力进行检测。测量燃油流量的最好办法，是在燃油供给管路中带负载时检测管路。对于回程式燃油供给系统，可以很容易地采用燃油流量计进行检测。如同速度可变式燃油泵一样，非回程式燃油供给系统可以显示它们本身的故障。对任何一种燃油供给系统的诊断，都应该基于它的具体特点来进行。

车载防盗系统也会产生一些经常被忽略的燃油供给系统方面的故障问题。一些汽车制造商在防盗系统数据流中包括了参数识别功能，这就可以使你知道，防盗系统是不是允许燃油系统工作。

3. 检测气缸压缩压力

你可以用一个气缸压缩压力表检测发动机气缸的密封性能，但有经验的维修人员只需要通过倾听发动机转速的变化，就可以知道气缸压缩压力是不是偏低。如果你听到发动机启动速度很快，就需要检测气缸压缩压力，看看问题出在哪儿。气缸压缩压力偏低并不总是表明发动机内部出了问题。

在确定了气缸压缩压力偏低后，最好紧接着先做一次气缸压力泄漏检测试验。在一些发动机上，在发动机进入压缩冲程之前检查凸轮轴正时可能会是很方便的。这取决于你对你所诊断车辆的熟悉程度。

气缸压力泄漏检测会告诉你，那些减小的压力究竟跑到哪里去了。如果你认为压力是从活塞环处泄漏的，可以在活塞环周围涂一些润滑油，然后重新检测，看看还有没有压力泄漏现象发生。对于目前的车辆，需要查找出任何使燃油太多地进入气缸，从而导致燃油淹没火花的所有可能的原因。凸轮轴正时不正确是一个常见的原因，特别是在速度—密度式燃油系统中。本田、马自达以及克莱斯勒公司的汽车，已经开始留意由于正时皮带故障而导致的燃油淹没火花问题。

脉冲控制模块中的冷启动参数标定不合适，也会是造成发动机无法启动的原因。一些存在这类问题的车辆，在你清除掉气缸内过量的燃油后，就可以立即启动发动机。但是如果你没有找到造成燃油过量的根本原因，这些车辆迟早还会再次出现同样的故障。在下一个寒冷的早上启动这些车辆时，可能仍然会出现燃油淹没火花的现象，这是因为在冷启动时，启动速度较低和喷油器脉冲宽度较大而导致在发动机气缸内产生了大量的燃油。

在稍后的一些出现这类问题的车型中，或者在那些没有采用 TSB 规定的车型中，喷油器电路可能不是产生燃油过多这一问题的原因。燃油过多也可能是由于缺少空气而造成的。节流阀片周围(如果有怠速空气流量控制机构，还包括通过该机构)的空气流量很小，就会导致尼桑或者很多其他的车型的汽车产生燃油过多问题。这种故障现象可以通过清洗节流阀片和调整最小空燃比而得到修正。对于近期的尼桑车型，要保证所有的基本量，例如火花塞状况、发动机润滑油和正时都符合技术规范。

任务工单

工单 2.1 ECU 及电源电路检修

任务名称	ECU 及电源电路检修	课 时	4	班 级	
学生姓名		学生组号		任务成绩	
实训设备	电控发动机 6 台	实训场地	发动机电控实训室	日期	
学习任务	1. 学习发动机转速及曲轴位置传感器的结构和工作原理 2. 学会使用示波器进行波形读取 3. 学会对发动机转速及曲轴位置传感器的检测方法 4. 具有故障分析的能力				
任务目的	请制订工作计划，排除曲轴位置传感器引起的故障				

第一部分：知识准备

（一）填空题

1. 发动机 ECU 电源的作用是：____。
2. 发动机 ECU 电源根据控制方式可分为：________________和________________。
3. BATT 端子供电的目的是____。
4. M－REL 端子的电源来自于________________端子。
5. 当点火开关置于“OFF”时，ECU 使主继电器继续接通________________ s，以使怠速控制阀能回到________________位置。

（二）判断题

1. 蓄电池电压低于 11 V 时就会影响检查结果。（ ）
2. 若要拔下 ECU 的线束连接器测量各控制线路，则应先拆下蓄电池负极搭铁线。（ ）
3. M－REL 端子电压检测时首先应打开点火开关，测量其对 E_1 电压。（ ）
4. 在测量 M－REL 电压时，若 M－REL 端子无电压则说明 ECU 已经损坏需要更换。（ ）
5. 在使用万用表时首先要通过一定方法检查万用表工作是否正常。（ ）
6. 在 ECU 电源电路中最容易出现故障的部位是 EFI 继电器。（ ）

（三）简述利用万用表检查蓄电池电压的操作步骤。

第二部分：分析决策

请根据任务要求，确定所需要的检测仪器、工具，并对小组成员进行合理分工，制订详细的作业计划。

1. 需要的检测仪器、工具和设备

2. 小组成员分工（工作计划）

3. 任务实施(作业计划)

4. 作业中的注意事项

第三部分：操作实施

---

1. 发动机型号：____________________，所在车型名称：____________________

2. 从维修手册上找出该发动机 ECU 电源电路的电路图。(要求：标注每个元件名称、位置及主要技术参数、导线颜色)

3. 维修手册上查找出 ECU 端子布置形式：

(1)找出有关 ECU 电源电路的端子：

序号	端子名称	所在位置	引脚编号
1			
2			
3			
4			
5			
6			
7			

(3)EFI 主继电器检修：

<table>
<tr><td rowspan="5">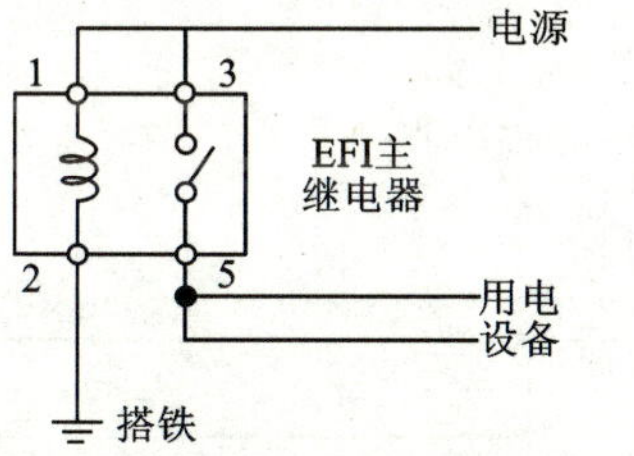
</td><td>端子</td><td>条件</td><td>检测结果</td></tr>
<tr><td>1－2</td><td rowspan="2">不通电源</td><td rowspan="2"></td></tr>
<tr><td>3－5</td></tr>
<tr><td>1－2</td><td rowspan="2">接通电源</td><td rowspan="2"></td></tr>
<tr><td>3－5</td></tr>
</table>

(4)ECU 电源电路检修：(如有元件检测或步骤遗失请附加在表格后)

序号	端子	故障	条件	标准电压
1	$+B-E_1$	无电压	点火开关接通	9～14 V

4. 检测步骤记录：

步骤	端子名称	另一端子名称	测量条件(除指明测电压)	正常值	测量结果
1	+B	E_1	点火开关接通	12 V 或电源电压	
2	+B	蓄电池负极	点火开关接通	12 V 或电源电压	

3	+B	继电器线路	（拆除电源负极测量电阻）	接近0Ω	
4	E_1	蓄电池负极	（拆除电源负极测量电阻）	接近0Ω	
5	EFI保险丝		两脚间电阻	接近0Ω	
6	AM2（IG）保险丝		两脚间电阻	接近0Ω	
7	EFI继电器电磁线圈		两脚间电阻	50～200Ω左右	
8	EFI继电器开关组		两脚间电阻（吸合后）	接近0Ω	
注意：万用表的蜂鸣挡只能用来粗略判断电路的通断，在检测线路电阻时还是应使用200Ω档					

5. ECU电源电路检修：

序号	端子	故障	条件	标准电压
2	BATT－E1	无电压	—	9～14 V

第四部分：检查评估

1. 示波器使用掌握情况：

2. 磁电式曲轴位置传感器检测掌握情况：

3. 霍尔式曲轴位置传感器检测掌握情况：

4. 请根据自己任务完成的情况，对自己的工作进行自我评估，并提出改进意见。

5. 成绩评定：

小组对本人的评定	（甲、乙、丙）	
教师对小组的评定	（一、二、三）	
学生本次任务成绩		

第五部分：任务拓展

1. 了解日产CA20发动机光电式转速及曲轴位置传感器的检测。

2. 画ECU连接电路图

工单 2.2　曲轴位置传感器检修

任务名称	曲轴位置传感器检修	学 时	4	班 级	
学生姓名		学生组号		任务成绩	
实训设备	电控发动机 6 台	实训场地	发动机 电控实训室	日 期	
学习任务	1. 学习发动机转速及曲轴位置传感器的结构和工作原理 2. 学会使用示波器进行波形读取 3. 学会对发动机转速及曲轴位置传感器的检测方法 4. 具有故障分析的能力				
任务目的	请制订工作计划，排除曲轴位置传感器引起的故障				

第一部分：知识准备

1. 示波器的功能有____。
____。

2. 示波器按键的功用：

[电源(Power)]：

[辉度(Intensity)]：

[聚焦(Focus)]：

[标尺亮度(Illuminance)]：

3. 画出下列传感器的电路连接图，并说明传感器原理。

电磁式发动机转速及曲轴位置传感器	
电路	工作原理

霍尔式发动机转速及曲轴位置传感器	
电路	工作原理
光电式发动机转速及曲轴位置传感器	
电路	工作原理

第二部分：分析决策

请根据任务要求，确定所需要的检测仪器、工具，并对小组成员进行合理分工，制订详细的作业计划。

1. 需要的检测仪器、工具和设备

2. 小组成员分工（工作计划）

3. 任务实施（作业计划）

4. 作业中的注意事项

第三部分：操作实施

1．电磁式曲轴位置传感器的电阻值的检测

端子	条件	电阻值(Ω)	实际检测的数值(Ω)
$G_1 - G_-$	冷态	125－200	
	热态	160－235	
$G_2 - G_-$	冷态	125－200	
	热态	160－235	
$Ne - G_-$	冷态	155－250	
	热态	190－290	

2．电磁式曲轴位置传感器输出信号的检测

在下面方框中画出信号波形图	
G 信号波形图： 电压值：	Ne 信号波形图： 电压值：

3．霍尔式曲轴位置传感器输出信号的检测

在下面方框中画出霍尔式转速及曲轴位置传感器检测连线图
在下面表格中填写检测数值

接线	与外部连接件	测试电压	说明	检测值
1	接点火线圈(－)	0～12V	正常或模拟点火信号输入	
2	接电源负极	0	搭铁	
3	接分电器点火信号发生器(－)	0	点火信号发生器	
4	接点火线圈(＋)	12V	点火器电源电压	
5	接分电器点火信号发生器(＋)	10V	点火器输出的点火信号发生器电源	
6	接分电器点火信号发生器(S)	0.4～9V	点火信号发生器输入电压	
7	空接柱			

4．就车检测

画出本田 F23A 发动机和传感器与 ECU 之间的电路连接图

CKP：	CYP：
电阻值：	电阻值：
发动机在不同工况下的信号输出的电压值	
CKP： 启动时： 怠速：	CYP： 启动时： 怠速：

第四部分：检查评估

1. 示波器使用掌握情况：

2. 磁电式曲轴位置传感器检测掌握情况：

3. 霍尔式曲轴位置传感器检测掌握情况：

4. 请根据自己任务完成的情况，对自己的工作进行自我评估，并提出改进意见。

5. 成绩评定：

小组对本人的评定	（甲、乙、丙）	
教师对小组的评定	（一、二、三）	
学生本次任务成绩		

第五部分：任务拓展

1. 了解日产 CA20 发动机光电式转速及曲轴位置传感器的检测。

1）与 ECU 连接电路图

2）端子名称和含义

2. 写出光电式转速及曲轴位置传感器的检测方法。

3. 分析发动机不能发动还与哪些传感器有关？

工单 2.3　点火电路检修

任务名称	点火电路检修	课 时	4	班 级	
学生姓名		学生组号		任务成绩	
实训设备	6 台轿车	实训场地		日 期	
学习任务	1. 学习点火电路的组成和工作原理 2. 点火提前角、闭合角控制的工作原理。 3. 学会对点火电路的检测方法				
任务目的	学会对点火电路的检测				

第一部分：知识准备

1. 电控点火系统分为________________、__________________。
2. 电控点火系统由______________、______________、______________、______________等组成。
3. 曲轴位置传感器由上部的________信号发生器和下部的________信号发生器组成。
4. ________信号是测试曲轴位置的基准信号，用来判别气缸及检测____________的位置。
5. 如果突然加速，发动机转速不能随节气门开大而增大，发动机发闷且排气管出现“突突”声，则为点火________。
6. 如果突然加速时，发动机出现严重的金属敲击声，即爆震（敲缸），则为点火________。
7. 信号转子凸齿与传感线圈铁芯间的间隙，应为 0.2 ~ 0.4 mm，否则应进行调整。
8. 点火信号发生器传感线圈电阻，其阻值应为 160 ~ 200 Ω，否则，应更换传感器线圈。
9. 简答点火系统的工作原理。

第二部分：分析决策

请根据任务要求，确定所需要的检测仪器、工具，制订详细的作业计划。

1. 需要的检测仪器、工具和设备

2. 作业计划

3. 作业中的注意事项

第三部分：操作实施

（一）简述使用点火正时灯测定点火正时的步骤

（二）点火系统故障的检测、诊断

1. 判断故障是否在点火系统的步骤：

2. 点火线圈的检查方法是：先拆除点火线圈上的导线，再测量其电阻值。正常值为：初级绕组________Ω，次级绕组________Ω。点火线圈不应有短路、断路和搭铁现象，否则，应予更换。检查时，点火线圈应处在其工作温度下为最好。

第四部分：检查评估

1. 请根据自己任务完成的情况，对自己的工作进行自我评估，并提出改进意见。

2. 教师对小组工作情况进行评估，并进行点评。

3. 成绩评定：

小组对本人的评定：____________________

教师对小组的评定：____________________

学生本次任务成绩：____________________

第五部分：任务拓展

点火系统检修注意事项有哪些？

工单 2.4　油泵电路检修

任务名称	油泵电路检修	课 时	4	班 级	
学生姓名		学生组号		任务成绩	
实训设备	电控发动机 6 台	实训场地	发动机 电控实训室	日 期	
客户任务	1. 电动燃油泵结构。 2. 电动燃油泵控制电路。 3. 电动燃油泵性能检测。				
任务目的	请制订工作计划，排除油泵电路引起的故障。				

第一部分：知识准备

1. 燃油供给系统由________、________、________、________、________、________和回油管等组成。
2. 安全阀的开启压力大约在________ kPa。
3. 电动燃油泵按其结构不同，有________、________、________和侧槽式。
4. 燃油泵的控制电路主要有____________、____________、____________三种类型。
5. 内置式燃油泵具有______________________________等优点。
6. 燃油流经燃油泵内腔，对燃油泵电动机起到________、________的作用。
7. 燃油泵中止回阀的设置是为了______________________________________。
8. 油泵控制系统按照触发油泵运转的信号来源，可分为____________、____________两种控制。
9. 当点火开关打开后，ECU 将控制燃油泵工作________ s，以建立必需的油压。此时若不启动发动机，ECU 将________燃油泵的控制电路，燃油泵停止工作。在发动机启动过程和运转过程中，ECU 控制燃油泵保持____________。

第二部分：分析决策

请根据任务要求，确定所需要的检测仪器、工具，并对小组成员进行合理分工，制订详细的作业计划。

1. 需要的检测仪器、工具和设备

2. 小组成员分工(工作计划)

3. 任务实施(作业计划)

4. 作业中的注意事项

第三部分：操作实施

1．电动燃油泵的检修

(1)电阻的检测：

(2)工作状况的检查：

(3)系统油压不足原因：

(4)系统油压过高原因：

2．汽油泵的测试

(1)测试汽油泵工作状况：

(2)测量汽油泵供油量：

第四部分：检查评估

1．示波器使用掌握情况：

2．磁电式曲轴位置传感器检测掌握情况：

3．霍尔式曲轴位置传感器检测掌握情况：

第五部分：任务拓展

画出 ECU 直接控制式燃油泵控制电路

工单 2.5　喷油器电路检修

任务名称	喷油器电路检修	学 时	4	班 级	
学生姓名		学生组号		任务成绩	
实训设备	电控发动机 6 台	实训场地	发动机电控实训室	日 期	
学习任务	1. 了解喷油器结构 2. 了解喷油器控制电路 3. 了解喷油器及相关电路检修 4. 了解喷油器波形检测与分析				
任务目的	请制订工作计划，排除喷油电路引起的故障。				

第一部分：知识准备

1. 轴针式喷油器主要由________、________、________以及电磁线圈等组成。
2. 喷油器针阀的升程一般为________________。
3. 喷油器的故障主要表现为________、________、________、________、________及安装有问题。
4. 喷油器不喷油的时间称为________________时间。
5. 喷油控制包括________________、________________两种控制。
6. 一般情况下，喷油器的燃油喷射量特性常用____________和____________来表示。
7. 喷油器按线圈的电阻值可分为电阻值________的高阻和阻值为________的低阻。
8. 喷油器的驱动方式分为________、________。
9. 喷油器的喷油量取决于喷油器的________、________和________。
10. 电磁喷油器，主要有________式、________式和________式等。喷油器的磁化线圈可按任何特性值绕制，但典型的有两种，一种是低电阻型喷油器（阻值为________），另一种是高电阻型喷油器（阻值为________）。

第二部分：分析决策

请根据任务要求，确定所需要的检测仪器、工具，并对小组成员进行合理分工，制订详细的作业计划。

1. 需要的检测仪器、工具和设备

2. 小组成员分工（工作计划）

3. 任务实施（作业计划）

4. 作业中的注意事项

第三部分：操作实施

1. 喷油器的检修

(1)喷油器电阻的检测步骤：

(2)喷油器工作情况的检查步骤：

(3)喷油器的喷油量的检测步骤：

第四部分：检查评估

1. 喷油器结构掌握情况：

2. 喷油器控制电路的检测掌握情况：

3. 喷油器及相关电路检修掌握情况：

第五部分：任务拓展

画出喷油器波形图，并对其进行分析

习题

一、填空题

1. 点火提前角的修正方法有________和________两种方法。

2. 空燃比反馈控制系统是根据________的反馈信号调整喷油量的多少来达到最佳空燃比控制的。

3. 点火线圈初级电路的接通时间取决于________和________。

4. 使发动机产生最大输出功率的点火提前角称为________。

5. 电控点火系统一般由________、________、________、________、点火线圈、分电器、火花塞等组成。

6. 最佳点火提前角的数值与________、________、________、________等很多因素有关。

7. 点火提前角的修正方法有________和________。

8. 点火提前角的主要修正项目有________、________、________等。

9. 发动机工作时，ECU 根据________信号判断发动机负荷大小。

10. 发动机正常工作必须满足________、________、________三方面条件。

11. 在点火系统中必须对________、________、________三方面进行控制。

12. 点火线圈初级电路的通电时间由________控制。

13. 汽油机点火系统有________和________两大类。

14. 电控点火系统一般由电源________、________、________、________、________和火花塞组成。

15. 无分电器电控点火系统分为 ________、________、________三种类型。

16. 点火提前角随着发动机转速升高而 ________。

17. 最佳点火提前角与________、________、________、________等因素有关。

18. 发动机正常运转时，主 ECU 根据发动机________和________信号确定基本点火提前角。

19. 要保证正确的点火正时，必须对________进行控制；为了获得强烈的火花，必须对________进行控制。

20. 喷油器清洗仪可分为________、________两种类型。

二、判断题

1. 点火提前角过大，会造成发动机温度升高。（ ）

2. 发动机启动时，按 ECU 内存储的初始点火提前角对点火提前角进行控制。（ ）

3. 最理想的点火时机应该是将点火正时控制在爆震即将发生而还未发生的时刻。（ ）

4. 当发动机的负荷减小时，气缸内的温度和压力均降低。（ ）

5. 为了稳定发动机转速，点火提前角需根据喷油量的变化进行修正。（ ）

6. 磁电机点火系统在低速时的点火性能较好。（ ）

7. 霍尔式点火发生器触发叶轮叶片与气缸数相等。（ ）

8. 点火正时必须随发动机的转速和负荷变化而变化。（ ）

9. 无分电器点火系统采用小型闭磁路的点火线圈是自感式线圈。（ ）

10. 点火提前角对发动机性能的影响非常大。 (　　)

11. 在发动机控制系统中，点火系统也可以采用闭环控制方法。 (　　)

12. 在无分电器点火系统(一个点火线圈驱动二个火花塞)中，如果其中一个气缸的火花塞无间隙短路，那么相应的另一缸火花塞也将无法跳火。 (　　)

13. 通电时间和闭合角是完全不同的两个概念，不可混为一谈。 (　　)

14. 启动时点火提前角是固定的。 (　　)

15. 当发动机负荷超过一定值时，电控点火系统自动转入开环控制模式。 (　　)

16. 在暖机过程中，随着冷却水温度的提高，点火提前角应适当地减小。 (　　)

17. 为了稳定发动机转速，点火提前角需根据喷油量的变化来修正。 (　　)

18. ECU 根据计算出的曲轴每转 10°所用时间，确定 G 信号后点火线圈初级电路通电与断电时刻。 (　　)

19. 在电控点火系统中，Ne 信号主要用来计量点火提前角的通电时间。 (　　)

20. ECU 根据凸轮轴位置传感器的信号，来确定发动机转速。 (　　)

21. 电子点火正时系统是一种点火正时闭环控制系统。 (　　)

22. 电子点火控制系统属于点火正时闭环控制。 (　　)

23. 排气上止点的气缸点火后不产生功率，电火花浪费在气缸中。 (　　)

24. 无分电器单独点火系统每个气缸的火花塞配用两个点火线圈。 (　　)

25. 无分电器单独点火系统的点火方式非常适合在五气门发动机上使用。 (　　)

26. 发动机启动时，不管发动机运转情况如何，点火都发生在某一固定的曲轴转角。 (　　)

27. 当 ECU 发生某些故障而使后备系统开始工作时，发动机的实际点火提前角就为固定的初始点火提前角。 (　　)

28. 在减速至加速的过渡期中，点火正时根据情况暂时地提前或延迟。 (　　)

29. 发动机发出最大扭矩的点火时刻是在发动机即将产生爆震的点火时刻的附近。 (　　)

30. 如果没有波形输出或输出波形不随发动机工作情况的变化而变化，说明爆震传感器有故障，应该更换。 (　　)

三、选择题

1. 传统点火系统与电子点火系统最大的区别是(　　)。

A. 点火能量的提高　　B. 断电器触点被点火控制器取代

C. 曲轴位置传感器的应用　　D. 点火线圈的改进

2. 电子控制点火系统由(　　)直接驱动点火线圈进行点火。

A. ECU　　B. 点火控制器

C. 分电器　　D. 转速信号

3. 一般来说，缺少了(　　)信号，电子点火系统将不能点火。

A. 进气量　　B. 水温

C. 转速　　D. 上止点

4. 丰田公司的发动机上，ECU 把 C_1 或 C_2 信号(　　)第(　　)个 Ne 信号定为压缩行程上止点前 10°。

A. 前……1　　B. 前……2

C. 后……1　　D. 后……2

5. 点火闭合角主要是通过(　　)加以控制的。

A. 通电电流　　B. 通电时间

C. 通电电压　　D. 通电速度

6. 混合气在气缸内燃烧，当最高压力出现在上止点(　　)左右时，发动机输出功率最大。

A. 前 10°　　B. 后 10°

C. 前 5°　　D. 后 5°

7. 发动机工作时，随冷却液温度提高，爆震倾向(　　)。

A. 不变　　B. 增大

C. 减小　　D. 与温度无关

8. 下列说法正确的一项是(　　)。

A. 在怠速稳定修正中，ECU 根据目标转速修正电火提前角；

B. 辛烷值较低的汽油，抗爆性差，点火提前角应减小；

C. 初级电路被短开瞬间，初级电流所能达到的值与初级电路接通时间长短无关；

D. 随着发动机转速提高和电源电压下降，闭合角增大。

9. 日本丰田 TCCS 系统中，实际点火提前角是(　　)。

A. 实际点火提前角 = 初始点火提前角 + 基本点火提前角 + 修正点火提前角

B. 实际点火提前角 = 基本点火提前角 × 点火提前角修正系数

C. 实际点火提前角 = 基本点火提前角 × 点火提前角修正系数 + 修正点火提前角

D. 实际点火提前角 = 初始点火提前角 + 基本点火提前角 × 点火提前角修正系数

10. 日本日产公司 ECCS 系统中，ECU 根据各传感器信号确定的最佳点火提前角为上止点(　　)。

A. 前 40°　　B. 后 40°

C. 30°　　D. 前 10°

11. 关于点火控制电路维修下列说法正确的一项为(　　)。

A. 发动机怠速时，检查点火器“IGT”端子与搭铁之间应无脉冲信号

B. 发动机怠速时，检查点火器“IGT”端子与搭铁之间应有脉冲信号

C. 怠速时检查 ECU 的“IGF”端子与搭铁之间应无脉冲信号

D. 点火开关接通后，用万用表检查点火线圈的“+”与搭铁之间的电压应为 5 V

12. ECU 根据(　　)信号对点火提前角实行反馈控制。

A. 水温传感器　　B. 曲轴位置传感器

C. 爆震传感器　　D. 车速传感器

13. 凸轮轴位置传感器产生两个 G 信号，G_1 信号和 G_2 信号相隔(　　)曲轴转角。

A. 180°　　B. 90°

C. 270°　　D. 360°

14. Ne 信号指发动机(　　)信号。

A. 凸轮轴转角　　B. 车速传感器

C. 曲轴转角　　D. 空调开关

15. 启动时点火提前角是固定的，一般为(　　)左右。

A. 15°　　B. 10°

C. 30°　　D. 20°

16. 采用电控点火系统时，发动机实际点火提前角与理想点火提前角关系为(　　)。

A. 大于　　B. 等于

C. 小于　　D. 接近于

17. 点火线圈初级电路的接通时间取决于(　　)。

A. 断电器触电的闭合角　　B. 发动机转速

C. A、B 都正确　　D. A、B 都不正确

18. 发动机工作时，ECU 根据发动机(　　)信号确定最佳闭合角。

A. 转速信号　　B. 电源电压

C. 冷却液温度　　D. A 和 B

19. 当冷却液温度超过预设温度且牵引控制系统正在运作时，点火正时应(　　)。

A. 提前　　B. 延迟　　C. 不变

20. 电控燃油喷射发动机燃油系统压力，多点喷射系统的一般为(　　)。

A. 7 ~ 103kPa　　B. 7 ~ 690kPa

C. 62 ~ 69kPa　　D. 207 ~ 275kPa

四、问答题

1. 发动机启动后在正常工况下运转时，控制点火提前角的信号主要有哪些?
2. 通电时间对发动机工作的影响?
3. 点火器主要由哪几部分组成？它的主要功能是什么?
4. 暖机修正控制信号主要有哪些?
5. 点火线圈的恒流控制方法是什么?
6. 电控点火系统的主要优点有哪些?
7. 何谓最佳点火提前角?
8. 何谓初始点火提前角?
9. 影响发动机点火提前角的因素有哪些?
10. 电脑控制直接点火系统由哪些部件组成的?
11. 点火提前角过大或过小对发动机有何影响?
12. 电子点火器的工作原理如何?
13. 启动后基本点火提前角是如何确定的?
14. 为什么要在电控点火系统的点火控制电路中增加恒流控制?
15. 故障诊断仪的功能有哪些?

项目三　发动机怠速不良故障检修

学习目标

1. 能描述进气供给系统的结构、组成与工作原理。
2. 会利用检测仪器对进气系统的传感器、执行器等主要元件进行检测。
3. 能描述怠速控制系统的结构、组成与工作原理。
4. 能对发动机怠速控制系统进行检查、基本设定与故障分析。
5. 能按照操作规范、规程对怠速不良故障进行检测、诊断与修复。

案例引入

一辆桑塔纳2000轿车，装备了AFE 4缸电喷发动机。该车一直使用很好，但在不久以前加注了一次90号汽油后，没过多久便出现了发动机怠速轻微抖动的现象。大约半天时间发动机怠速运转严重不稳，并伴有喘振现象。在一家修理厂维修，在油箱中加了一瓶油精，并对节气门位置进行了调整，故障依旧。针对如此故障，作为专业维修服务人员，如何向客户解释故障是怎样产生的？如何对此类故障进行诊断分析，用什么方法及设备进行排除？

项目分析

为了保证汽车发动机的动力性、经济性、可靠性，在发动机空气进给系统中设置了计量空气数量与密度的装置，如流量传感器、压力传感器。这些传感器在精确控制发动机的空燃比上起到了良好的作用。但在运用过程中，出现堵塞、漏气、接触不良等现象后会造成发动机怠速不良、加速不良等故障，使发动机工作性能下降、排放污染超限。通过对怠速控制电路进行检测与分析、进气量传感器进行检测、维修，提出相应的维修方案，使汽车技术状况达到良好状态，保证发动机的使用性能。

项目内容

3.1　进气系统的组成与工作原理

进气系统的功用是：向汽油机提供与发动机负荷相适应的、清洁的空气，同时对流入发动机气缸的空气质量进行直接或间接计量，使它们在系统中与喷油器喷出的汽油形成空燃比符合要求的可燃混合气。

3.1.1 进气系统的类型与组成

电控燃油喷射发动机进气系统基本相同，主要组成元件包括空气滤清器、节气门体和进气管。怠速控制系统的怠速控制阀和控制系统的进气温度传感器、节气门位置传感器、进气管绝对压力传感器(D型)或空气流量传感器(L型)也安装在进气系统中。

在L型电控燃油喷射系统中[图3-1(a)]，流经怠速控制阀的空气首先经过空气流量传感器测量。而在D型喷射系统中[图3-1(b)]，绝对压力传感器测量的是进气管内的绝对压力，流经怠速控制阀的空气也在检测范围内。怠速控制阀由ECU直接控制。

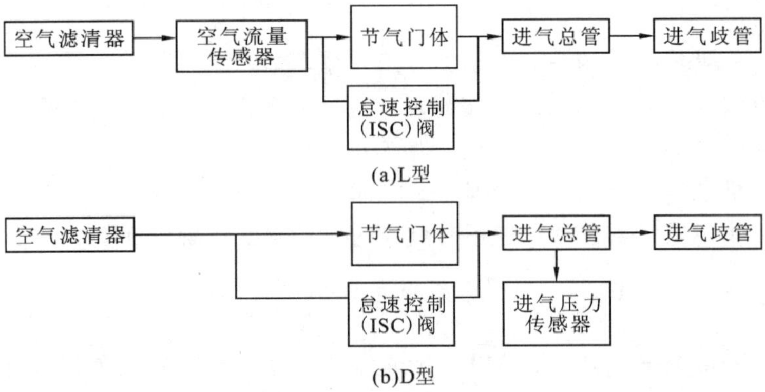

图3-1 空气供给系统结构图

3.1.2 空气供给系统的元件的构造与原理

1. 空气滤清器

电控燃油喷射发动机装用的空气滤清器一般都是干式纸质滤心式，其结构原理与普通发动机上的空气滤清器相同。

2. 节气门位置传感器(TPS)

节气门位置传感器用来检测节气门的开度的。它安装在节气门体上，通过节气门轴与节气门联动。当驾驶员踩动加速踏板时，节气门位置传感器将节气门开度转换成电信号输送到ECU，ECU根据节气门不同的开度决定控制方式和对喷油时间进行修正。汽油机电控系统中使用的节气门位置传感器有三种形式：线性输出型节气门位置传感器、开关量输出型节气门位置传感器、带Acc信号输出的开关量输出型节气门位置传感器。

1)线性输出型节气门位置传感器

线性输出型节气门位置传感器的主要特点是节气门开度的输出电压与节气门开度成线性关系。它由两个与节气门联动的可动电刷触点、位于基板上的电阻体、壳体及引出线插座等构成。可动触点在电阻体上滑动，利用电阻值的变化，输出与节气门开度相对应的电压值，根据此电压值ECU就可以知道节气门的开度，但实际上反映节气门开度的电阻体的电阻值总是存在一些偏差，这样将会影响节气门开度检测的准确性。为了能够准确地检测出对ECU确定控制方式和喷油修正具有重要影响的节气门全闭的位置，传感器另设一个怠速触点，该触点只有当节气门完全关闭时才被接通。

2）开关量输出型节气门位置传感器

开关量输出型节气门位置传感器的特点是传感器仅以开和关两种输出信号，向 ECU 传递节气门位置状态信息。该传感器由导向凸轮、节气门轴、控制杆、活动触点、怠速触点、全开触点、插头及导向凸轮槽等组成。

导向凸轮固定在节气门轴上，随节气门一起转动，同时推动在凸轮槽中的活动触点移动。当节气门全闭时，活动触点和怠速触点接触，ECU 根据这个信号可以判定节气门全闭，发动机处于怠速状态。

当节气门开度较大，大于 50°时，活动触点与全开（功率）触点接触，ECU 根据这个信号可以判定节气门开度大于 50°，发动机处于大负荷状态。

开关量输出型节气门位置传感器与线性输出型节气门位置传感器相比，节气门开度的检测性差，但其结构简单，价格便宜。

3. 进气歧管

在多点电控燃油喷射式发动机上，为了消除进气波动和保证各缸进气均匀，对进气总管和进气歧管的形状、容积都有严格的要求，每个气缸必须有一个单独的进气歧管。有些发动机的进气总管与进气歧管制成一体，有些则是分开制造再用螺栓连接。

在采用单点燃油喷射系统的发动机上，由于喷油器安装在节气门体上，进气管与化油器式发动机进气管的要求和结构基本相同。

4. 空气计量装置

空气计量装置的作用是对进入气缸的空气质量进行直接或间接的计量，并把空气的流量信息输送到 ECU。在电控汽油喷射系统中有两种方式测量进入气缸的空气量：一种方法是用空气流量传感器直接测量进气的体积流量或质量流量；另一种方法是测量进气歧管的绝对压力，然后由 ECU 根据测得的进气歧管绝对压力、转速和节气门开度，换算出相应的空气流量。在电子控制汽油喷射发动机中使用的空气流量计主要有：翼片式空气流量计、卡门旋涡式空气流量计、热线式空气流量计和热膜式空气流量计。进气歧管压力传感器种类很多，根据信号产生的原理有半导体压敏电阻式、电容式、膜盒传动的可变电感式和表面弹性波式等。

1）翼片式空气流量计

翼片式空气流量计又称活门式或翼片式流量计，它的基本构成由翼片部分、电位计和接线插头三部分组成，如图 3－2 所示。

（1）翼片式空气流量计的构造

翼片部分　翼片部分的构造如图 3－3 所示。其由两者铸成一体的测量翼片和缓冲翼片、安装在空气流量计壳体上的翼片转轴、安装在转轴一端的螺旋复位弹簧（安装在电位计部分内）、空气旁通通道等构成。

测量翼片随空气流量的变化，在主空气通道内偏转，同时缓冲翼片在缓冲室内偏转。缓冲室内的空气阻力对缓冲翼片起阻尼作用，当发动机吸入的空气量急剧变化和气流脉动时，能够减小测量翼片的脉动，以保证输出信号平稳。当复位弹簧的弹力与吸入的空气气流对测量翼片的推力平衡时，翼片即处于某一稳定位置。

空气流量计主空气道下方，设置有空气旁通通道，在旁通通道的一侧设有可改变旁通空气量的 CO 调整螺钉，以便在小空气流量时，对空气流量计的输出特性进行调节。这是因为

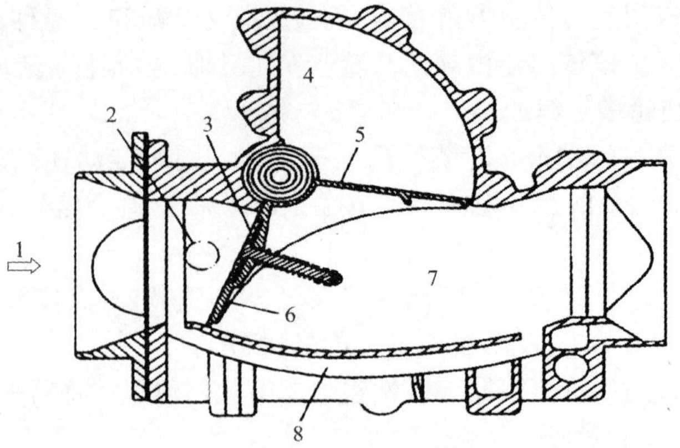

图 3－2　翼片式空气流量计结构图

1—空气进口；2—进气温度传感器；3—阀门；4—阻尼室；5—缓冲片；
6—旋转翼片（测量片）；7—主气路；8—支气路（旁通气道）

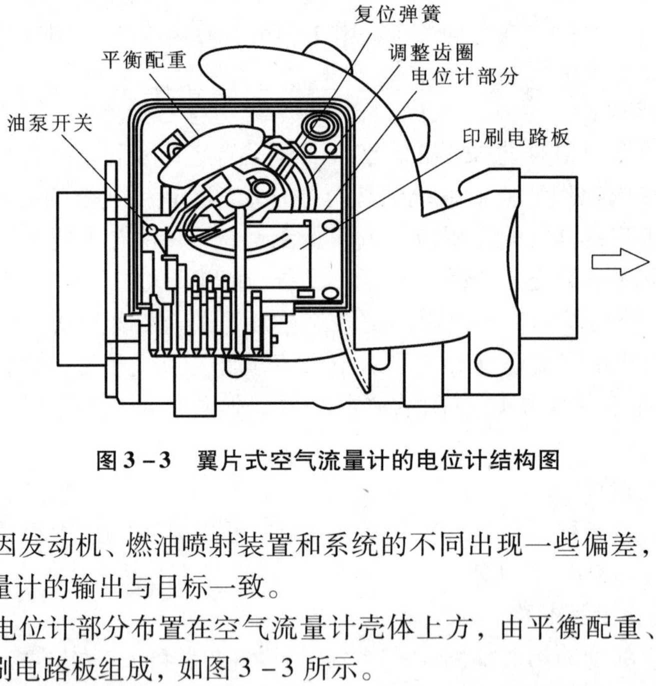

图 3－3　翼片式空气流量计的电位计结构图

怠速时的空燃比会因发动机、燃油喷射装置和系统的不同出现一些偏差，通过调节旁通通道的面积，使空气流量计的输出与目标一致。

电位计部分　电位计部分布置在空气流量计壳体上方，由平衡配重、滑臂、螺旋复位弹簧、调整齿圈和印刷电路板组成，如图 3－3 所示。

螺旋复位弹簧的一端固定在翼片转轴上，另一端固定在调整齿圈上，调整齿圈由一卡簧锁止。调整齿圈上有刻度标记，改变调整齿圈的固定位置，可以调整弹簧的预紧力，以便在使用中调整空气流量计的输出特性。翼片转轴上端固装着平衡配重和滑臂，随测量翼片一起转动，滑臂与印刷电路上的镀膜电阻接触，并在其上滑动。印刷电路板采用陶瓷基镀膜工艺制成，其电路如图 3－4 所示。

可变电阻的中央抽头是随翼片轴联动的滑臂，滑臂与接线插头 7 用导线连接，接线插头 7 为电位信号输出端。燃油泵控制触点受翼片控制，当翼片处于关闭位置时，触点被顶开，当翼片偏转时，触点闭合。热敏电阻安装在空气流量计主空气道进气口上，用两根导线连接电位计部分的接线插头6和27上，根据进气温度输出电信号。

接线插头　翼片式空气流量计的接线插头一般有7个，但也有的取消了电位器部分内的燃油泵控制触点，从而使接线插头变为5个。

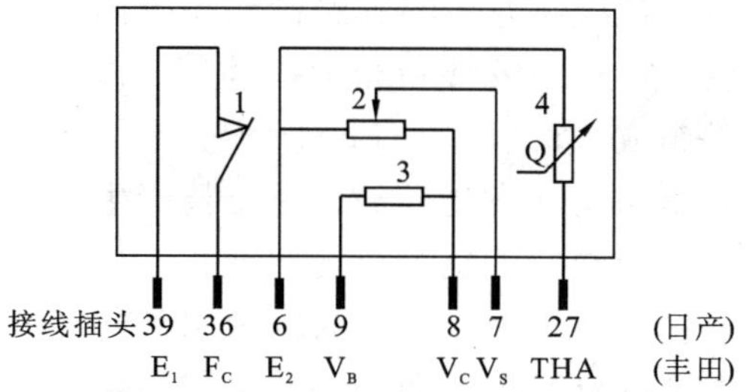

图3-4　翼片式空气流量计电路结构图

(2)翼片式空气流量计的工作原理

当空气通过空气流量计主通道时，翼片在吸入空气气流的压力和复位弹簧弹力的作用下，偏转至某一个角度α。若空气流量增大，由此产生的气流压力也随之增大，则叶片的偏转角度α也增大，直到气流压力与弹簧力达到新的平衡。与此同时，电位计中的滑臂随翼片轴同步偏转一个α角度，此时接线插头"Vc"与"Vs"间的电阻减小，电压值降低。ECU根据空气流量计送入的Us/UB信号，通过计算得到单位时间空气流量值，Us/UB的值与空气流量成反比。当空气流量减少时，由于气流压力也随之减小，翼片在复位弹簧力的作用下回转，偏转角α减小，接线插头"Vc"与"Vs"间的电阻值增大，电压值上升，Us/UB的值也随之增大，由此ECU经计算得到一个新的空气流量值。使用Us/UB电压比作为空气流量计的输出，其优点是：当加给电位计的电源电压UB发生变化时，Us/UB也成比例变化，代表空气流量的输出信号Us/UB仍保持不变，使空气流量计的输出信号不会受到电源电压变动的影响，流量测量的准确性得到了保证。

翼片式空气流量计的主要优点是：结构简单，价格便宜，可靠性好。但也存在体积大，不便于安装，急加速响应滞后较长，进气阻力大，须进行大气压力和温度补偿等缺点。这种空气流量计曾广泛应用于波许的LH-Jetronic和Motronic系统、日产的EGI系统、丰田的EFI系统、五十铃的ECGI系统中。

2)卡门旋涡式空气流量计

卡门旋涡式空气流量计是利用卡门旋涡发生的规律与空气流速存在的某种对应关系来测量空气流量的一种装置。

(1)卡门旋涡产生的原理

在一均匀流动的空气通道中安放一个卡门旋涡发生器，当空气流过卡门旋涡发生器时，会在其背面的两侧不断地交替产生有规律的涡流，这种涡流称为卡门旋涡。卡门旋涡产生的频率f(也即涡流的个数)与空气的流速u、卡门旋涡发生器的直径d有如下关系：

$$f=0.2u/d$$

只要能够测得卡门旋涡发生的频率，就能计算出空气的流速。然后只需将空气流速乘以通道有效截面积，就可以得到流入空气的体积流量。卡门旋涡式空气流量计就是运用以上原理工作的。

(2)卡门旋涡式空气流量计的构造和工作原理

卡门旋涡式空气流量计的构造如图3-5所示，主要由设置在空气通道中央的锥状卡门旋涡发生器和相应的旋涡检测装置等组成。当空气流过卡门旋涡发生器时，在其后部将会不断产生卡门旋涡。在单位时间内产生的卡门旋涡的个数(即发生频率)与气流的速度有关，只要测出卡门旋涡的发生频率，即可知道空气流量的大小。检测卡门旋涡频率有两种方法：反光镜检测方式和超声波检测方式。

反光镜检测方式的旋涡检测装置由反光镜、发光二级管和光敏晶体管、板弹簧等组成，如图 3－5(b)所示。当空气流过卡门旋涡发生器时，受交替产生的卡门旋涡侧压力也交替发生变化。用导压孔把旋涡发生器两侧的压力引到薄金属制成的反光镜背面。受发生器两侧交替变化压力的作用，反光镜将产生与旋涡发生频率相同的偏转振动。在反光镜产生偏转振动的同时，发光二极管投射到反光镜上的反射光束的方向也以相同的频率变化。当发射光束发射到光敏晶体管上时，光敏晶体管输出高电平，反之则为低电平。对应连续产生的卡门旋涡，光敏晶体管输出与之对应的脉冲数，通过对光敏晶体管发出的电脉冲计数，即可算出旋涡的发生频率，进而算出空气的流速和体积流量。

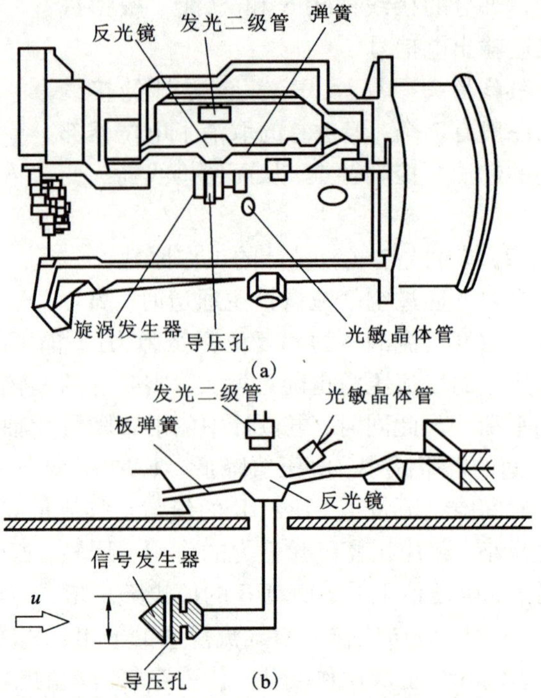

图 3－5　卡门旋涡式空气流量计

超声波检测方式的检测装置由超声波信号发生器、超声波接收器等组成。它是利用卡门旋涡的存在会使通道横截面空气密度发生变化这一现象来测量旋涡的发生频率。超声波信号发生器安装在空气流动的垂直方向，在它的对面安装超声波接收器。

发动机运行时，超声波信号发生器不断地向接收器发出一定频率的超声波。当超声波通过发动机进气气流到达接收器时，因受卡门旋涡引起的空气密度变化的影响，超声波频率的相位将发生变化，接收器测出这一相位变化，利用放大器把它们整形为矩形波，根据矩形波的脉冲频率，即可计算出卡门旋涡的发生频率。

卡门旋涡式空气流量计与其他几种空气流量计相比，响应速度最快，它的输出信号几乎与空气流速变化同步；此外，它还具有进气阻力小、无磨损、结构紧凑、输出为脉冲信号且脉冲频率与流速成正比、容易检测和处理等优点，但也存在制造成本较高，需要进行大气压力和温度修正的缺点。目前只有少数高档车型使用这种空气流量计，如丰田凌志 LS400 及部分三菱的轿车。

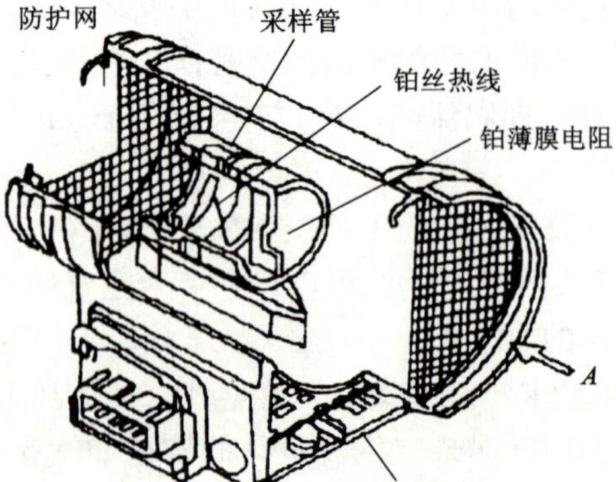

图 3－6　热线式空气流量计

3）热线式空气流量计

当空气流过发热体时，空气带走的热量与流过发热体的空气质量具有一定的对应关系。热线式空气流量计就是利用这一原理对空气流量进行测量的。

（1）热线式空气流量计的构造

热线式空气流量计的基本构造如图 3 – 6 所示。它主要由铂丝制成的热线（发热体）、温度补偿电阻、控制热线电流并输出信号的控制线路板、采样管和流量计壳体等组成。根据铂丝热线在流量计中安装位置的不同，又分为主流测量方式和旁通测量方式两种结构形式。

主流测量方式采样管置于主空气通道中央，两端为金属防护网，用卡箍固定在壳体上。采样管由两个塑料护套和一个热线支承环构成。直径为 70 mm 的铂丝热线布置在热线支承环内，铂丝热线的电阻 R_2 值随温度的变化而变化。热线支承环前端的塑料护套内安装一个铂薄膜电阻 R_4，铂薄膜电阻阻值也随进气温度变化，起温度补偿作用（也称为冷线）。在热线支承环后端的塑料护套上粘结了一个能用激光修正的精密电阻，它是惠斯顿电桥的一个臂 R_1，该电阻上的电压，即为热线式空气流量计的输出电压信号。电桥的另一个臂 R_3 装在控制线路板上面，该电阻在最后调试中用激光修正，以便在预定空气流量下调定空气流量计的输出特性。

热线空气流量计的电子控制线路板包括：电桥平衡电路、烧净电路和怠速混合气调节电位器。电子控制装置的大多数元件（除 R、R_2、R_4 外）都配置在这块混合集成电路板上，其上一般设置六脚插头与发动机微机控制装置相连接，传递及反馈信息。

旁通测量方式与主流测量方式的热线式空气流量计在结构上的主要差别在于：将铂丝热线和温度补偿电阻（冷线）安装有空气旁通道上；热线和温度补偿电阻铂丝缠绕在陶瓷线管上。

（2）热线式空气流量计的工作原理

如图 3 – 7 所示，当温度较低的进气气流流过放置在空气通道中温度较高的热线时，热线与空气发生热量交换，使热线温度下降。通过热线的空气质量流量越大，被空气带走的热量也越多，热线温度下降也越多。由于热线是惠斯顿平衡电桥电路的一个组成部分（即电阻 R_z），当热线温度下降、电阻值发生变化时，电桥出现不平衡。为了使电桥平衡，必须加大流过热线的电流，使热线温度升高，阻值恢复到使电桥平衡的值。由此可知，流过热线的空气质量越大，空气带走的热量也越多，为保持电桥平衡，维持热线温度所需的电流也越大，反之则越小。热线式空气流量计正是利用流过热线的空气质量与保持热线温度所需热线电流的对应关系测量空气的质量流量的。发动机工作时，热线所需的加热电流一般在 50 ~ 120 mA 之间。

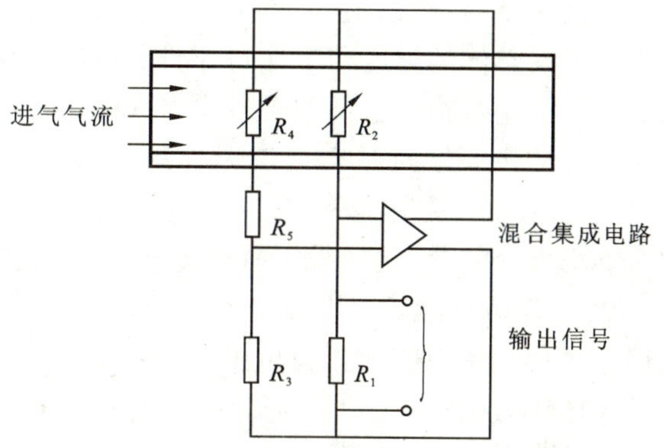

图 3 – 7　热线式空气流量计原理图

另外，在空气质量流量不变的情况下，当进气温度发生变化时，会使空气从热线带走的热量发生变化，最终使加热热线所需的电流变化，对测量值的精度造成不利影响。为了解决这一问题，在采样管的前端另装一个温度补偿电阻（冷线）。温度补偿电阻 R_4 的阻值也随进气温度变化，起参照基准的作用。流过热线的电流由混合集成电路控制，它使热线和冷线之间的温度差保持不变（一般为 100℃），从而消除了进气温度对测量值的影响。热线式空气流量计的输出信号是精密电阻 R_1 上的电压降，该信号与热线电流成正比。

热线式空气流量计具有响应速度快（能在几毫秒内对空气流量的变化做出响应）、测量精度高、进气阻力小、不会磨损、可直接测量进气空气的质量流量等优点，但它也存在造价高，热线表面易受空气中尘埃的玷污，使热辐射能力降低，影响测量精度，当空气流速分布不均匀时会产生误差，发动机回火易造成断线等缺点。

为了克服热线易受污染的缺陷，有些电控系统在 ECU 中设有自洁电路，在发动机熄火后，自动将热线加热至 1000℃，持续 1 s，将尘埃烧掉；也有一些电控系统将热线的保持温度提高至 200℃，防止污染物玷污热线。采用这种空气流量计的有波许的 LH－Jetronic 型汽油喷射系统及别克、日产 MAXIMA、沃尔沃等高档轿车。

4）热膜式空气流量计

热膜式空气流量计的结构如图 3－8 所示，它的工作原理与热线式空气流量计基本相同。热膜式空气流量计的主要特点是：发热体由热线改为热膜，热膜为固定在薄的树脂膜上的金属铂，或者用厚膜工艺将热线、冷线、精密电阻镀在一块陶瓷片上，有效地降低了制造成本。热膜式空气流量计的发热体不直接承受空气流动所产生的作用力，从而提高了发热体的强度和工作可靠性，且结构简单，使用寿命长，不易受尘埃污染。这种流量计的主要缺点是空气流速不均匀，易影响测量精度。采用这种空气流量计的车型有上海大众的桑塔纳 2000 型时代超人、马自达 626 等。

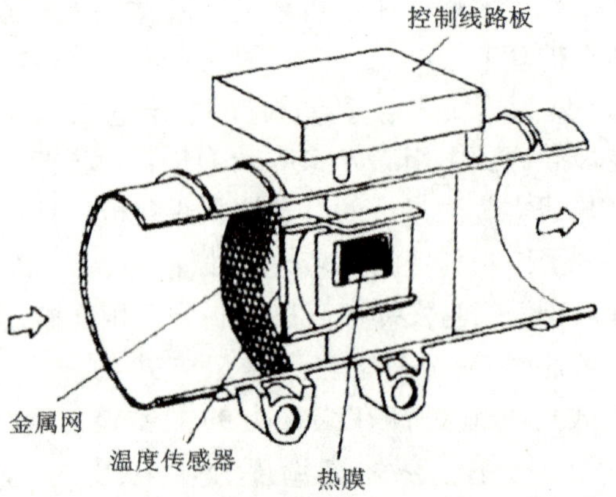

图 3－8　热膜式空气流量计的结构

5. 进气压力传感器

1）半导体压敏电阻式压力传感器

半导体压敏电阻式压力传感器的结构如图 3－9 所示。它由压力转换元件和对输出信号进行放大的混合集成电路等构成。

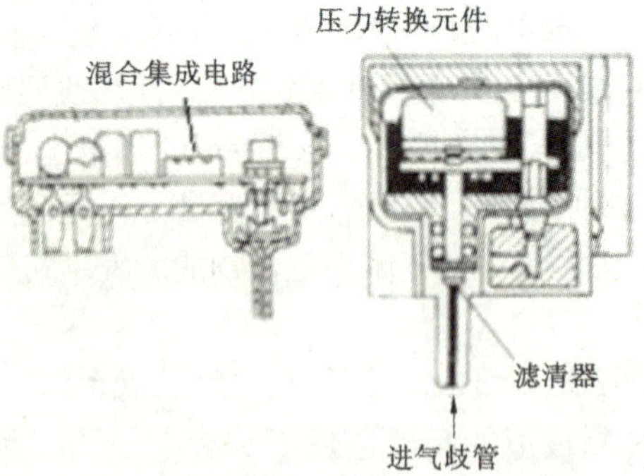

图 3－9　压敏电阻式压力传感器

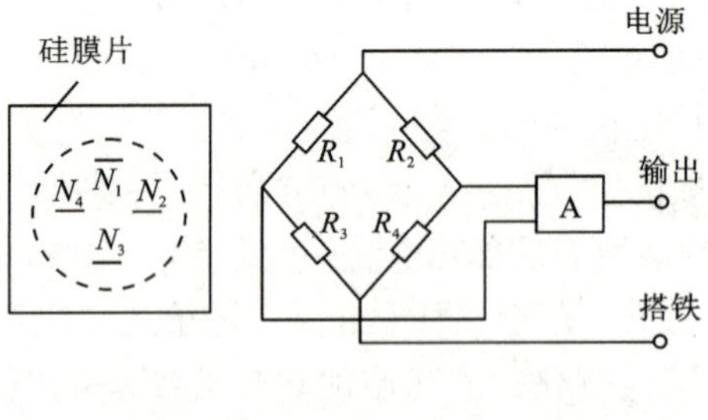

图 3－10　惠斯顿电桥方式连接

压力转换元件是利用半导体压阻效应制成的硅膜片。在膜片表面规定位置有四个应变电阻，以惠斯顿电桥方式连接，如图 3－10 所示。硅膜片的一侧是真空室，另一侧导入进气歧管压力。进气歧管侧的绝对压力（即管压力）越高，硅膜片的变形越大，其变形与压力成正比，膜片上的应变电阻阻值的变化也与变形的变化成正比。这样就可利用惠斯顿电桥将硅膜片的变形转换成电信号。由于压力转换元件输出的电信号很弱，所以需用混合集成电路进行放大后才输出。

半导体压敏电阻式压力传感器具有尺寸小、精度高、成本低，响应速度快，重复性和抗震性都较好；输出信号与进气歧管绝对压力呈线性关系；在 30～100℃使用温度范围内，测量精度基本不受温度的影响等优点。它在早期的电控汽油喷射系统中应用较为广泛，如波许的 D－Jetronic 系统及丰田 HIACE 小客车 2RZ－E 发动机和丰田皇冠 3.0 车的 2JZ－GE 发动机等。

2）膜盒传动可变电感式进气压力传感器

膜盒传动可变电感式进气压力传感器的结构如图 3－11 所示，其主要由膜盒、铁芯、感应线圈和电子电路等组成。

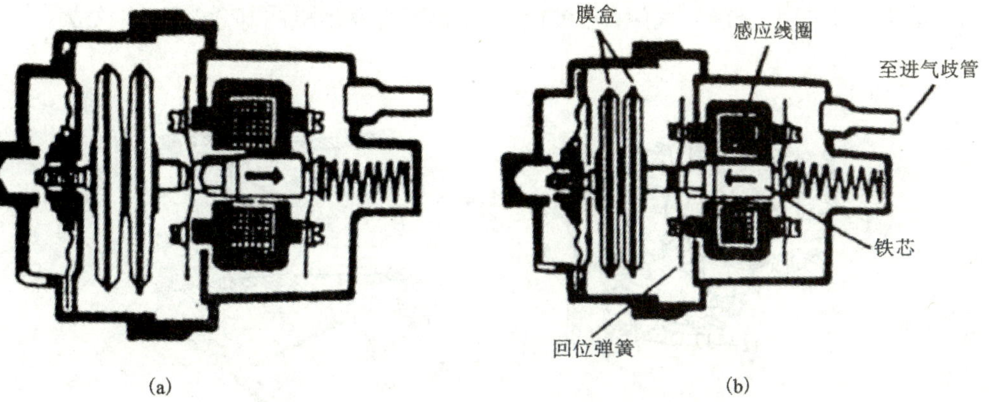

图 3－11 膜盒传动可变电感式进气压力传感器

膜盒由薄金属片焊接而成，其内部被抽成真空，外部与进气歧管相通，进气歧管压力的变化将使膜盒产生膨胀和收缩的变化。置于感应线圈内部的铁芯与膜盒联动。感应线圈由两个绕组构成，一个与振荡电路相连，产生交流电压，在线圈周围产生磁场；另一个为感应组，产生信号电压。当进气歧管中压力变化时，膜盒的膨胀或收缩带动铁芯在磁场中移动，使感应线圈产生的信号电压随之变化，然后将这个表示进气歧管压力变化的电压信号经检波、整形、放大后输送到 ECU。

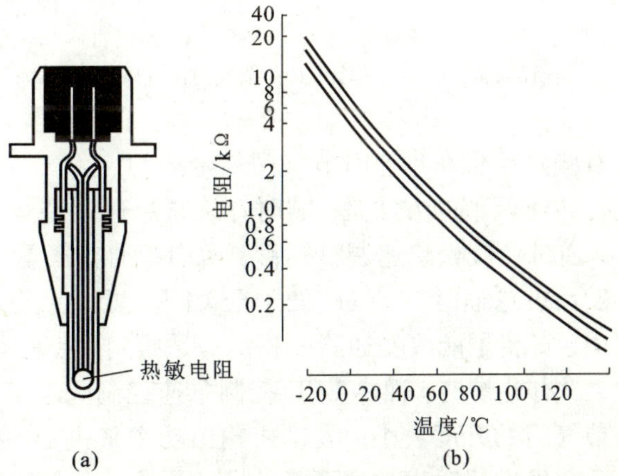

图 3－12 进气温度传感器

（a）进气温度传感器的构造；（b）电阻与温度的关系

6. 进气温度传感器

它用于检测发动机的进气温度，并将进气温度转变为电压信号输入给 ECU 作为喷油修正的信号，如图 3－12 所示。

进气温度传感器也是双线的传感器，安装在进气管上或空气流量计内。进气温度传感器是一个负温度系数热敏电阻，根据电阻变化而产生不同的信号电压。在冷车时，进气温度传感器的信号与发动机水温传感器信号基本相同，在热车时，其信号电压大约是水温传感器的2～3倍。进气温度传感器一根是由发动机ECU供应的5 V电压THA，另一根为E_2与发动机内部搭铁。

7. 节气门体

1)多点式(MPI)节气门体

节气门体位于空气流量计和发动机之间的进气管上，与驾驶员的加速踏板联动，是使进气通道变化，从而控制发动机运转工况的装置，图3－13所示为节气门体的外观和结构原理图。节气门体包括控制进气量的节气门通道和怠速空气旁通道，节气门位置传感器也装在节气门轴上，用来检测节气门开度。有的节气门体上装有石蜡式空气阀或节气门回位缓冲器。为避免冬季空气中的水分在节气门体上结冰，有的还将发动机冷却水流经该总成。

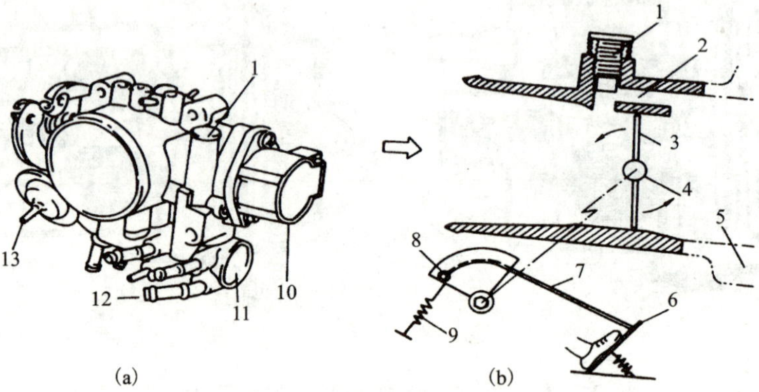

图3－13 节气门的外观和结构图

(a)节气门体的外观；(b)结构原理图

1—怠速调速螺钉；2—旁通通路；3—节气门；4—节气门轴；5—稳压箱(缓冲室)；6—加速踏板；7—加速踏板金属丝；8—操纵臂；9—回位弹簧；10—节气门位置传感器；11—辅助空气阀；12—通冷却水管路；13—缓冲器

有些发动机在怠速时节气门是全闭的，空气经旁通气道进入进气总管。在怠速时对发动机进行转速调整的方法是；顺时针旋紧怠速调整螺钉，减少旁通空气量，使发动机怠速转速降低；逆时针旋松怠速调整螺钉，增加旁通空气量，则发动机转速增高。

发动机怠速时，节气门处于全关闭位置。怠速运转所需的空气量流经旁通通路，在旁通通路中，安装了能改变通路面积的旁通螺钉(怠速调整螺钉)。但一些装有怠速控制阀的发动机中，没有此螺钉，而靠ECU控制怠速控制阀来实现怠速控制。

节气门的开度大小由发动机输出功率来决定，在发动机输出功率最大时，要求节气门具有不会使发动机输出功率下降的通道面积，节气门通路面积和输出功率的关系，如图3－14所示。

节气门开度随加速踏板踏下量的变化特性，与传动系统有关，应由发动机的输出功率和车辆匹配的最佳特性来决定。图3－14(b)中的特性曲线1表示节气门的开度与加速踏板的踏板量成正比例。但是，这种开度特性使空气阀的通路面积变化量较大，特别是在大功率发

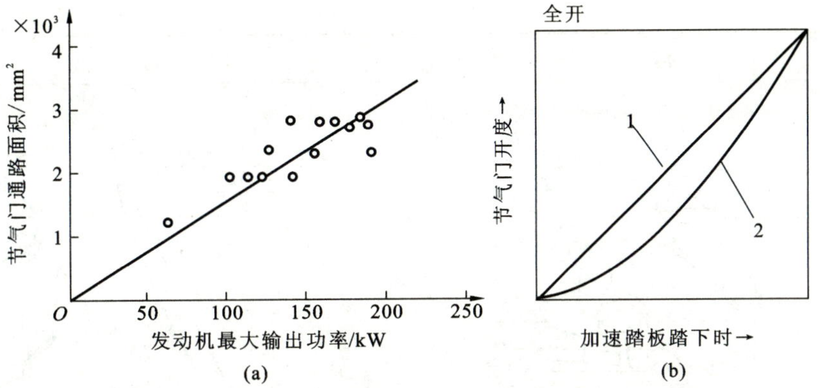

图 3－14　节气门通路面积与输出功率的关系及节气门开度特性

(a)节气门通路面积与输出功率的关系；(b)节气门开度特性

1—线性；2—非线性

动机上，即使是加速踏板很小的变动量，也会使车辆产生急骤的加速或减速。为解决这一问题，可采用以下结构形式的节气门体，一种是改变操纵臂的形状和构造，使节气门的开度与加速踏板的踏下量不成比例[见图 1－14(b)所示的特性曲线 2]。还有一种是在节流阀体内把进气通道分成两路，每路各有一个阀。当踏下加速踏板时，主阀首先打开，继续踏下加速踏板，同主阀联结的辅助阀接着打开，利用两个阀的非同步动作，也可得到同前一种形式同样的节气门非线性开度特性，上述各种节流阀体的特性，见表 3－1。

检测节气门开度的节气门位置传感器，安装在节气门轴的一端。节气门位置传感器的输出信号用于各种控制。

表 3－1　节流阀体特性表

方式	构造	特性
线性型	同基本构成型加速踏板踏下量成比例，一个操纵臂工作	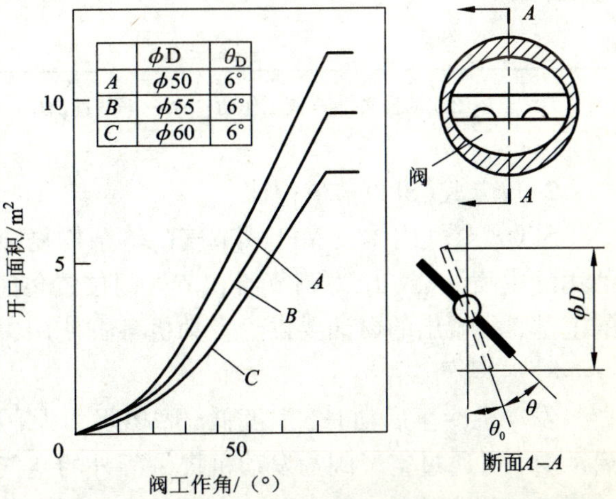

续表 3－1

<table>
<tr><th>方式</th><th>构造</th><th>特性</th></tr>
<tr><td>非线性型(1阀型)</td><td>两个操纵臂组合，改变节流特性
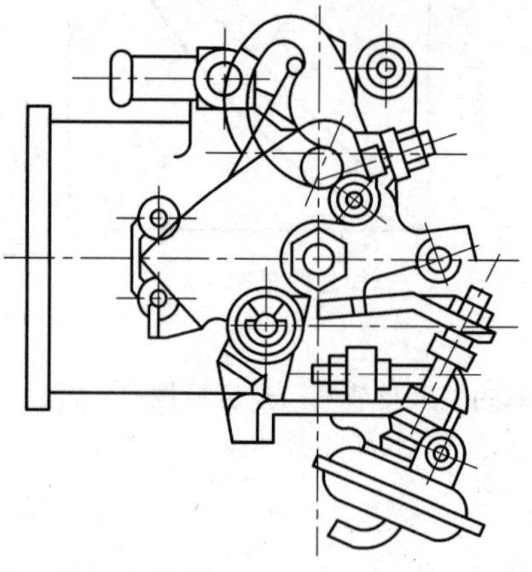</td><td>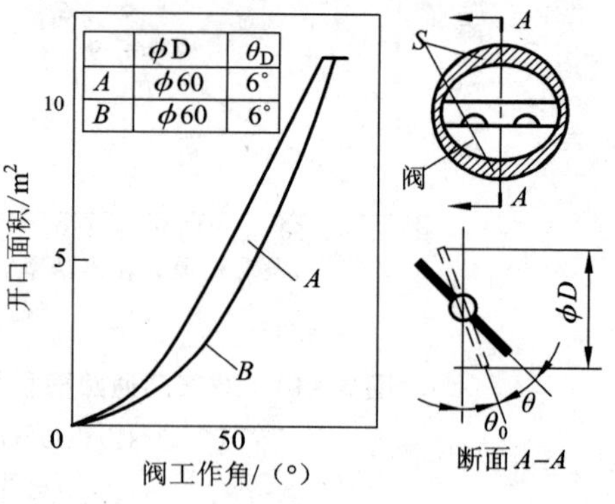</td></tr>
<tr><td>非线性型(2阀型)</td><td>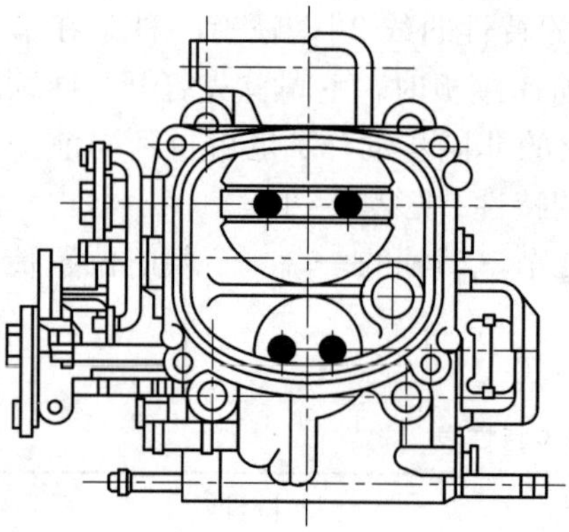</td><td>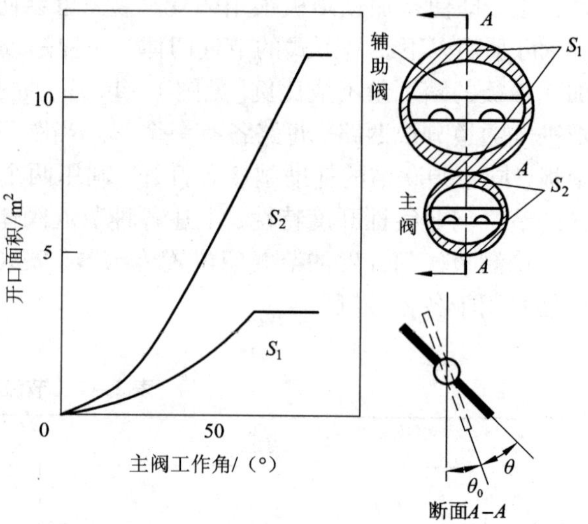</td></tr>
</table>

注：表中图注的含义：1—阀工作凸轮；2—非线性凸轮；3—同加速踏板联动操纵臂；4—辅助阀；5—主阀。

2）单点式(SPI)节气门体

SPI 式节气门体较 MPI 式节气门体结构复杂，主要是在 SPI 式节气门体内还装有集中供油用的主喷油器、压力调节器和节气门位置传感器。主喷油器只有一个，它装在节气门壳体的上部，所喷出的燃油要供给发动机各缸使用，图 3－15 所示是 SPI 式节气门体结构图。

8. 空气阀

发动机冷车启动时，温度低，摩擦阻力大，暖机时间长。空气阀的作用是在发动机低温启动时，可通过空气阀为发动机提供额外的空气(此部分空气也由空气流量计计量)，保持发动机怠速稳定运转，使发动机启动后迅速暖车，从而缩短暖车时间。空气阀一打开，发动机吸入的空气量就能被空气流量计测出，把该信号传给 ECU，从而使喷油器的喷油量也增加，做到在低温下顺利启动发动机。发动机完成暖机运转之后，流经空气阀的空气即被切断，发

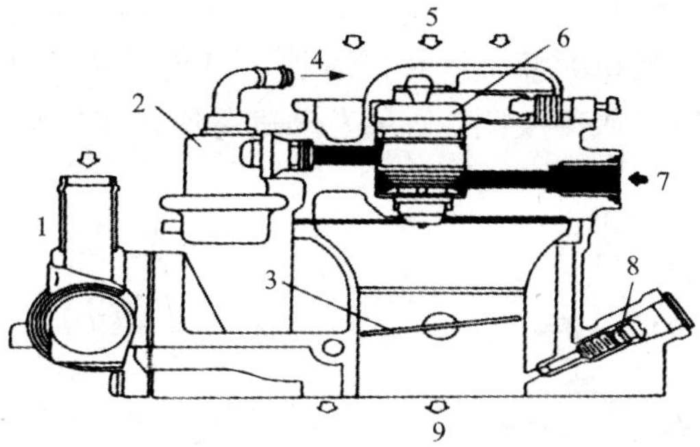

图 3－15　SPI 式节气门体结构图

1—空气阀；2—压力调节器；3—节气门；4—通汽油箱；
5—自空气滤清器来的空气；6—喷油器；7—从电动汽油泵来；8—调节螺钉；9—通往发动机

动机吸入的空气改由节气门体的旁通通路供给，使发动机在通常的怠速工况下稳定运转，由空气阀构成的空气通道如图 3－16 所示。

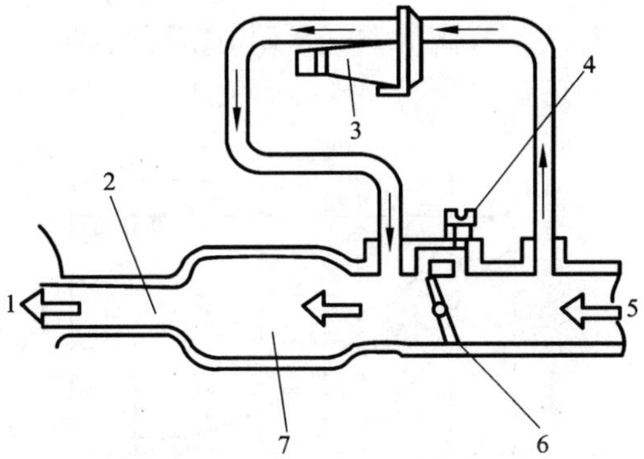

图 3－16　由空气阀构成的空气通道

1—去发动机的空气；2—进气歧管；3—空气阀；4—怠速调节螺钉；
5—自空气滤清器来的空气；6—节气门；7—缓冲罐(稳压箱)

空气阀按其结构和动作方式可分为两种：一种是利用加热线圈引起的变位原理，使阀工作的双金属片调节式；另一种是利用发动机冷却水热量引起的石蜡胀缩原理使阀工作的石蜡型。

1)双金属片式空气阀

双金属片式空气阀的结构及工作如图 3－17 所示，它由双金属元件、加热线圈和空气闸阀等组成，旁通空气管路截面积的大小由双金属片控制回转控制阀门来决定。当温度低或无电流通过加热线圈时，阀门总是打开的，在发动机冷启动时，旁通空气道全开，管路截面积最大。发动机启动后，空气通过节气门的旁通气道经空气阀进入进气总管。此时虽然节气门是关闭的，但进气量较大，怠速转速较高。在发动机启动的同时，加热线圈上就有电流流过，随着发动机温度的升高和加热线圈加热时间的增长，双金属片逐渐弯曲变形，带动回转控制阀门旋转，逐渐关闭旁通气道，从而降低发动机的怠速转速。暖机后，双金属片不仅受电加热，还受发动机的热量加热，使阀门保持关闭，发动机处于正常怠速工作，当热机再启动时，阀门保持关闭，以免发动机快怠速运行。所以该空气阀应安装在能代表并感受发动机温度的部位，不但能保证在发动机暖机时双金属片同时受加热线圈和发动机热量的加热，而且在热机启动时，机体的热量仍能使阀门关闭，避免发动机怠速转速过高。

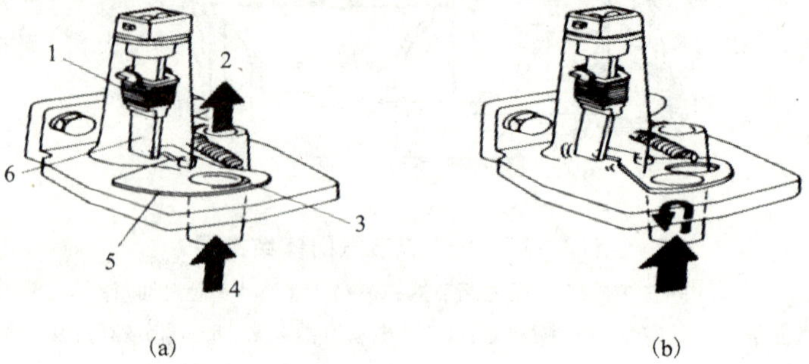

图 3－17　空气阀的结构和工作

(a)在低温时；(b)暖机后

1—加热线圈；2—接空气进气歧管；3—阀门；4—接空气滤清器；5—销；6—双金属片

图 3－18 所示是双金属片式空气阀的空气量调节范围曲线，当环境温度为 20℃时，发动机启动后 3～6 min，空气阀即可受双金属片推动而关闭。

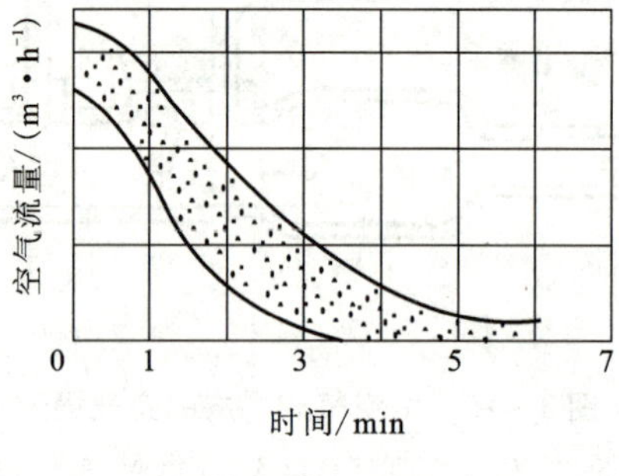

图 3－18　空气阀空气量调节范围曲线(环境温度为 20℃时)

2)石蜡调节式空气阀

石蜡调节式空气阀，根据发动机冷却水温度，控制空气通路面积。控制力来自恒温石蜡的热胀冷缩，而热胀冷缩的值随周围温度而变化。采用这种形式的空气阀，导入发动机冷却水是必要的，为了简化结构，大多采用与节气门体加热共用的冷却水管路一体化结构，图 3－19(a)所示即为这种一体化结构的整体构成。

当发动机处于低温状态时，冷却水温度低，石蜡体积收缩，阀门在外弹簧作用下打开，如图 3－19(b)所示，空气流经阀门从旁通气道进入进气管。

发动机暖车后，冷却水温度升高，石蜡体积膨胀变大，推动空气阀克服内弹簧向左移动，将空气阀关闭，截断空气通道，如图 3－19(c)所示。由于内弹簧比外弹簧硬，所以阀门是逐渐关闭的，从而使发动机转速也平稳过渡到正常怠速状态。当冷却水温度高于 80℃时，阀门是紧闭的，这可使热机再启动时，避免发动机快怠速运行。

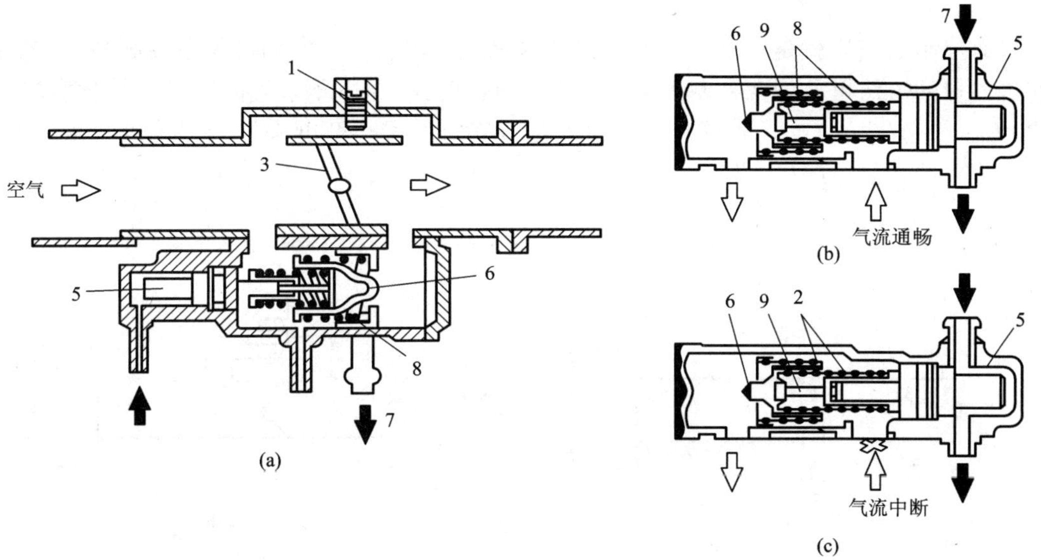

图 3－19　石蜡型空气阀的结构与工作

(a)石蜡式空气阀的结构；(b)低温时空气阀开启状态；(c)高温度时空气阀的关闭状态

1—怠速调整螺钉；2—自空气滤清器；3—节气门；4—至进气总管；5—感温器；

6—阀门；7—冷却水流；8—弹簧；9—空气阀柱塞

3.2　怠速控制系统

3.2.1　怠速控制系统的功能与组成

1. 怠速控制系统的功能

怠速是指节气门关闭，油门踏板完全松开，且发动机对外无功率输出并保持最低转速稳定运转的工况。怠速转速的高低直接影响燃油消耗和排放污染。怠速转速过高，燃油消耗增加，但怠速转速过低，又会增加排放污染。此外，怠速转速过低，发动机冷车运转、空调打开、电器负荷增大、自动变速器挂入挡位、动力转向时，由于运行条件较差或负载增加，容易导致发动机运转不稳甚至熄火。

怠速控制系统的功能是根据发动机工作温度和负载，由 ECU 自动控制怠速工况下的空气供给量，维持发动机以稳定怠速运转。

2. 怠速控制系统的组成

怠速控制系统主要由传感器、ECU 和执行元件三部分组成。传感器的功用是检测发动机的运行工况和负载设备的工作状况，ECU 则根据各种传感器的输入信号确定一个怠速运转的目标转速，并与实际转速进行比较，根据比较结果控制执行元件工作，以调节进气量，使发动机的怠速转速达到所确定的目标转速。

在怠速以外的其他工况下，若系统对发动机实施怠速控制，会与驾驶员通过油门踏板对进气量的调节发生干涉。因此，在怠速控制系统中，ECU 需要根据节气门位置信号和车速信号确认怠速工况，只有在节气门全关、车速为零时，才进行怠速控制。

3. 怠速控制的方法

怠速控制的实质就是对怠速工况下的进气量进行控制。在发动机集中控制系统中，控制怠速进气量的方法可分为两种基本类型：节气门直动式(见电子节气门)和旁通空气式。如图3－20所示，节气门直动式通过执行元件改变节气门的最小开度来控制怠速进气量，而在旁通空气式怠速控制系统中,设有旁通节气门的怠速空气道，由执行元件控制流经怠速空气道的空气量。

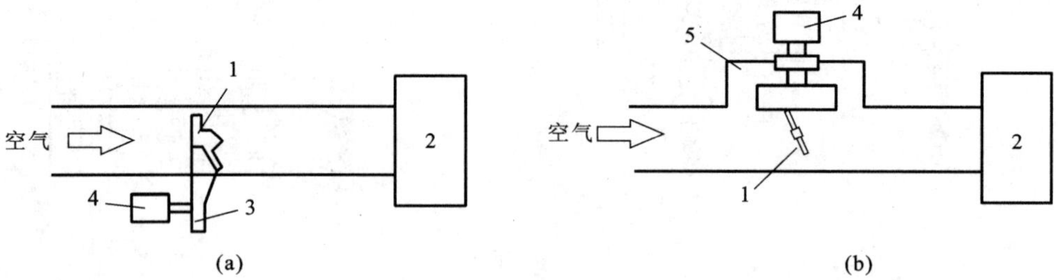

图3－20　怠速进气量控制方法

(a)节气门直动式；(b)旁通气道式

1—节气门；2—进气道；3—节气门操纵臂；4—执行元件；5—怠速空气道

目前应用比较广泛的是旁通空气式怠速控制系统。按执行元件的类型不同，旁通空气式怠速控制系统又分为步进电机型、旋转电磁阀型、占空比控制电磁阀型、开关型等。

怠速控制的方法及执行元件的类型因车型而异，目前应用较多的是步进电动机控制的旁通空气式怠速控制系统。不同车型的怠速控制系统，其控制内容也不完全相同，控制内容通常包括：启动控制、暖机控制(快怠速控制)、负荷变化控制、反馈控制和学习控制等。

3.2.2　怠速控制阀的原理

1. 步进电动机型怠速控制阀

1)控制阀的结构与工作原理。

步进电动机型怠速控制阀的结构如图3－21所示。步进电动机由转子和定子构成，丝杠机构将步进电动机的旋转运动转变为阀杆的直线运动，控制阀与阀杆制成一体。步进电动机型怠速控制阀安装在节气门体上，控制阀伸入到设在怠速空气槽内的阀座处，发动机怠速运转时，ECU根据各传感器的信号，控制步进电动机的正反转和转动量，以调节控制阀与阀座之间的间隙，从而改变怠速空气道的流通截面，控制发动机怠速工况下的空气供给量。

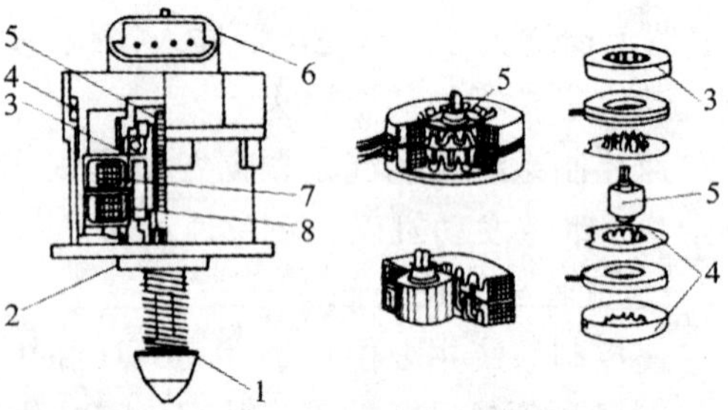

图3－21　步进电动机型怠速控制阀的结构

1—阀门；2—步进电机座；3—定子；4—爪极；5—螺旋杆；6—插头；7—1,3#线圈；8—2,4#线圈

步进电动机的控制电路如图3－22所示。

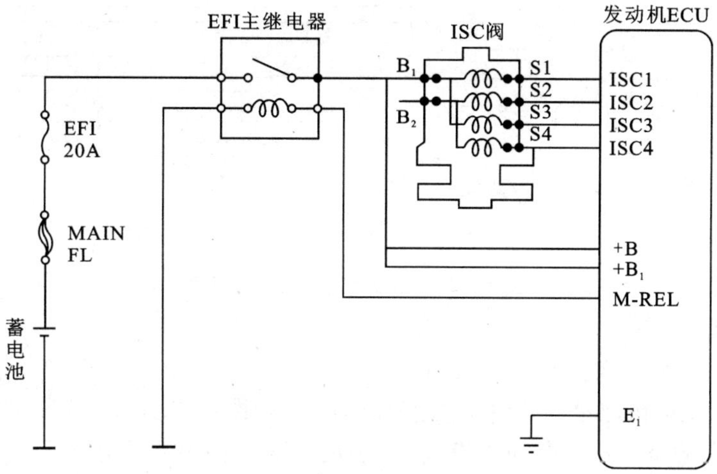

图 3-22　步进电动机型怠速控制阀电路

在步进电动机中主要由用永久磁铁制成有 16 个(8 对)磁极的转子和两个定子铁芯组成。每个定子都由两个带 16 个爪极的铁芯交错装配在一起，两个定子上分别绕有 1、3 相和 2、4 相两组线圈，每个定子上两线圈的绕制方向相反。ECU 控制步进电动机工作时，给线圈输送的是脉冲电压，4 个线圈的通电顺序(相位)不同，步进电动机的转动方向就不同，当按一定顺序输入一定数量的脉冲时，步进电动机就向某一方向转过一定的角度，步进电动机的转动量取决于输入脉冲的数量。因此，ECU 通过对定子线圈通电顺序和输入脉冲数量的控制，即可改变步进电动机型怠速控制阀的位置(即开度)，从而控制怠速空气量。由于给步进电动机每输入一定量的脉冲只转过一定的角度，其转动是不连续的，所以称为步进电动机。步进电动机的工作原理如图 3-23 所示。当 ECU 控制使步进电动机的线圈按 1→2→3→4 顺序依次搭铁时一定于磁场顺时针转动[图 3-23(b)向右]，由于与转子磁场间的相互作用(同性相斥，异性相吸)，使转子随定子磁场同步转动。同理，步进电动机的线圈按相反的顺序通电时，转子则随定子磁场同步反转。转子每转一步与定子错开一个爪极的位置，由于定子有 32 个爪极(上、下两个铁芯各 16 个)，所以步进电动机每转一步为 1/32 圈(约 11°转角)。步进电动机的工作范围为 0～125 个步进级。

步进电动机型怠速控制阀电路如图 3-22 所示。主继电器触点闭合后，蓄电池电源经主继电器到达怠速控制阀的 B_1 和 B_2 端子，B_1 端子向步进电动机的 1、3 相两个线圈供电，B_2 端子向 2、4 相两个线圈供电。4 个线圈的分别通过端子 S_1、S_2、S_3 和 S_4 与 ECU 端子 ISC1、ISC2、ISC3 和 ISC4 相连，ECU 控制各线圈的搭铁回路，以控制怠速控制阀的工作。

2)控制阀的控制内容

步进电动机控制旁通空气式息速控制系统的控制内容如下：

(1)启动初始位置的设定为了改善发动机的启动性能，关闭点火开关使发动机熄火后，ECU 的 M-REL 端子(见图 3-22)向主继电器线圈供电延迟 2～3 s。在这段时间内，蓄电池继续给 ECU 和步进电动机供电，ECU 使怠速控制阀回到启动初始(全开)位置。待步进电动机回到启动初始位置后，主继电器线圈断电，蓄电池停止给 ECU 和步进电动机供电，怠速控

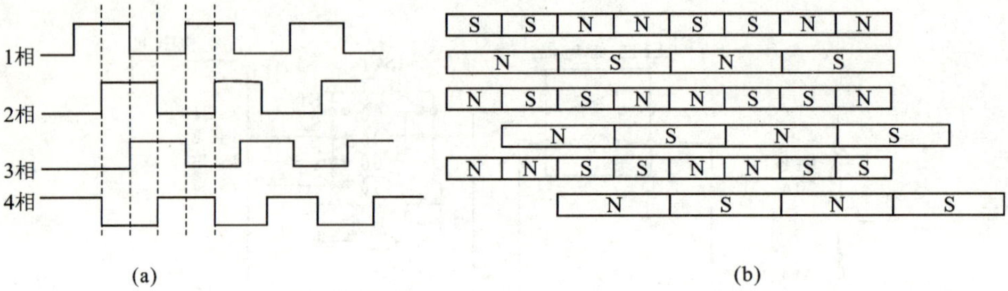

图 3－23 步进电动机工作原理

制阀保持全开不变，为下次启动做好准备。

(2)启动控制发动机启动时，由于怠速控制阀预先设定在全开位置，在启动期间经怠速空气道可供给最大的空气量，有利于发动机启动。但怠速控制阀如果始终保持在全开位置，发动机启动后的怠速转速就会过高。所以在启动期间，ECU 根据冷却液温度的高低控制步进电动机，调节控制阀的开度，使之达到启动后暖机控制的最佳位置。此位置随冷却液温度的升高而减小，控制特性(步进电动机的步数与冷却液温度的关系曲线)存储在 ECU 内。

(3)暖机控制，又称快怠速控制，在暖机过程中，ECU 根据冷却液温度信号按内存的控制特性控制怠速控制阀开度，随着温度上升，怠速控制阀开度逐渐减小。当冷却液温度达到 70℃时，暖机控制过程结束。

(4)怠速稳定控制。在怠速运转时，ECU 将接收到的转速信号与确定的目标转速进行比较，其差值超过一定值(一般为 20 r/min)时，ECU 将通过步进电动机控制怠速控制阀，调节怠速空气供给量，使发动机的实际转速与目标转速相同。怠速稳定控制又称反馈控制。

(5)怠速预测控制。发动机在怠速运转时，如变速器挡位、动力转向、空调工作状态的变化都将使发动机的转速发生可以预见的变化。为了避免发动机怠速转速波动或熄火，在发动机负荷出现变化时，不待发动机转速变化，ECU 就会根据各负载设备开关信号(A/C 开关等)，通过步进电动机提前调节怠速控制阀的开度。

(6)电器负载增多时的怠速控制。在怠速运转时，如使用的电器负载增大到一定程度，蓄电池电压就会降低。为了保证电控系统正常的供电电压，ECU 根据蓄电池电压调节怠速控制阀的开度，提高发动机的怠速转速，以提高发动机的输出功率。

(7)学习控制。在发动机使用过程中，由于磨损等原因会导致怠速控制阀的性能发生改变，怠速控制阀的位置相同时，但实际的怠速转速会与设定的目标转速略有不同。在此情况下，ECU 在利用反馈控制使怠速转速回归到目标值的同时，还可将步进电动机转过的步数存储在 ROM 存储器中，以便在此后的怠速控制过程中使用。

2．旋转电磁阀型怠速控制阀

1)控制阀的结构与工作原理

旋转电磁阀型怠速控制阀的结构如图 3－24 所示。控制阀安装在阀轴的中部，阀轴的一端装有圆柱形永久磁铁，永久磁铁对应的圆周位置上装有位置相对的两个线圈，由 ECU 控制两个线圈的通电或断电，改变两个线圈产生的磁场强度。两线圈产生的磁场与永久磁铁形成的磁场相互作用，即可改变控制阀的位置，从而调节怠速空气口的开度，以实现怠速空气量的控制。

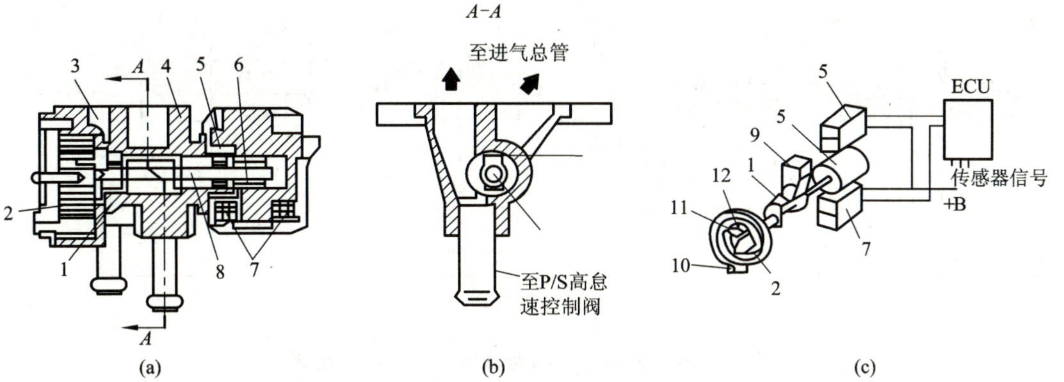

图 3－24　旋转电磁阀型怠速控制阀

(a)结构图；(b)位置图；(c)原理图

1—控制阀；2—双金属；3—冷却液；4—阀体；5、7—线圈；6—永久磁铁

8—阀轴；9—怠速空气口；10—固定销；11—挡块；12—阀轴限位杆

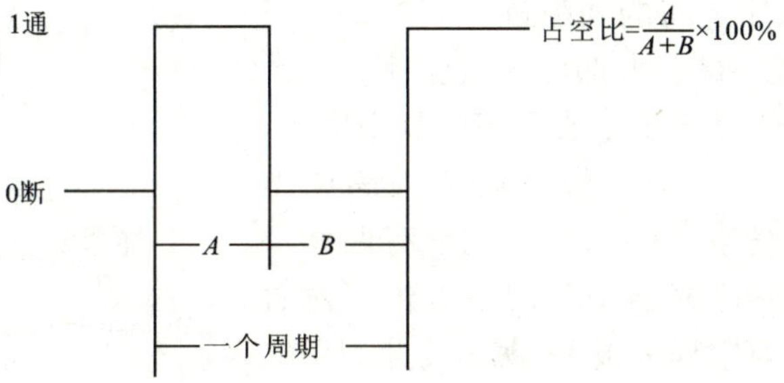

图 3－25　占空比控制旋转电磁阀

双金属片制成卷簧形，外端用固定销固定在阀体上，内端与阀轴端部的挡块相连接。阀轴上的限位杆穿过挡块的凹槽，使阀轴只能在挡块凹槽限定的范围内摆动。流过阀体冷却液腔的冷却液温度变化时，双金属片变形，带动挡块转动，从而改变阀轴转动的两个极限位置，以控制怠速控制阀的最大开度和最小开度。此装置主要起保护作用，可防止怠速控制系统电路出现故障时，发动机转速过高或过低。只要怠速控制系统工作正常，阀轴上的限位杆不与挡块的凹槽两侧接触。

ECU 控制旋转电磁阀型怠速控制阀工作时，控制阀的开度是通过控制两个线圈的平均通电时间(占空比)来实现的。占空比是指脉冲信号的通电时间与通电周期之比，如图3－25所示。通电周期一般是固定的，所以占空比增大，即是延长通电时间。当占空比为 50% 时两线圈的平均通电时间相等。两者产生的磁场强度相同，电磁力相互抵消，阀轴不发生偏转。当占空比大于 50%，两个线圈的平均通电时间一个增加，而另一个减小，两者产生的磁场强度也不同，所以使阀轴偏转一定角度，控制阀开启怠速空气口。占空比越大，两个线圈产生的磁场强度相差越多，控制阀开度越大。因此，ECU 通过控制脉冲信号的占空比即可改变控制阀开度，从而控制怠速时的空气量。控制阀从全闭位置到全开位置之间，旋转角度限定在 90°以内，ECU 控制的占空比调整范围为 18% ~82%。

2)控制阀的控制内容

旋转电磁阀控制旁通空气式怠速控制系统的控制内容主要包括启动控制、暖机控制、怠速稳定控制、怠速预测控制和学习控制，具体内容与步进电动机控制旁通空气式怠速控制系统基本相同。控制电路图如图 3－26 所示。

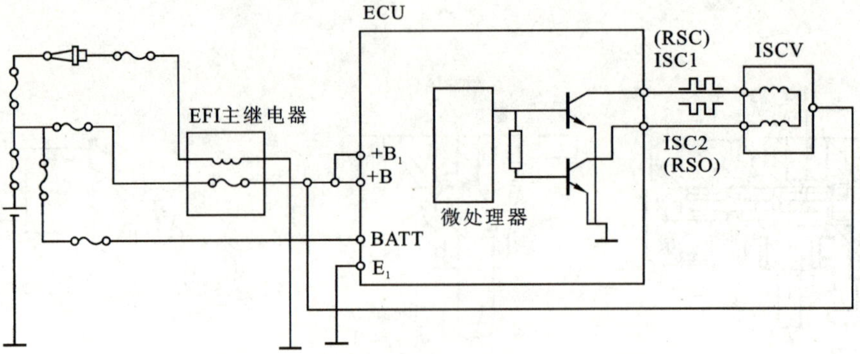

图3－26　旋转电磁阀型怠速控制阀控制电路

3．占空比控制电磁阀型怠速控制阀

1）控制阀的结构与工作原理

该装置的工作原理图如图3－27所示，空气流通面积是用阀与阀座之间的间隙进行调整的。空气控制阀上半部分为真空室，下半部分通大气，当真空室的真空度大，ACV中间膜片带动调节气阀向上移，使空气的真空度调节有两调节源，一个来自节气门下方进气总管中，真空程度很大；另一个来自节气门上方，其压力接近大气压，真空度很低，在它与真空室的通路之间加一个由ECU控制的真空开关阀（VSV）。当VSV阀打开时，真空室内真空度下降，使调节气阀ACV下降，流通面积增加，反之，流通面积减小，即空气控制阀膜片室的真空度由真空开关阀的开启时间予以控制。ECU根据检测到的空挡开关、水温、空调器开关、启动机、分电器和车速等信号，决定脉冲信号的占空比，从而控制真空开关阀的占空比，进而控制ACV的阀门开度，达到控制空气流量、调整怠速的目的，这种形式的怠速控制阀仍需要有空气阀。

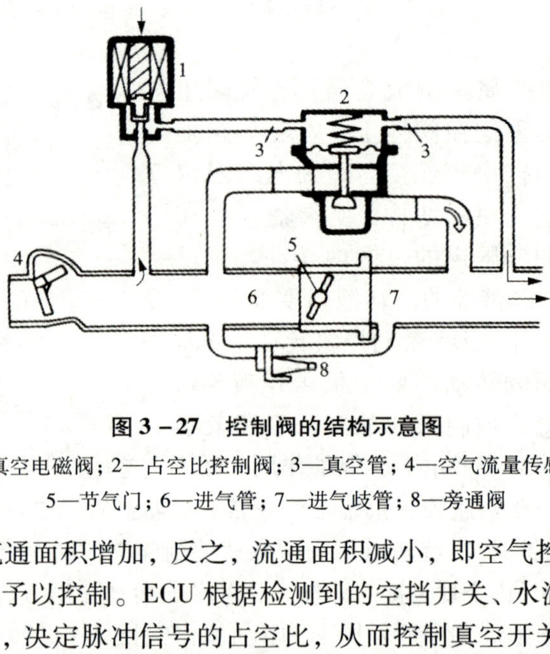

图3－27　控制阀的结构示意图

1—真空电磁阀；2—占空比控制阀；3—真空管；4—空气流量传感器；5—节气门；6—进气管；7—进气歧管；8—旁通阀

2）控制阀的控制内容

占空比控制电磁阀型怠速控制系统的控制内容同样也包括启动控制、暖机控制、怠速稳定控制、怠速预测控制和学习控制。但由于占空比控制电磁阀型怠速控制阀控制的旁通空气量少，在采用此种控制阀的怠速控制系统中，仍需要快怠速控制阀辅助控制发动机暖机过程的空气供给量。

4．开关控制型真空开关阀

这种控制阀与占空比控制型真空开关阀相类似，只是控制信号是开关信号，因而控制更简单，该控制阀仍需空气阀。

5. 快怠速控制阀

快怠速控制阀的结构如图3－28所示，主要由石蜡感温器、控制阀和弹簧等组成。发动机启动后的暖机过程中，冷却液温度较低时，石蜡收缩，控制阀在弹簧的作用下打开，增加怠速供给的空气量，使发动机快怠速运转。随着温度的升高，石蜡膨胀，推动连接杆使控制阀开度逐渐减小，怠速转速逐渐下降。发动机达到正常工作温度后，控制阀将完全关闭其空气通道，发动机恢复至正常怠速。

有些快怠速控制阀的感温元件采用双金属片，双金属片式快怠速控制阀和石蜡式的工作原理类似，它是利用双金属元件的热胀冷缩变形来控制阀门的开度，从而控制发动机暖机过程的空气供给量。

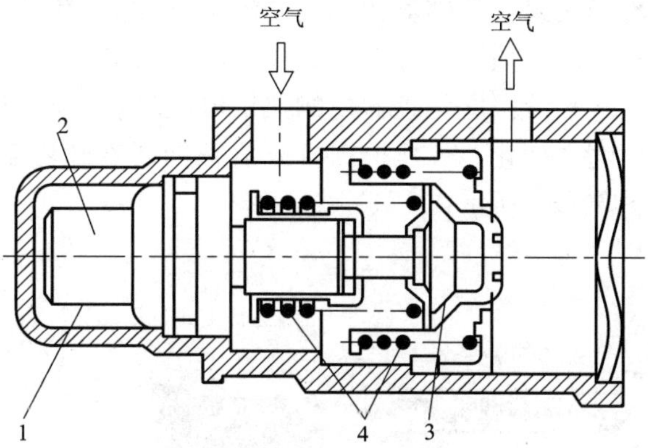

图3－28　快怠速控制阀

1—石蜡；2—阀体；3—主阀；4—弹簧

6. 真空调节器

汽车急减速时，节气门突然关小，进气管真空度升高，进气量剧减，容易引起发动机瞬时熄火。为防止出现这种不利情况，使用真空调节器来控制进气管真空度，保持发动机工作稳定。

真空调节器结构如图3－29(a)所示，当进气管真空度比较小时(节气门开启时)，真空调节器不起作用。

当汽车急减速(发动机制动)时，进气管真空度突然增加，真空调节器内的A腔真空度上升，吸起膜片向上抬，将真空调节器控制阀打开，把一部分空气送入进气压力缓冲器内，从而可以抑制进气管真空度激增，防止发动机瞬时熄火。

图3－29(b)所示是真空调节器的效果曲线，使用真空调节器后，可以在汽车急减速时，保证进气管真空度曲线平滑过渡，减少进气管真空度的波动幅度，维持发动机转速平稳。

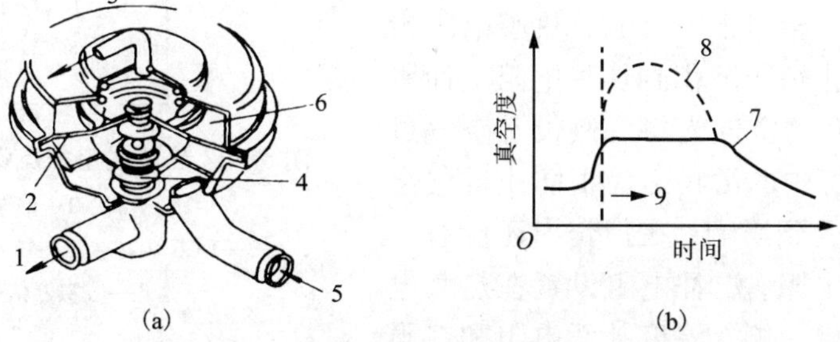

图3－29　真空度调节器的结构与效果曲线

(a)真空调节器的结构；(b)真空调节器效果曲线

1—通往进气缓冲器；2—膜片；3—通进气管；4—阀门；5—进气阀；

6—A腔；7—装真空调节器时的进气管真空度曲线；8—无真空调节器时的曲线；9—急减速状态

3.3 冷却液温度传感器

冷却液温度传感器的功用是给 ECU 提供发动机冷却液温度信号，作为燃油喷射和点火正时控制修正信号。一般安装在气缸体水道或冷却液出口处。冷却液温度传感器如图 3－30 所示。冷却液温度传感器内的热敏电阻随着冷却液温度变化时，ECU 通过 THW 端子测得的分压值随之变化，ECU 根据分压值来判断冷却液温度。冷却液温度传感器与 ECU 的连接电路如图 3－31 所示。

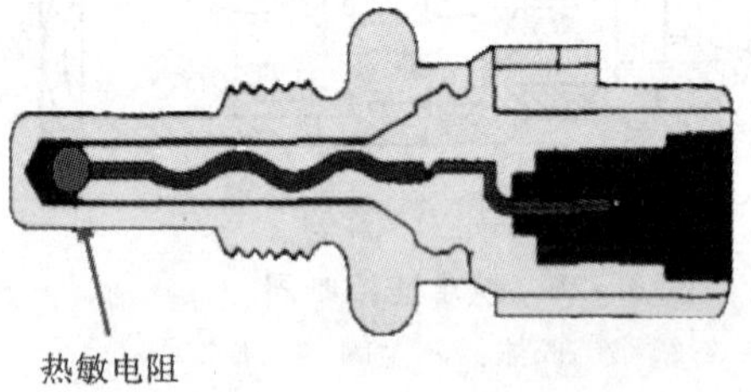

图 3－30 冷却液温度传感器

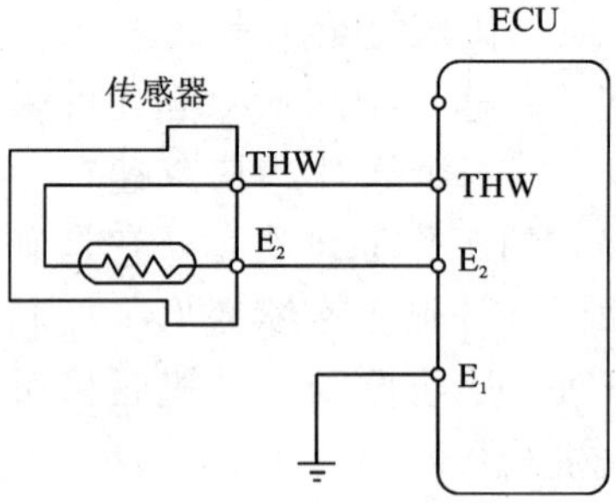

图 3－31 冷却液温度传感器电路图

项目实施

任务 1 进气量传感器检修

一、空气流量传感器

图 3－32 是桑塔纳 3000 轿车使用的空气流量传感器，属“L”型热膜式空气流量计，安装在空气滤清器壳体与进气软管之间。其核心部件是流量传感元件和热电阻（均为铂膜式电阻）组合在一起构成热膜电阻。在传感器内部的进气通道上设有一个矩形护套，相当于取样管，热膜电阻设在护套中。为了防止污物沉积到热膜电阻上而影响测量精度，在护套的空气入口一侧设有空气过滤层，用以过滤空气中的污物。为了防止进气温度变化使测量精度受到影响，在护套内还设有一个铂膜式温度补偿电阻，温补电阻设置在热膜电阻前面靠近空气入口一侧。温度补偿电阻和热膜电阻与传感器内部控制电路连接，控制电路与线束连接器插座连接，线束插座设在传感器壳体中部，电路接线图如图 3－32 所示。

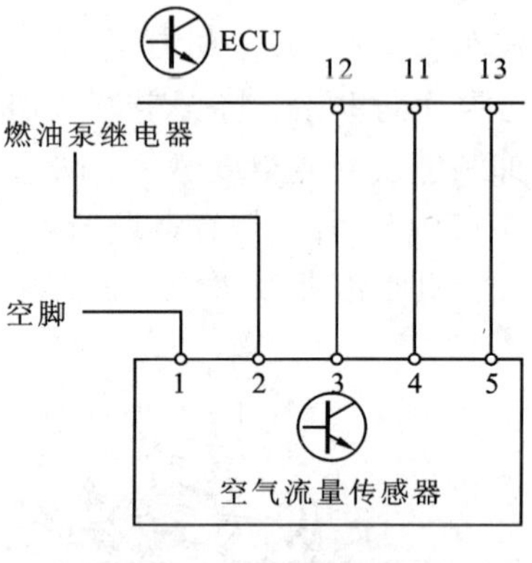

图 3－32 热膜式空气流量传感器电路图

1—空脚；2—油泵控制；
3—ECU 内搭铁；4—5 V 参考电压；
5—传感器信号；

1. 电阻测试

本项目电阻测试为辅助性测试，主要是检测线束的导通性，以确认线束通畅，无断路短路，插接器牢靠，各信号传递无干扰。

(1)线束导通性测试：将数字万用表设置在电阻200Ω挡，按电路图找到空气流量计图形下面的针脚号与ECU信号测试端口相应的针脚号，分别测试空气流量计3、4、5号针脚对应至电控单元12、11、13号针脚的电阻，所有电阻都应低于1Ω。

(2)线束短路性测试：将数字万用表设置在电阻200kΩ挡，测量空气流量计针脚2与电控单元针脚11、12、13之间电阻应为∞。测量空气流量计针脚与电控单元针脚：3—11、13；4—12、13；5—11、12之间电阻均应为∞。

注意：在实际维修中，欲测试各条线束的导通性，应关闭点火开关，拔下传感器插头与电控单元插接器，使用数字万用表分别测量各线束间的电阻，相连导线电阻小于1Ω、不相连导线电阻为∞为正常。在实际测量中，由于测量手法、万用表本身的误差以及被测物体表面的氧化与灰尘等因素，发生几个欧姆的误差属正常现象，不必拘泥于具体数字。

2. 电压测试

电压测试有电源电压测试和信号电压测试两部分，其中信号电压测试是确定空气流量计是否失效的主要依据。

(1)电源电压测试：打开点火开关，将数字万用表设置在直流电压20 V挡，红色表针置于空气流量计针脚2，黑色表针置于电瓶负极或发动机进气歧管壳体，打开发动机时应显示12 V，红色表针置于空气流量计针脚4，黑色表针置于电瓶负极或发动机进气歧管壳体，应显示5 V。

注意：在实际维修中，应拔下传感器插头，打开点火开关，测量2号端子与接地间电压，打启动机时应显示12 V。此时电控单元会记录空气流量计的故障码，测试完毕后要使用诊断仪清除故障码。

(2)信号电压测试：分单件测试和就车测试两部分。

单件测试：取一空气流量计总成部件，将12 V/5 V变压器12 V电压或电瓶电压施加在空气流量计电器插座针脚2上，将5 V电压施加在空气流量计电器插座针脚4上，将数字万用表设置在直流电压20 V挡，测量空气流量计电器插座针脚3和针脚5，应有1.5 V左右电压；使用吹风机从空气流量计隔栅一端向空气流量计吹入冷空气或加热的空气，测量空气流量计电器插座针脚3和针脚5，电压应瞬时上升至2.8 V回落。不能满足上述条件，可以判定空气流量计有故障。

就车测试：启动发动机至工作温度，将数字万用表设置在直流电压20 V挡，测量空气流量计针脚5的反馈信号，红色表针置于空气流量计针脚5，黑色表针置于空气流量计针脚3、电瓶负极或进气歧管壳体，怠速时应显示电压1.5 V左右；急踩加速踏板应显示2.8 V变化。若不符合上述变化，或电压反而下降，在电源电压与参考电压完好的前提下，可以断定空气流量计损坏，必须更换。

注意：在实际维修中，反馈信号电压的就车测试应在传感器插头尾部，挑开防水胶堵或刺破导线外皮，接万用表后踩动油门踏板，观察电压变化。而在发动机实验台上，进行本项测试不用挑开防水胶堵或刺破导线外皮。

二、进气温度传感器

进气温度传感器的功能是检测进气温度，并将温度信号转换为电信号输入发动机电控单元。

单件检查时，点火开关置于“OFF”，拔下进气温度传感器导线连接器，并将传感器拆下，用电热吹风器、红外线灯或热水加热进气温度传感器；用万用表欧姆挡测量在不同温度下两端子间的电阻值，将测得的电阻值与标准数值进行比较，如果与标准值不符，则应更换。

当点火开关置于“ON”位置时，ECU 的 THA 端子与 E_2 端子间或进气温度传感器连接器 THA 和 E_2 端子间的电压值在 20℃时应为 0.5 ~ 3.4 V。

任务 2　汽车温度传感器的检测方法

一、冷却液温度传感器

冷却液温度传感器（图 3 - 30）的功用是给 ECU 提供发动机冷却液温度信号，作为燃油喷射和点火正时控制修正信号。

1. 就车检查

点火开关置于“OFF”位置，拆卸冷却液温度传感器导线连接器，用数字式高阻抗万用表欧姆挡，测试传感器两端子（丰田皇冠 3.0 为 THW 和 E_2，北京切诺基为 B 和 A）间的电阻值。其电阻值与温度的高低成反比，在热机时应小于 1 kΩ。

2. 单件检查

拔下冷却液温度传感器导线连接器，然后从发动机上拆下传感器；将该传感器置于烧杯内的水中，加热杯中的水，同时用万用表欧姆挡测量在不同水温条件下冷却液温度传感器两接线端子间的电阻值。将测得的值与标准值相比较（表 3 - 2）。如果不符合标准，则应更换冷却液温度传感器。

表 3 - 2　丰田皇冠 3.0 车冷却液温度电阻检测标准

温度/℃	电阻值/kΩ
0	6
20	2.2
40	1.1
60	0.6
80	0.25

3. 冷却液温度传感器输出信号电压的检测

装好冷却液温度传感器，将此传感器的导线连接器插好，当点火开关置于“ON”位置时，从冷却液温度传感器导线连接器“THW”端子（丰田车）或从 ECU 连接器“THW”端子与 E_2 间测试传感器输出电压信号（对北京切诺基是从传感器导线连接器“B”端子或从 ECM 导线连接器“2”端子上测量与接地端子间电压）。丰田车 THW 与 E_2 端子间电压在 80℃时应为 0.25 ~ 1.0 V。所测得的电压值应随冷却液温度成反比变化。

二、进气温度传感器的检测方法

进气温度传感器的安装位置有 3 种：①在 D 型 EFI 系统中，它安装在空气滤清器之后的进气软管上；②在 L 型 EFI 系统中，它安装在空气流量传感器上；③有的进气温度传感器安装在进气压力传感器内。进气温度传感器内部，也是一个具有负温度电阻系数的热敏电阻，外部用环氧树脂密封。

1. 检测电阻

进气温度传感器的电阻检测方法及要求与冷却液温度传感器基本相同。单件检查时，将点火开关置于“OFF”位置，拆下进气温度传感器导线连接器，并将传感器拆下。用电热吹风、或热水加热进气温度传感器，并用万用表电阻挡，测量在不同温度下两端子间的电阻值。将测得的电阻值与标准数值进行比较，如果与标准值不符，则应更换进气温度传感器。

2. 检测电压

(1)检测电源电压。拆下进气温度传感器线束插头，打开点火开关，测量进气温度传感器的电源电压，应为 5 V。

(2)测量输入信号电压。将点火开关置于“ON”位置，用万用表的电压挡测量图中 ECU 的 THA 与 E_2 间的电压，该电压值应在 0.5 ~ 3.4 V(20℃)范围内。若不在规定范围内，则应进一步检查进气温度传感器连接线路是否接触不良或存在断路、短路故障。

(3)检查进气温度传感器连接线束电阻。用数字式万用表的电阻挡测量传感器插头与 ECU 插接器端子间电阻，即传感器信号端、地线端分别与对应的 ECU 的两端子电阻。如果不导通或电阻值大于 1Ω，说明传感器连接线路或插头接触不良，应进一步检查。

任务 3　怠速控制系统检测

一、步进电机型怠速控制执行机构

步进电机安装在怠速控制阀(ISCV)内，由四只线圈、磁性转子、阀轴和阀组成。ISC 阀工作原理如图 3 - 33(a)所示，电路图如图 3 - 33(b)所示。

1. 在车上检查怠速控制阀

当发动机熄火时，怠速控制阀会“咔嗒”一声，如果不响，应检查 ISC 阀和 ECU。

2. 检查 ISC 阀的电阻

如图[3 - 34(b)]所示，检测 $B_1 - S_1$，$B_1 - S_3$，$B_2 - S_2$ 和 $H_2 - S_4$ 四个线圈电阻，都应是 10 ~ 30Ω，如电阻不对，应更换 ISC 阀。

3. 检查 ISC 阀的工作情况

(1)在 B_1 和 B_2 端子上接上蓄电池正极，然后依次将 S_1、S_2、S_3、S_4 接负极(搭铁)，阀应逐步关闭，如图 3 - 34(a)所示。

(2)在 B_1 和 B_2 端子上接上蓄电池正极，然后依次将 S_4、S_3、S_2、S_1 接负极(搭铁)，阀应逐步开启，如图 3 - 34(b)所示。

如果按上述检查时阀不能关闭或打开，则应更换阀 ISC。

(3)诊断仪检测 ISC 阀步级数：

丰田车步进电机型怠速控制执行机构步级数量为 0 ~ 125，0 表示怠速控制阀全部伸出，怠速空气旁通道全部关闭；125 表示怠速控制阀全部收回，怠速空气旁通道全部开启。测试皇冠 30 车发动机数据如下：冷车时，ISC = 55(步级数)，热车后 ISC = 52，接通空调 A/C 开关，ISC = 63，切断空调 A/C 开关，恢复到 ISC = 52。

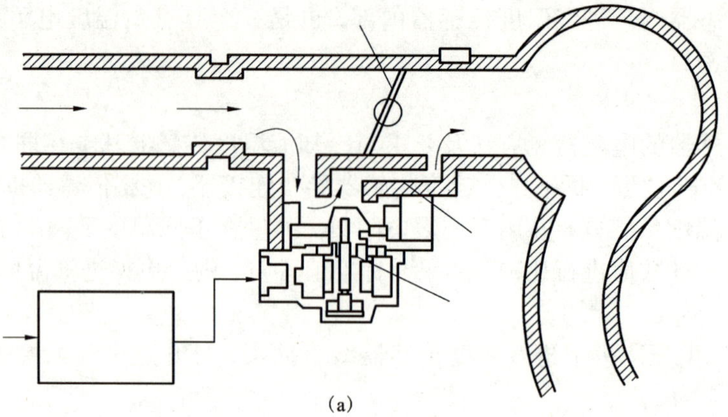
(a)

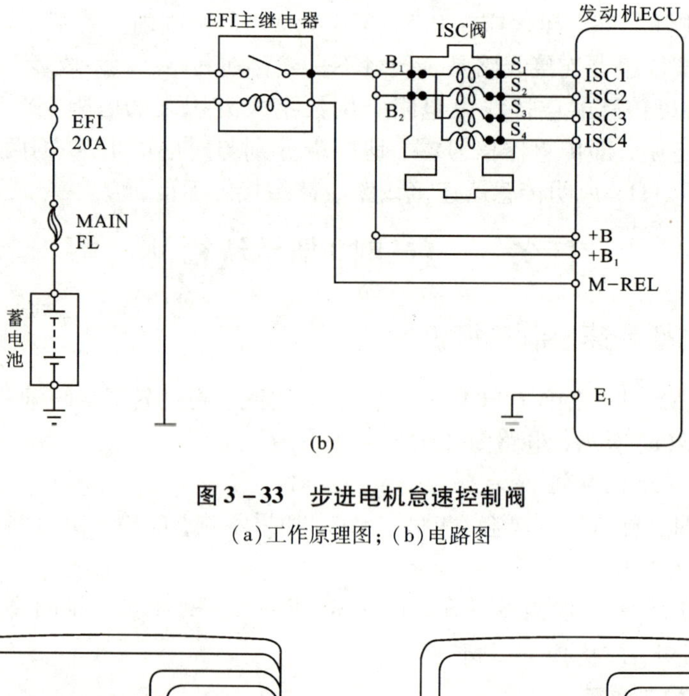

(b)

图 3-33　步进电机怠速控制阀

(a)工作原理图；(b)电路图

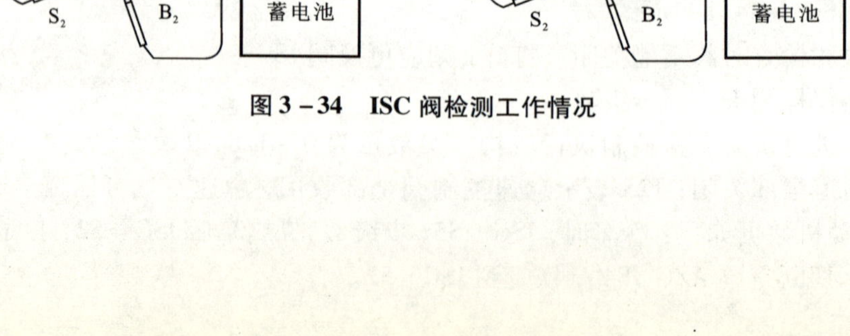

图 3-34　ISC 阀检测工作情况

二、旋转电磁阀型怠速控制执行机构

旋转电磁阀型怠速控制阀控制电路如图 3－35 所示，在整个怠速范围内 ECU 通过占空比（0～100%）对怠速转速进行控制。

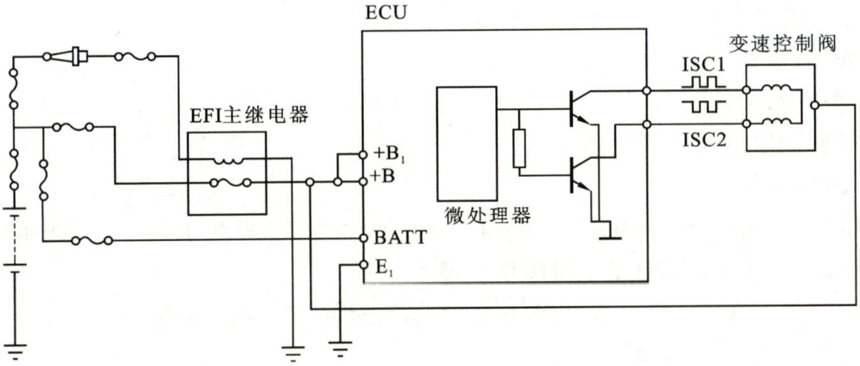

图 3－35　旋转电磁阀电路图

1. 检查 ISC 阀的电阻值

如图 3－36 所示，＋B 与 ISC1 及＋B 与 ISC2 之间的电阻均为 18.8～22.8Ω，如电阻值不符合要求，应更换 ISC 阀。

2. 检查 ISC 阀的工作

在正常水温、发动机正常运转及变速器位于空挡位置时，将检查连接器中 TE_1 和 E_1 端子用连接线连接起来，标准是发动机以转速 1100～1200 r/min 运转 5 s 后，转速会降低 200 r/min，如不符合要求，应检查 ISC 阀、ISC 阀至 ECU 的线路和 ECU。

三、案例分析

1. 怠速不稳的分类

1）如何观察怠速不稳

（1）观察发动机缸体抖动程度，也可以观看机油尺把晃动的程度，平稳的油尺把很清晰，抖动的油尺把看起来是抖动的；

（2）从发动机转速表或读数据观察，转速以怠速期望值为中心抖动，或在期望值一侧剧烈抖动，程序中的怠速期望值包括标准怠速值、负荷（打开灯光，自动变速器挂上挡等）怠速值、空调怠速值、暖车怠速值；

（3）原地启动发动机，坐在座椅上感觉车身剧烈抖动。

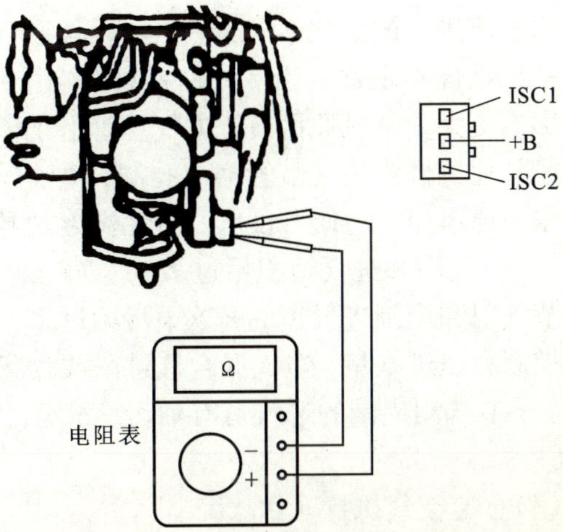

图 3－36　检查旋转电磁阀的电阻

2)按出现规律分类

(1)冷车(冷却液温度低于50℃)有节奏的不稳;

(2)热车(冷却液温度高于50℃)有节奏的不稳;

(3)无规律地剧烈抖动一两下。

3)按抖动程度分类

(1)正常,以怠速期望值 ±10 r/min 抖动

(2)一般不稳,以怠速期望值 ±20 r/min 抖动;

(3)严重不稳,超过怠速期望值 ±20 r/min 抖动;

(4)在怠速期望值的一侧剧烈抖动。

4)按原因关联分类

(1)直接原因,指机械零件脏污、磨损、安装不正确等,导致个别气缸功率的变化,从而造成各气缸功率不平衡,致使发动机出现怠速不稳;

(2)间接原因,指发动机电控系统不正常,导致混合气燃烧不良,造成各气缸功率难以平衡,使发动机出现怠速不稳。

5)按故障系统分类

(1)进气系统;

(2)燃油系统;

(3)点火系统;

(4)发动机机械系统。

6)怠速抖动机理

气缸内气体作用力的变化(一个气缸气体作用力变化或几个气缸气体作用力变化),引起各气缸功率不平衡,导致各活塞在做功行程时的水平方向分力不一致,出现对发动机横向摇倒的力矩不平衡,从而产生发动机抖动,也可以说,凡是引起发动机气缸内气体作用力变化的故障都有可能导致发动机怠速抖动。

2. 怠速不稳的原因

(1)进气歧管或各种阀泄漏

当不该进入的空气、汽油蒸汽、燃烧废气进入到进气歧管,会造成混合气过浓或过稀,使发动机燃烧不正常。当漏气位置只影响个别气缸时,发动机会出现较剧烈的抖动,对冷车怠速影响更大。常见原因有:进气总管卡子松动或胶管破裂;进气歧管衬垫漏气;进气歧管破损或其他机件将进气歧管磨出孔洞;喷油器O型密封圈漏气;真空管插头脱落、破裂;曲轴箱强制通风(PCV)阀开度大;活性炭罐阀常开;废气再循环(EGR)阀关闭不严等。

(2)节气门和进气道积垢过多

节气门和周围进气道的积炭、污垢过多,空气通道截面积发生变化,使得控制单元无法精确控制怠速进气量,造成混合气过浓或过稀,使燃烧不正常。常见原因有:节气门有油污或积炭;节气门周围的进气道有油污、积炭;怠速步进电机、占空比电磁阀、旋转电磁阀有油污、积炭。

(3)怠速空气执行元件故障

怠速空气执行元件故障导致怠速空气控制不准确。常见原因有:节气门电机损坏或发卡;怠速步进电机、占空比电磁阀、旋转电磁阀损坏或发卡。

(4)进气量失准

控制单元接收错误信号而发出错误的指令，引起发动机怠速进气量控制失准，使发动机燃烧不正常，属于怠速不稳的间接原因。常见原因有：空气流量计或其线路故障；进气压力传感器或其线路故障；发动机控制单元插头因进水接触不良或电脑内部故障。

3. 其他原因(非空气控制量系统)

1)燃油系统

(1)喷油器故障

喷油器的喷油量不均、雾状不好，造成各气缸发出的功率不平衡。常见原因有：喷油器堵塞、密封不良、喷出的燃油成线状等。

(2)燃油压力故障

油压过低，从喷油器喷出的燃油雾化状态不良或者喷出的燃油成线状，严重时只喷出油滴，喷油量减少使混合气过稀；油压过高，实际喷油量增加，使混合气过浓。常见原因有：燃油滤清器堵塞；燃油泵滤网堵塞；燃油泵的泵油能力不足；燃油泵安全阀弹簧弹力过小；进油管变形；燃油压力调节器有故障；回油管压瘪堵塞。

(3)喷油量失准

各传感器或线路故障，导致控制单元发出错误指令，使喷油量不正确，造成混合气过浓或过稀，属于怠速不稳的间接原因。具体原因有：空气流量计(或进气歧管压力传感器)故障；节气门位置传感器故障；节气门怠速开关故障；冷却液温度传感器故障；进气温度传感器故障；氧传感器失效；以上传感器的线路有断路、短路、接地故障；发动机控制单元插头因进水接触不良或电脑内部故障。

(4)其他原因

三元净化催化器堵塞引起怠速不稳，这种故障在高速行驶时最易发现。自动变速器、空调、转向助力器有故障会增加怠速负荷，引起怠速不稳。发动机控制单元与空调、自动变速器控制单元之间的怠速提升信号中断，在安装 CAN – BUS 的车辆存在总线系统故障。随着新技术、新结构的增加，引起怠速不稳的因素会更多，诊断者必须全面考虑问题。

2)机械结构

(1)配气机构

配气机构故障导致个别气缸的功率下降过多，从而使各气缸功率不平衡。常见原因有：正时皮带安装位置错误，使各缸气门的开闭时间发生变化，导致配气相位失准，各气缸燃烧不正常。气门工作面与气门座圈积炭过多，气门密封不严，使各气缸压缩压力不一致。凸轮轴的凸轮磨损，各缸凸轮的磨损不一致导致各气缸进入空气量不一致。气门相关件有故障，如气门推杆磨损或弯曲，摇臂磨损，气门卡住或漏气，气门弹簧折断等。

(2)发动机体、活塞连杆机构

这些故障都会使个别气缸功率下降过多，从而使各气缸功率不平衡。常见原因有：气缸衬垫烧蚀或损坏，造成单缸漏气或两缸之间漏气；活塞环端隙过大、对口或断裂，活塞环失去弹性；活塞环槽内积炭过多；活塞与气缸磨损，气缸圆度、圆柱度超差；因气缸进水后导致的连杆弯曲，改变压缩比；燃烧室积炭会改变压缩比，积炭严重导致怠速不稳。

3)其他原因

曲轴、飞轮、曲轴皮带轮等转动部件动平衡不合格，发动机支脚垫断裂损坏，发动机底护板因变形与油底壳相撞击等，这些原因只会造成发动机振动而不影响转速。

4. 怠速不稳的诊断方法

进气系统、燃油系统、点火系统、发动机机械故障均会导致发动机怠速不稳，因此诊断产生发动机怠速不稳现象的原因是一项涉及面较广、难度较大的工作，轻易更换器件的方法是不可取的。怠速不稳故障的原因有多种，应根据检测结果、理论分析、维修经验做出正确判断，所以说诊断工作是有规律可循的。

打开发动机罩检查：观察发动机运转情况，抖动程度，同时观察发动机转速表指针的摆动幅度，是否偏离怠速期望值；观察是正常怠速抖动，还是负荷怠速抖动（打开空调、灯光、挂入挡位、打方向盘等）；发动机外部件是否有异常；真空管有无脱落、破损；电线插接器有无松脱；是否存在漏油、漏水、漏气、漏电的四漏现象；排气管是否“突、突”（说明燃烧不好）、冒黑烟、有生汽油味等不正常现象；节气门拉线是否调整合适。

项目小结

怠速是指节气门关闭，加速踏板完全松开，且发动机对外无功率输出，并且保持最低转速稳定运转的工况。怠速控制系统是当代电控发动机控制中的一个重要组成部分，怠速工况的控制性能反应了一辆车的动力性、经济性、排放性等各种技术指标。本项目重点从怠速控制系统的结构原理出发，介绍了怠速控制系统的类型、作用、结构、原理和工作特性。项目以理论实践一体化及故障案例的方式概述了怠速工况和怠速控制在实际生产生活中的运用。学生通过本项目的系统学习，能够系统地掌握故障分析方法和检测工艺，并且可以在5S的管理模式下从工作实践中对每种故障加以研究、分析，通过实际案例的故障分析及总结，找到最为便捷的故障解决方案。

怠速控制系统的结构及故障检测工艺的学习，给我们提出汽车医生、护士平时对车辆进行有效维护的理念。如何分析，如何检测和排除怠速控制中所发生的各类故障规律，更是我们每个职业教育工作者值得总结和探讨，研究和交流的课题。

任务工单

工单 3.1　温度传感器检测

任务名称	温度传感器检测	课 时	4	班 级	
学生姓名		学生组号		任务成绩	
实训设备	6 台桥车	实训场地		日 期	
客户任务	1. 了解进气、冷却液温度传感器的结构、电路。 2. 了解进气、冷却液温度传感器的检测。				
任务目的	学会对温度传感器的检测				

第一部分：知识准备

1. 温度传感器通常安装在空气滤清器之后的________上或________上，还有的在________和谐振腔上各装一个，以提高喷油量的控制精度。

2. 进气温度传感器的内部是一个具有________电阻系数（NTc）的半导体热敏电阻，电阻值与温度的高低成反比，温度越低则电阻________，温度越高则电阻________。

3. 温度传感器起的作用是____。

4. 发动机冷却液的温度是 ECU 决定________量的重要依据，进气温度则是 ECU 修正________量的重要依据。

第二部分：分析决策

请根据任务要求，确定所需要的检测仪器、工具，制订详细的作业计划。

1. 需要的检测仪器、工具和设备

2. 作业计划

3. 作业中的注意事项

第三部分：操作实施

（一）进气温度传感器的检测

1. 简述进气温度传感器的电阻检测的步骤：

(a)　　(b)

2. 进气温度传感器的输出信号电压值检测

进气温度传感器连接器 THA 与 E_2 端子间的电压值在 20℃时应为________V。

（二）冷却液温度传感器的检测、诊断

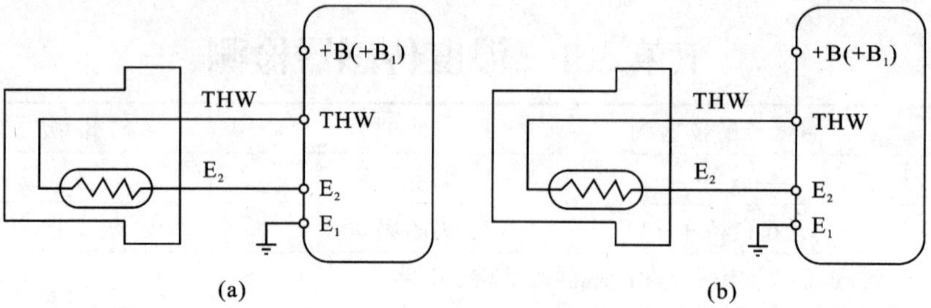

1. 简述冷却液温度传感器温度－电阻特性的检测：

2. 简述冷却液温度传感器电压参数的检测：

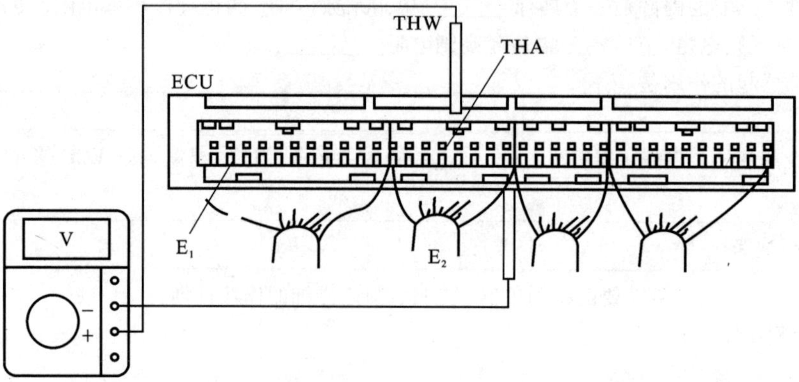

第四部分：检查评估

1. 请根据自己任务完成的情况，对自己的工作进行自我评估，并提出改进意见。

2. 教师对小组工作情况进行评估，并进行点评。

3. 成绩评定：

小组对本人的评定：______________

教师对小组的评定：______________

学生本次任务成绩：______________

第五部分：任务拓展

设计就车检查冷却液温度传感器温度—电阻特性方案。

工单 3.2　空气流量传感器的检修

任务名称	空气流量传感器的检修	课 时	4	班 级	
学生姓名		学生组号		任务成绩	
实训设备	6 台桥车	实训场地		日 期	
学习任务	1. 空气流量传感器的检修 2. 进气压力传感器的检修				
任务目的	学会对空气流量传感器的检测				

第一部分：知识准备

1. 空气供给系统常见的故障主要是空气滤清器________导致动力不足，进气管接头及衬垫处________导致混合气过稀，另外，节气门的________导致节气门开启不灵活影响怠速和正常工作。而相应传感器、执行器的故障也将影响发动机的性能。

2. 目前常见的空气流量传感器按其结构类型可分为________、________、________、________、________式等几种。

3. 叶片式空气流量传感器的工作原理是____。

4. 发动机冷却液的温度是 ECU 决定________量的重要依据，进气温度则是 ECU 修正________量的重要依据。

5. 节气门全闭至全开的过程中，传感器电阻值应逐渐________。

6. 卡门涡旋式空气流量传感器的工作原理是____。

7. 热线式空气流量传感器的工作原理是____。

8. 压力传感器根据发动机的________测出进气歧管内绝对压力(真空度)的变化，并转换成________信号。

第二部分：分析决策

请根据任务要求，确定所需要的检测仪器、工具，制订详细的作业计划。

1. 需要的检测仪器、工具和设备

2. 作业计划

3. 作业中的注意事项

第三部分：操作实施

（一）丰田车叶片式空气流量传感器的检测

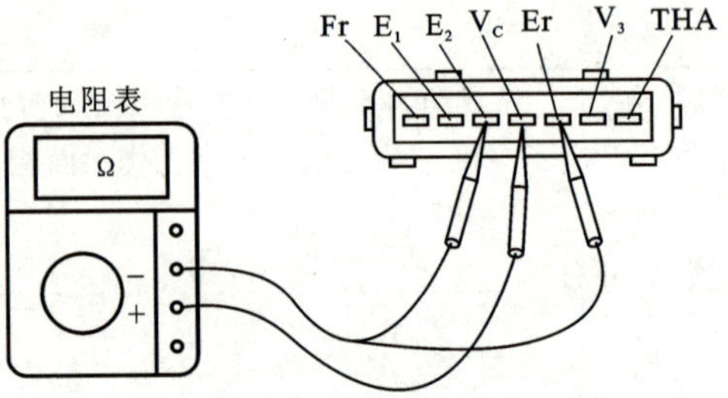

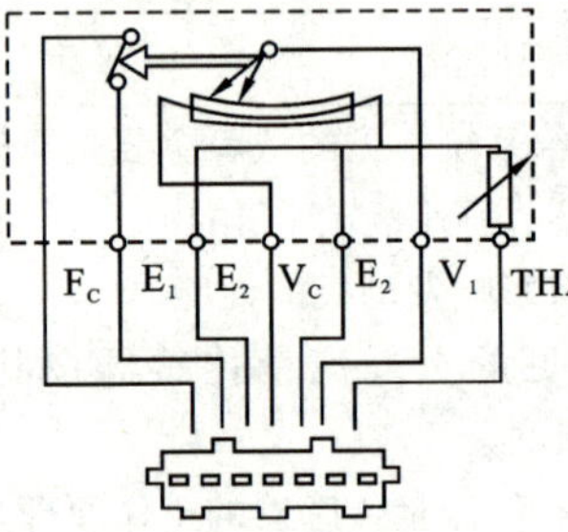

1. 写出检测步骤，并记录分析检测数据。

叶片式空气流量传感器各端子间的电阻（丰田 PREVIA 车）

端子	标准电阻/Ω	测量片位置
F_c-E_1		测量片全关闭
		测量片关启
V_s-E_2		全关闭
		从全关到全开

2. 示波器检测法。

请对波形进行分析。

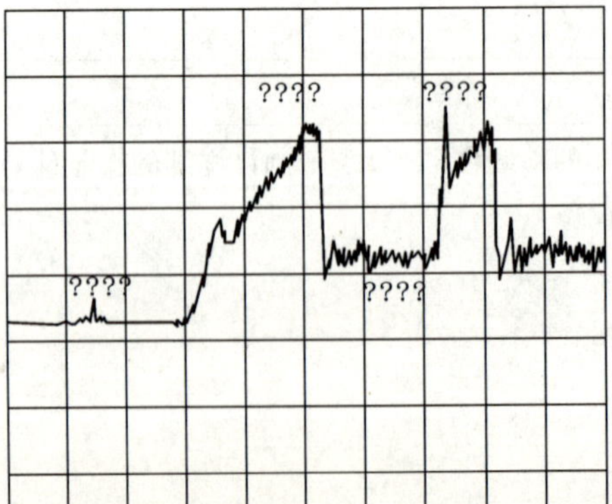

（二）卡门涡旋式空气流量传感器的检查

1．电阻检测及数据分析。

端子	标准电阻/kΩ	温度/℃
THA－E		－20
		0
		20
		40
		60

2．电压检测及数据分析

端子	电压/V	条件
THA－E		怠速、进气温度20℃
		点火开关ON
K_s-E_1		怠速
V_c-E_1		点火开关ON

（三）压力传感器的检测

1．半导体压敏电阻式进气歧管绝对压力传感器的检测。

ECU向传感器供电的电压为________V。在发动机怠速运转时，传感器输出________V的低电压信号；当节气门全开时，传感器输出________V的高电压信号。

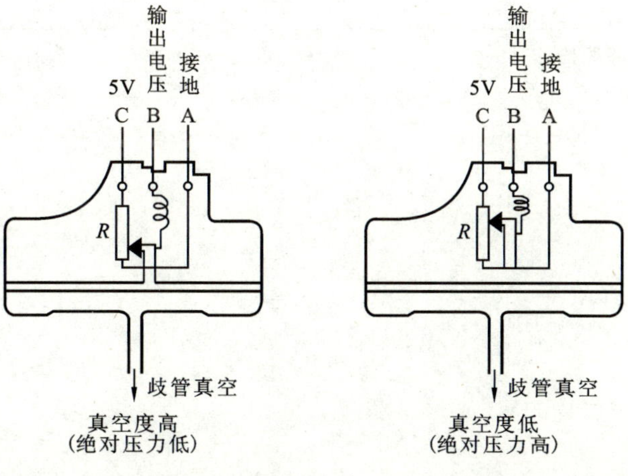

2．真空膜盒式进气歧管绝对压力传感器的检测。

在开放真空管道、加上大气压的情况下，电压值约为________V，而在用嘴巴对真空管道吸气的情况下，电压值应从________V起向________方向变化；发动机怠速运转时，电压值约为________V，而当发动机转速升高时，此电压值也升高。

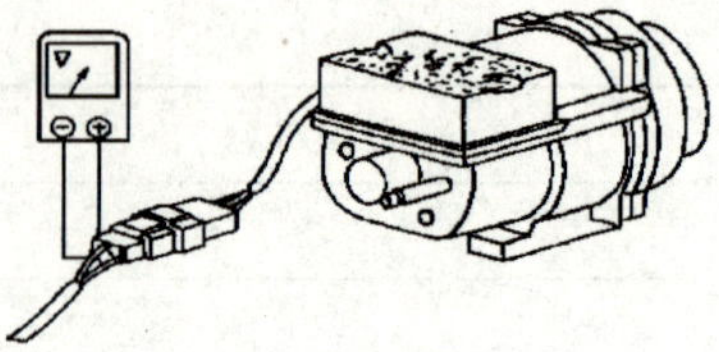

第四部分：检查评估

1. 请根据自己任务完成的情况，对自己的工作进行自我评估，并提出改进意见。

2. 教师对小组工作情况进行评估，并进行点评。

3. 成绩评定：

小组对本人的评定：____________

教师对小组的评定：____________

学生本次任务成绩：____________

第五部分：任务拓展

热线式空气流量传感器的检修

工单 3.3　怠速不稳故障检修

任务名称	怠速不稳故障检修	课 时	6	班 级	
学生姓名		学生组号		任务成绩	
实训设备	电控发动机 6 台	实训场地	发动机电控实训室	日 期	
学习任务	1. 学习怠速控制系统的结构和工作原理 2. 熟练使用万用表检测 3. 学会对怠速控制器的检测方法				
任务目的	学会对怠速控制器检测				

第一部分：知识准备

1. 检测的发动机型号____。

2. 该车怠速控制阀安装在____
其作用是____。

3. 怠速控制的概念是____。

4. 该车怠速控制阀的类型是：________________________________

5. 其怠速控制电路图为：

6. 说明工作原理：

第二部分：分析决策

请根据任务要求，确定所需要的检测仪器、工具，并对小组成员进行合理分工，制订详细的作业计划。

1. 需要的检测仪器、工具和设备

2. 小组成员分工

3. 作业计划

4. 作业中的注意事项

第三部分：操作实施

1. 快怠速控制功能检测：

(1)检测正常水温状态下怠速：环境温度________，发动机________，发动机在正常温度时正常怠速转速为____________。

(2)设置水温传感器________故障，使发动机 ECU 误认为水温________，此时发动机转速较正常转速提高________ r/min，说明____________________。

2. 怠速控制自检功能：

发动机________，用短接线将故障诊断接口____和____端子短接，观察发动机的转速将________，持续________，然后转速将____________，结论是____。

3. 怠速阀动作检测：

将点火开关打开再关闭，在关闭点火开关的瞬间，怠速控制阀有从________到________再回到________的动作，用手触摸感觉怠速控制阀有很快的振动，说明____________________。

4. 怠速阀电路检测：

(1)测 ECU 对怠速阀供电电压：插好传感器连接器，测量 ECU“________”与“________”间电压，应为________，实际测量值为________。

(2)测怠速阀电阻：发动机熄火，拔下怠速控制阀线插，用万用表测量线插内端子“________”与“________”间的电阻，应为____________ Ω。实际测量值为________。

结论____。

第四部分：检查评估

1. 请根据自己任务完成的情况，对自己的工作进行自我评估，并提出改进意见。

2. 教师对小组工作情况进行评估，并进行点评。

3. 成绩评定：

小组对本人的评定：____________________

教师对小组的评定：____________________

学生本次任务成绩：____________________

第五部分：任务拓展

别克 L46 发动机如何进行怠速空气阀设置？

习　题

一、填空题

1. 根据控制节气门方式的不同，巡航控制系统可分为________和________两种。

2. 步进电动机的转动量取决于________。

3. 采用增压技术提高进气压力，是提高发动机________性和________性的重要措施之一。

4. 排气温度传感器用来检测________；用以判断________。

5. 占空比控制电磁阀型怠速控制阀的结构主要由________、________、________、________等组成。

6. 为使发动机工作时进气更充分，应随转速的提高应适当________进气门的提前开启角。

7. VTEC 配气机构与普通配气机构相比，在结构区别为________。

8. 在闭环控制过程中，当实际的空燃比小于理论空燃比时，氧传感器向 ECU 输入的电压信号一般为________。

二、选择题

1. 技术员甲说有真空泄漏对复合式车辆影响很小，因为它不需要依靠真空度信号来计量燃油量；技术员乙说真空泄漏对真空控制的排放控制装置有极大影响；说法正确的是(　　)。

A. 只有甲正确　　B. 只有乙正确

C. 两人均正确　　D. 两人均不正确

2. 在用四气分析仪测试复合式车辆废气时，技术员甲说当混合气较浓时，O_2 读数会偏低；技术员乙说混合气较浓时，CO 读数较高；正确的是(　　)。

A. 只有甲正确　　B. 只有乙正确

C. 两人均正确　　D. 两人均不正确

3. 有一辆车有怠速不稳定故障，用废气分析仪检查得出在怠速时，出现混合气可能过稀状态，并且 HC 和 O_2 排放含量高，加大丙烷的浓度不能改善这种情况。在 2500 r/min 时，废气分析仪的读数才有改善。最可能的原因是(　　)。

A. 在油路中有空气　　B. 气缸垫泄漏

C. 进气门导管磨损　　D. 凸轮轴凸尖磨损

4. 本田车系的 VAEC 电磁阀电阻为(　　)Ω。

A. 10 ~ 15　　B. 14 ~ 20

C. 14 ~ 30　　D. 10 ~ 25

5. 废气再循环的作用是抑制(　　)的产生。

A. HC　　B. CO

C. NO_x　　D. 有害气体

6. 进入进气歧管的废气量一般控制在(　　)范围内。

A. 1% ~2%　　B. 2% ~5%

C. 5% ~10%　　D. 6% ~13%

7. 在(　　)时废气再循环控制系统不工作。

A. 行驶　　B. 怠速

C. 高转速　　D. 热车

8. 采用三元催化转换器必须安装(　　)。

A. 前氧传感器　　B. 后氧传感器　　C. 前、后氧传感器

9. 如果三元催化转换器良好，后氧传感器信号波动(　　)。

A. 频率高　　B. 增加

C. 没有　　D. 缓慢

10. 发动机过热将使(　　)。

A. EGR 系统工作不良　　B. 燃油蒸发量急剧增多

C. 三元催化转换器易损坏　　D. 曲轴箱窜气增加

11. 进气惯性增压系统通过改变(　　)达到进气增压效果。

A. 进气通道截面积　　B. 压力波传播路线长度

C. 废气流动路线　　D. 进气管长度

12. 氧化锆只有在(　　)以上的温度时才能正常工作。

A. 90℃　　B. 40℃

C. 815℃　　D. 500℃

13. 在暖机过程中，ECU 根据(　　)按内存的控制性控制控制阀的开度。

A. 进气温度　　B. 节气门开度

C. 冷却液温度　　D. 凸轮轴位置

14. 氧化钛氧传感器工作时，当废气中的氧浓度高时，二氧化钛的电阻值(　　)

A. 增大　　B. 减小　　C. 不变

15. 步进电动机的工作范围为(　　)个步进极。

A. 0 ~ 150　　B. 0 ~ 215

C. 0 ~ 175　　D. 0 ~ 125

三、判断题

1. 步进电动机控制，定子每次转动的角度为 12°。(　　)

2. 发动机启动时，怠速控制阀预先设定在全开位置。(　　)

3. 怠速不良的主要原因是气缸压力不足。(　　)

4. 进气压力传感器检测方法要通过真空检测仪实现。(　　)

5. 目前在大多数车辆上节气门体上已经没有怠速调整装置了。(　　)

6. 控制怠速进气量方法有电火花方式。(　　)

7. 怠速不稳的原因是气缸压力不足。(　　)

8. 旁通空气式怠速控制系统分为开关型。(　　)

9. 失效保护系统只能维持发动机继续运转，但不能保证控制系统的优化控制。(　　)

10. 怠速控制系统的控制内容主要包括有学习控制。(　　)

四、简答题

1. 怠速控制系统的功用是什么？

2. 怠速控制系统有几种类型，各有什么特点?
3. 简述节气门直动式怠速控制系统的工作原理。
4. 简述步进电动机的工作原理。
5. 如何对怠速控制系统进行就车检测?

项目四 发动机加速不良故障检修

学习目标

1. 能描述电子节气门等系统的结构、组成与工作原理；
2. 能使用检测设备对节气门位置传感器进行检测；
3. 能使用检测设备进行燃油系统压力检测，并分析燃油系统的故障；
4. 能使用检测设备对爆震传感器进行检测；
5. 能使用检测设备对发动机可变气门正时系统进行故障诊断和分析。

案例引入

一辆别克凯越轿车，发动机型号为T18型。这辆车在怠速和低速工况运行时还可以，但节气门开度开大以后，发动机转速不但不能相应提高，反而产生喘息，行驶起来车子前后窜动。用汽车诊断仪读取发动机故障码时发现无故障码。在此之前已清洗了喷射器，检查了电路，但没有什么好转。针对如此故障，作为专业维修服务人员，如何向客户解释故障是怎样产生的？如何对此类故障进行诊断分析，用什么方法及设备进行排除？

项目分析

发动机加速不良通常是由于混合气过稀或过浓、点火系统故障、发动机机械系统故障等原因引起。造成上述故障的具体原因有：燃油系统油压过高或过低，喷油器工作不良，传感器信号错误，点火高压低、能量小，点火正时不正确，气缸压缩压力低，排气管堵塞。

发动机加速不良一般有两种现象：一种是踩下加速踏板，发动机加速迟缓；另一种是踩下加速踏板，发动机转速不升反降。对于前者，如果踩下加速踏板，进气量增加少，修正增加喷油量也少，或喷油器喷油量增加迟缓或量少，加速就迟缓；对于后者，如果踩下加速踏板，进气量急剧增加，但由于传感器信号错误，喷油器喷油量不增加或增加量少，或高压火弱，就会使转速下降。

若发动机在急速过程中，转速只是发生波动，而后马上可以加到高速，且能维持较长时间高速运转，这一般是在加速过程的瞬间出现断火现象，应重点检查点火系统。

若踩下加速踏板，转速不升反降且有熄火征兆，很难加速到高速，这一般为混合气过稀或高压火弱，当然也可能是排气管堵塞，其中前者最为常见。此时可在进气系统合适位置（若空滤器、节气门、真空管等处），一边喷点化清剂，一边迅速开启节气门，若此时转速可迅速提高则说明混合气稀（此时可从燃油压力低和导致喷油量少的可能原因着手）；若提高转速易熄火，且有时进气管回火，有时排气管放炮，则很可能是高压火弱或断火（怠速时运转平稳)。

本章介绍了与发动机加速不良故障相关的节气门位置传感器和爆震传感器的结构、原理和检修,介绍了燃油压力的测试和使用越来越普遍的可变气门正时系统的检修。

项目内容

4.1　节气门位置传感器

4.1.1　节气门位置传感器的作用

节气门位置传感器也叫 TPS,从本质上讲,该传感器完全可以等同于一个可变电位器,通过中心滑臂的上下移动而使输出信号电压的幅度发生变化。从信号特征来看,节气门位置传感器的信号是连续变化的。不管是机械式还是电子式节气门位置传感器,油门的开度均传递出一个信息,即反映驾驶者加速或者减速的操作要求,这种要求,不同的控制单元将依据控制功能的不同而作出不同的解读和响应:对发动机控制单元而言,它的控制体现在发动机功率变化上,是通过燃油喷射量的增减和点火时间的调整而实现的;对自动变速器控制单元而言,它的控制体现在换挡时刻和油压的动态调节上,是通过控制换挡电磁阀和油压调节电磁阀的激发过程而实现的。

4.1.2　节气门位置传感器的类型

节气门位置传感器有两种类型:一种是开关式节气门位置传感器;另一种是模拟式节气门位置传感器,又称为线性可变电阻型。从结构上可分为三线式、四线式、五线式和电子节气门等,三线式不含怠速触点,四线式装有怠速触点,五线式包含一个三线式传感器和两个开关信号,而电子节气门有的则是去掉了油门拉线,油门的开闭由执行电机来实现。

4.1.3　节气门位置传感器的结构和电路

1. 开关式节气门位置传感器的结构和电路

开关量输出型节气门位置传感器又称为节气门开关。它有两副触点,分别为怠速触点(IDL)和全负荷触点(PSW)。如图 4-1 所示,由一个和节气门同轴的凸轮控制两开关触点的开启和闭合。

当节气门处于全关闭的位置时,怠速触点 IDL 闭合,ECU 根据怠速开关的闭合信号判定发动机处于怠速工况,从而按怠速工况的要求控制喷油量;当节气门打开时,怠速触点打开,ECU 根据这一信号进行从怠速到小负荷的过渡工况的喷油控制;全负荷触点在节气门由全闭位置到中小开度范围内一直处于开启状态,当节气门打开至一定角度的位置时,全负荷触点开始闭合,向 ECU 送出发动机处于全负荷运转工况的信号,ECU 根据此信号进行全负荷加浓控制。图 4-2 为节气门位置传感器与 ECU 的连接图(丰田 IG—EU)。

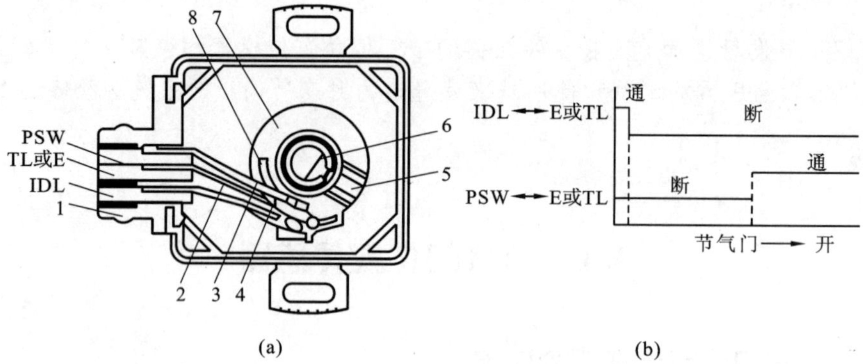

图 4-1 开关量输出型节气门位置传感器的结构与电压输出信号

(a)结构；(b)电压输出信号

1—连接器；2—动触点；3—全负荷触点；4—怠速触点；5—控制臂；6—节气门轴；7—凸轮；8—槽

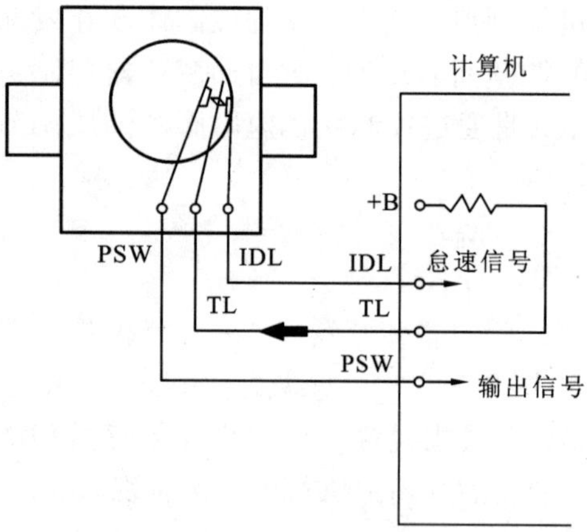

图 4-2 节气门位置传感器与 ECU 的连接(丰田 1G-EU)

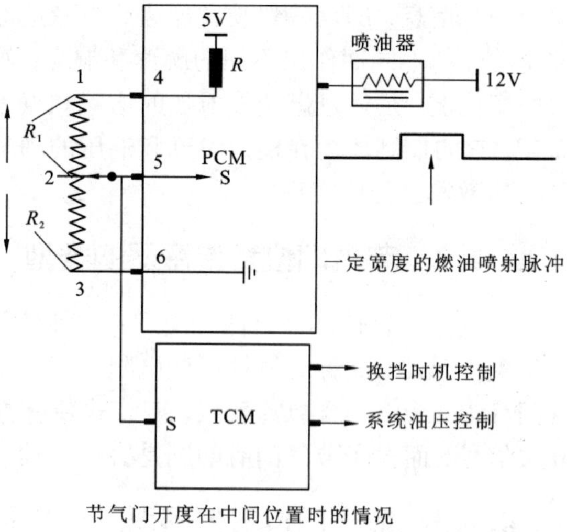

图 4-3 三线式节气门位置传感器的结构与电路(中间位置)

2. 模拟式节气门位置传感器的结构和电路

1)三线式节气门位置传感器的结构和电路

三线式节气门位置传感器是四线的基础形式，发动机控制系统对怠速的识别是基于信号的最小值，其值一般在0.5 V左右。如图4-3所示，PCM提供的5 V稳压电源经内部附加电阻R、节气门位置传感器后在PCM的内部搭铁而构成一个完整的电器回路，当滑动触臂停留在中位时，传感器的电阻被分成两部分。为分析方便起见，我们不妨设上下电阻分别为R_1和R_2，因信号是从触臂传送到PCM的，那么信号电压为触臂对搭铁端的电位差，即电阻R_2两端的电压。从图中可以看出，电阻R、R_1和R_2呈串联状态，依据串联电路的特点可知，流经这三个电阻的电流是相等的，若设电流为I，那么信号电压将为IR_2。从这个式子我们可以发现，在流经传感器回路的电流一定的情况下，输入信号的大小只取决于电阻R_2的大小，即节气门开度的大小。

当节气门的开度变大时，滑臂沿圆周方向向上运动，我们假设滑臂移动到图4－4中7的位置，可以明显地看出电阻 R_2 增大、电阻 R_1 减小（因节气门位置传感器的总电阻保持不变），因 R_2 增大，那么信号电压将升高。信号电压升高后将产生三种结果：一是为了提高发动机的转速，PCM将延长燃油喷射脉冲的长度（该长度与燃油喷射量成正比）。二是换挡时机适当地滞后，因为加油提速的前提是发动机的输出扭矩车辆惯性的积累是需要发动机转速要有一定的提升才行。三是系统油压适当的提高，当油门的开度变大时，最先响应的是发动机的转速和变速器扭矩的大幅度提升，如果是手动变速器，因动力传递是由干式离合器强力压紧和变速箱齿轮啮合来完成，表现出同步的加速响应性，而自动变速器在发动机转速提高后变扭器的输出扭矩急剧提高，此时为防止离合器片打滑必须增加油压、提升对离合器的压紧力才能保护变速器的使用寿命。

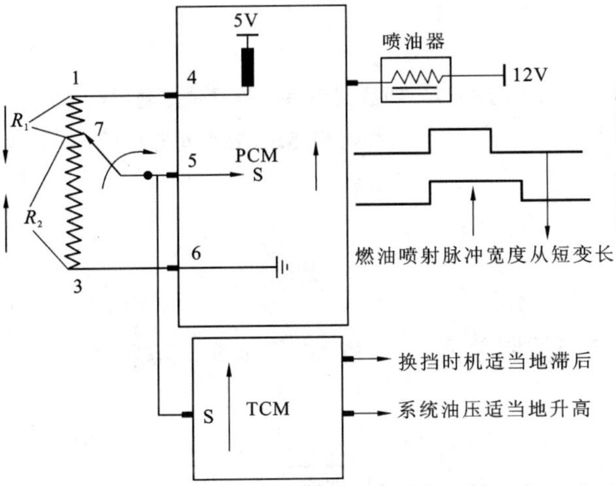

图4－4　三线式节气门位置传感器的结构与电路（开度较大位置）

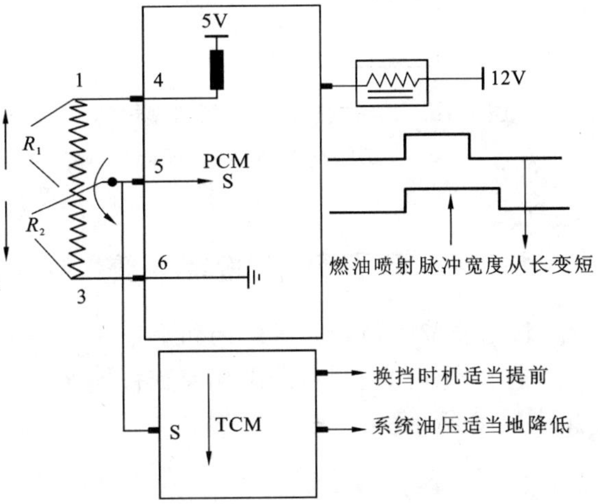

图4－5　三线式节气门位置传感器的结构与电路（开度较小位置）

当油门开度变小时，如图4－5所示：节气门的滑臂触头沿着圆周的方向向下运动，电阻 R_2 的阻值减小，R_1 的阻值增大（因为节气门位置传感器的总电阻保持不变，是一个常量），其结果信号电压下降。PCM对燃油喷射脉冲调节的结果是宽度变小，发动机转速相应地降低。

2）四线式节气门位置传感器结构和电路

如图4－6所示，四线式节气门位置传感器与三线式节气门位置传感器的差异主要体现在怠速的识别上，在四线式节气门位置传感器的内部装有怠速触点，当节气门在关闭位置时，怠速触点闭合，怠速识别电路的搭铁端被接通，5 V或者12 V的电压经附加电阻R搭铁，在怠速识别端IDL处获得的是一个0 V的电压，PCM通过IDL电压的大小识别出目前发动机正处于怠速状态。当发动机处于正常的怠速状态时，节气门信号的数值一般在0.5～1 V之间。当节气门的开度增大时，如图4－7所示：滑臂向上移动，信号电压上升，此时怠速触点断开，怠速识别电路的搭铁被断开，5 V或者12 V电压经电阻 R 后施加在怠速识别IDL

端，也就是说，PCM 在 IDL 端获得的是一个 5 V 或者 12 V 的电压，说明怠速已经结束，一个加速的工况正在形成。四线式节气门位置传感器的功能与上述介绍的相同。

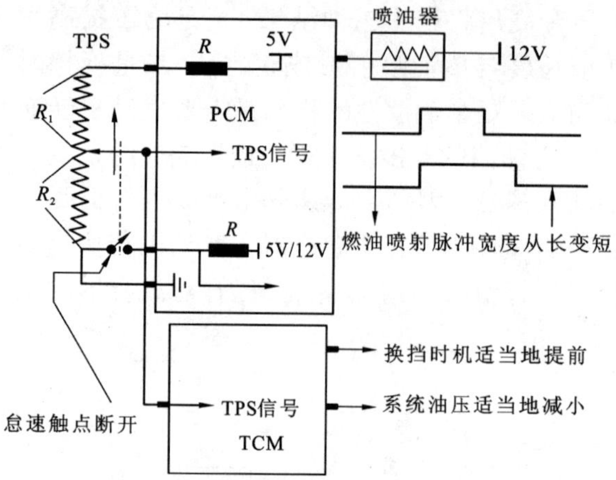

图 4-6 四线式节气门位置传感器的结构与电路(触点闭合)

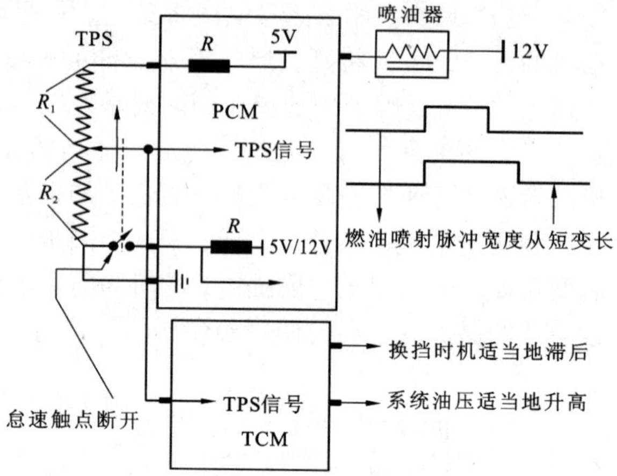

图 4-7 四线式节气门位置传感器的结构与电路(触点断开)

4.1.4 电子节气门控制系统

1. 电子节气门控制系统的组成

电子节气门控制系统由加速踏板模块、节气门控制单元、节气门体等组成，其系统结构如图 4-8 所示。

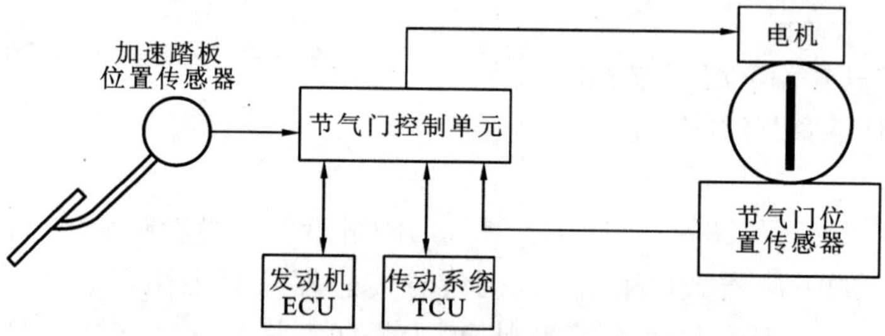

图 4-8 电子节气门控制系统组成

加速踏板的位置信号转换为电压信号输入到电控单元，反映驾驶员对发动机的转矩需求。ECU 除了根据加速踏板位置及其改变速度以外还要考虑其他传感器的信号，如节气门转角、进气量、转速、冷却液温度等以及汽车底盘电子控制信号，经过计算后确定节气门应有的开度，然后发出指令给电子节气门的直流电机，控制电机的输出力矩。电机带动节气门克服复位弹簧扭矩转动到相应的开度。电机的输出力矩与复位弹簧力矩平衡时，节气门稳定在目标开度；电机输出力矩与驱动信号占空比成正比。占空比增大时，电机驱动力矩大于复位弹簧阻力矩，节气门开度增加；当占空比减小时，电机驱动力矩小于复位弹簧阻力矩，节气门开度减小。节气门位置信息通过位置传感器反馈给 ECU，实现闭环控制。现在电子节气门产品已将节气门控制器与发动机电控单元集成为一体，从而使系统的结构进一步简化，可靠性也进一步提高。

2. 电子节气门的结构

电子节气门主要由节气门阀、驱动电机、减速齿轮组、复位弹簧和节气门位置传感器等组成。

1）节气门

因节气门具有一定的厚度，为了避免节气门阀在全关闭位置时卡在进气管道中，节气门的全关闭角度（节气门与进气流垂直方向的夹角）并不是0°，而是有2°的夹角，相应地节气门形状设计成椭圆形，节气门的开度范围为0° ~ 88°。静态时节气门并非完全关闭，靠复位弹簧保持在9°的开度。节气门开度为 θ 时，其有效面积为节气门在垂直于空气流动方向的投影面积。

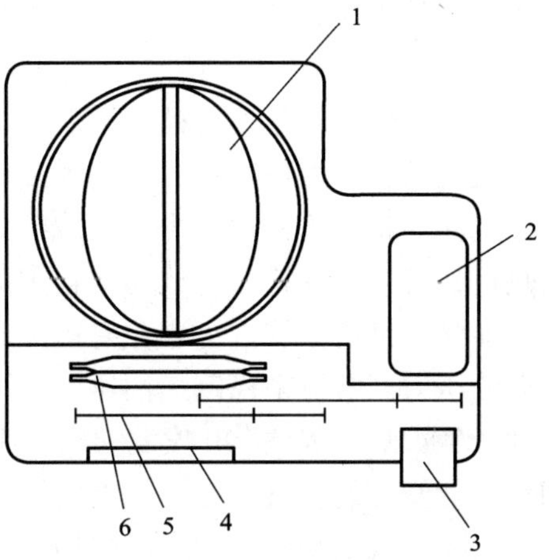

图 4-9 电子节气门的结构图

1—节气门；2—驱动电机；3—节气门引脚；4—节气门位置传感器；5—减速齿轮组；6—复位弹簧

2）驱动电机

用于节气门驱动的电机通常有步进电机和直流电机两种形式。步进电机具有较高的位置保持特性，但高速性能较差，而节气门要求有较高的动态响应性能，所以国外产品大多选用直流电机驱动。

3）节气门位置传感器

节气门位置传感器用于实时采集节气门开度，对闭环控制进行位置反馈，是节气门状态的唯一检测元件。电子节气门要求具有高度的可靠性，位置传感器采用了冗余设计，系统采用2个节气门位置传感器。为了精确控制电子节气门的开度，必须研究其位置传感器输出电压特性，找到输出电压与节气门位置之间的对应关系。软件编程时，要设计出节气门位置传感器故障判断和报警的程序，以提高系统的可靠性。

4）复位弹簧

静态时，节气门开度靠复位弹簧的扭矩保持在9°的开度，这个位置即是“跛行回家”位置。驱动电机断电，节气门在复位弹簧的作用下返回到“跛行回家”位置，使汽车能“跛行回家”。因而复位弹簧是电子节气门引入的机械保护装置，在静态位置前后的开度范围，复位弹簧的扭矩方向改变；且怠速时节气门的开度小于节气门的静态开度。因此，实际工作中，电子节气门的开度范围必然包含“跛行回家”位置。复位弹簧扭矩是电子节气门驱动电机的主要负载，这就要求电机扭矩能与之对应。

5）减速齿轮组

直流电机的扭矩通过减速齿轮组驱动节气门转轴。减速齿轮组使电机可以与节气门的转轴平行放置，使节气门尺寸减小，结构更加紧凑。此外，与没有减速齿轮的系统相比可以采用功率较小的电机。测得直流电机驱动齿轮齿数为12，中间过渡轮大齿轮齿数为60，小齿轮齿数为16，节气门转轴扇形齿轮齿数为56，则节气门转轴到电机转轴的传动比为17.5。

4.2 燃油供给系统

4.2.1 有回油燃油供给系统

电喷发动机燃油供给系统通过其燃油压力调节器稳定喷油压力，使电子控制系统只通过控制喷油器的喷油时间就可准确控制喷油量。燃油压力调节器有两种，一种是绝对压力调节器，它可使喷油器内的燃油压力保持恒定，但喷油器喷射压力会随进气歧管压力的变化而改变；另一种是相对压力调节器，它可使喷油器内的燃油压力随气管压力的变化而改变，以保证喷油器的喷油压力恒定。目前电喷发动机大都采用相对压力调节器，并通过回油管将多余的燃油送回油箱。这种被认为是很成熟的供油系统存在不足，通过回油管的回油吸收了发动机的热量并带入燃油箱而导致燃油箱中的燃油温度升高，这会对发动机造成不利的影响。采用无回油燃油供给系统则可避免有回油燃油供给系统的缺陷，但是，无回油燃油供给系统用绝对燃油压力调节器来稳定燃油压力，其喷油压力会随进气歧管压力而变，从而对喷油量控制精度产生影响。因此，电喷发动机采用的无回油燃油供给系统是根据进气歧管压力变化对喷油量进行修正的装置。

汽油喷射式发动机目前广泛采用的燃油供给系统，安装在燃油分配管附近的相对燃油压力调节器可根据时气歧管的压力来调整燃油分配管内的燃油绝对压力，从而使喷油器的喷油压力保持恒定。燃油压力调节器工作时的回油通过回油管流回到油箱，这种供油方式使得流回燃油箱的汽油有较多的时间与空间吸收发动机的热量，其温度较高，流入燃油箱后，将导致油箱内油温升高，因而带来如下问题：

(1)加速了油箱内燃油蒸发速度，使得油箱内蒸汽压力升高，增加了蒸发排放控制系统的工作负荷。

(2)热机启动时，由于泵入供油管路的汽油温度较高，部分汽油汽化而使喷油量减少，从而导致发动机的热启动性能较差。

此外，有回油管燃油供给系统由于回油经供油管路、燃油分配管后再经回油管路流回燃油箱，燃油运行损耗功率较大。

4.2.2 无回油燃油供给系统

1. 无回油燃油供给系统的结构特点

无回油燃油供给系统是将燃油泵、燃油滤清器及燃油调节器等均内置于燃油箱中，燃油压力调节器工作时的回油在油箱内完成回流，从燃油箱到燃油分配管只有一根供油管，燃油箱只有泵出的燃油而没有回流的燃油。这种燃油供给系统燃油箱内部采用绝对压力调节器，因此，燃油分配管内的压力是恒定的。能否采用相对压力调节器实现燃油供给系统无回油管化呢？如果采用相对压力调节器，则必须用真空管将进气歧管的压力引入燃油箱内的燃油压力调节器，真空管的空气吸收发动机的热量传入燃油箱，也会在一定程度上导致油箱内的油温升高。此外，多一根从发动机进气管到油箱的真空管，使燃油供给系统的结构复杂，因此，采用相对压力调节器的无回油燃油供给系统并不是理想的方案。

2. 无回油燃油供给系统优缺点分析

无回油燃油供给系统燃油箱由于没有回流的燃油，因而避免了高温回油导致油箱温度升高的问题，从根本上解决了有回油燃油供给系统的弊端。此外，无回油燃油供给系统减少了油箱外的连接件，降低了燃油的渗漏损失并便于安装。

无回油燃油供给系统的缺点是采用了绝对压力调节器，喷油压力将随进气歧管内的压力改变而变化，因此，控制系统必须根据进气管压力参数对喷油时间进行修正。此外，由于燃油滤清器及燃油压力调节器等均内置，在燃油箱容积一定的情况下减小了燃油存储容量，不能使用方便更换的燃油滤清器。分析无回油燃油供给系统的优缺点后可知，如果解决了进气歧管压力改变对空燃比的影响问题，使用无回油燃油供给系统显然要优于有回油燃油供给系统。

4.2.3　燃油供给系统故障诊断

1)燃油压力过高

原因分析：燃油压力调节器真空软管破裂；连接部位漏气；压力调节器失效(卡死、阻塞)；回油管堵塞或回油不畅。

对发动机工作的影响：发动机怠速过高，发动机油耗过高、混合气过浓，发动机启动时火花塞“淹死”，火花塞积炭严重，发动机排放超标，三元催化转换器发热。

2)燃油压力过低

原因分析：燃油压力调节器不良，燃油泵供油压力不足，燃油泵进油滤网堵塞。

对发动机工作的影响：冷车启动困难；热车启动困难；怠速不稳；运转无力，混合气过稀；加速失速，发动机回火，排气管放炮。

3)燃油压力不稳

原因分析：燃油压力调节器不良，燃油泵供油不足或进油滤网堵塞，燃油泵电路接触不良，燃油滤清器或输油管路堵塞。

对发动机的影响：怠速不稳，发动机运转不稳，加速无力发喘。

4)无油压

原因分析：燃油泵损坏；燃油电路短路，保护器烧断，燃油泵继电器烧蚀；燃油压力调节器损坏，燃油滤清器或输油管路堵塞。

对发动机的影响：发动机无法启动。

5)喷油器滴油

原因分析：喷油器阀芯关闭不严、发卡、锈蚀；喷油嘴积炭。

对发动机的影响：怠速不稳，启动困难，油耗过高，废气排放过高。

4.3　爆震传感器

4.3.1　爆震传感器概述

爆震是指燃烧室中，本应逐渐燃烧的部分混合气突然自燃的现象。爆震使发动机部件受高温、高压，会使燃烧室和冷却系统过热，严重的可使活塞顶部熔化。

点火时间过早是产生爆震的一个主要原因，图 4－10 所示为爆震与点火时刻、发动机扭矩的关系。发动机发出最大扭矩的点火时刻MBT是在开始产生爆震点火时刻(爆震极限)的附近。因此在设定点火时刻时，需要留有离开爆震界限的余量。无爆震控制时，所留余量应大些，这时的点火时刻比发出最大扭矩时的点火时刻滞后，所以扭矩有所降低。如果用爆震传感器能检测到爆震界限，那么就可以把点火时刻调到接近爆震极限的位置，以便能更有效地得到发动机的输出功率。爆震传感器检测发动机爆震时，一般安装在发动机的缸体上。

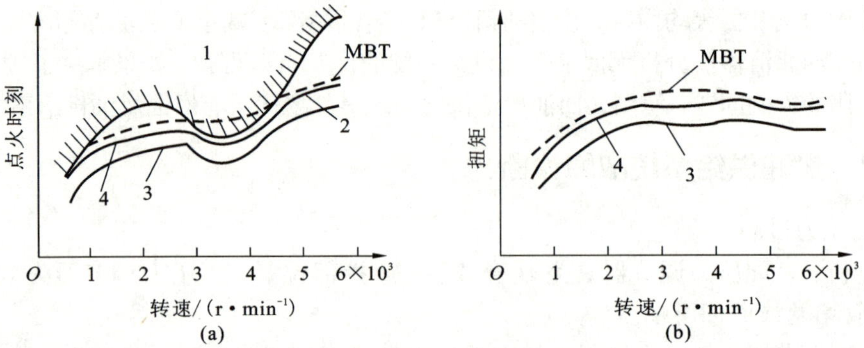

图4－10 点火时刻和爆震的关系

(a)爆震与点火时刻的关系；(b)爆震与发动机扭矩的关系

1—爆震范围；2—余量幅度；3—无爆震控制时；4—有爆震控制时

4.3.2 磁致伸缩式爆震传感器

图4－11所示为磁致伸缩式爆震传感器的结构，该传感器由壳体、永久磁铁、可被永久磁铁励磁的强磁体铁芯、缠绕在铁芯周围的线圈等构成。发动机爆震时产生的压力波频率范围为1～10 kHz。压力波传给气缸，当发动机缸体振动时，在7 kHz左右将发生共振，在强磁体铁芯上发生的压缩变形，将使其磁通量发生变化。这样，永久磁铁通过铁芯的磁场变化，使铁芯周围的感应电动势发生变化。

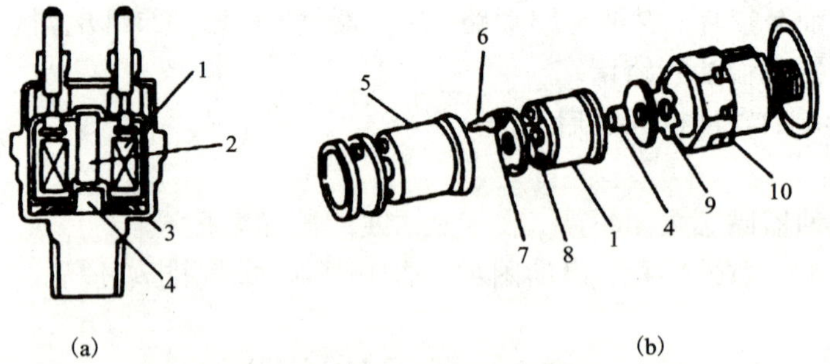

图4－11 磁致伸缩式爆震传感器结构

(a)剖视图；(b)零件图

1—线圈；2—铁芯；3—壳体；4—永久磁铁；5—软磁性壳；6—端子；7—绝缘体；8—磁致伸缩导杆；9—弹簧；10—支架

4.3.3 压电式爆震传感器

利用压电晶体的压电效应制成的爆震传感器，把爆震传到缸体上的机械振动转变成电信号，这种爆震传感器有共振型和非共振型两种。共振型爆震传感器，是由与爆震几乎具有相同共振频率的振子和能够检测振动压力并将其转换成电信号的压电元件构成，非共振型爆震传感器是用压电元件直接检测爆震信息。除此之外，还有在火花塞的热圈部位装上压电元件，根据燃烧压力检测爆震信息（见图 4 – 12）。

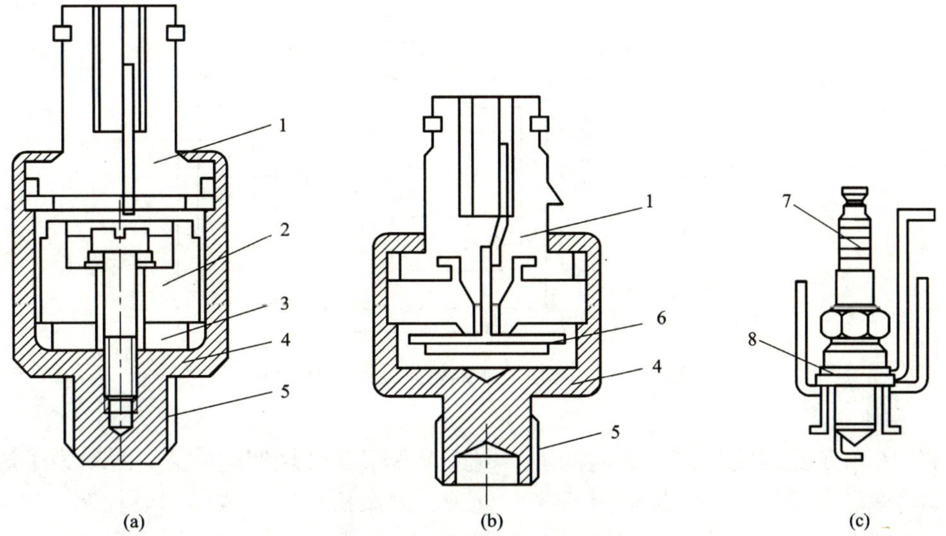

图 4 – 12　各种爆震传感器

(a)电器连接装置；(b)共振型；(c)火花塞座金属模型

1—电器连接装置；2—平衡块；3—压电元件；4—外壳；5—安装螺纹部；6—压电元件圆盘；7—火花塞；8—爆震传感器

图 4 – 13 所示为非共振型压电式爆震传感器的结构，该传感器由压电元件、平衡块及导线等构成。当发动机缸体的振动传到爆震传感器壳体时，壳体与平衡块之间产生相对运动，从而使夹在中间的压电元件所承受的推压力变化。于是随着压电元件承受推压作用力而产生电压。在控制组件上只检出频率达到 7 kHz 左右时爆震所产生的电压，通过该电压值的大小可判定爆震强度。爆震传感器由于结构不同、输出信号的频率有宽窄两种，如图 4 – 14(a)所示。

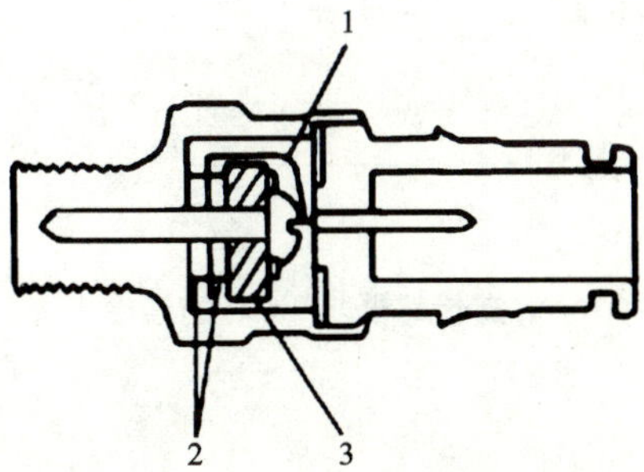

图 4 – 13　压电式爆震传感器结构

1—导线；2—压电元件；3—平衡块

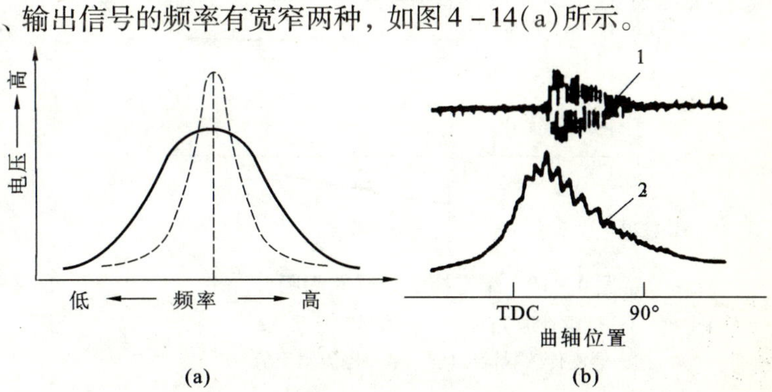

图 4 – 14　爆震传感器输出信号的类型

(a)输出信号类型；(b)共振型爆震传感器输出的波形

1—爆震传感器输出波形；2—燃烧压力波形

图4－14(b)所示为共振型爆震传感器的输出波形，如果发生爆震，燃烧期间的输出振幅将增大，把这期间的输出波形进行滤波处理，根据其阻值大小判定爆震的有无。图4－15所示为把爆震传感器的输出信号进行滤波处理并判定爆震有无的程序框图实例。

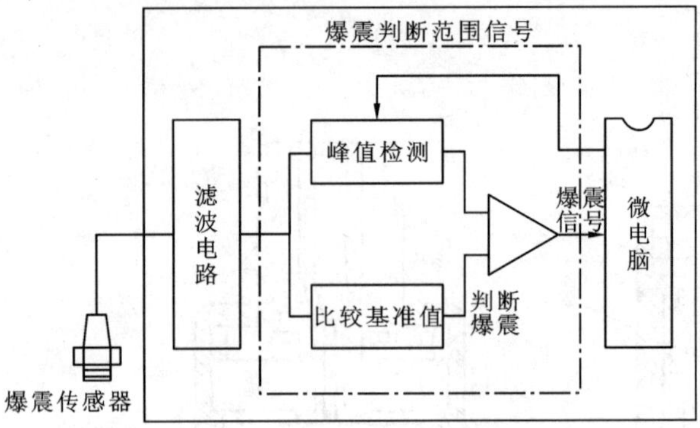

图4－15 爆震控制的输入处理回路实例

图4－16所示是爆震控制处理时间图。因为爆震仅在燃烧期间发生，所以为了避免干扰引起的误检测，只在爆震判定期间进行判定处理。由微机程序完成的爆震控制，在检测到爆震时，立即把点火时刻变成滞后角，在无爆震时，则采用提前角反馈控制形式，这是点火时刻控制中的追加机能。图4－17所示是爆震传感器与ECU的连接图。

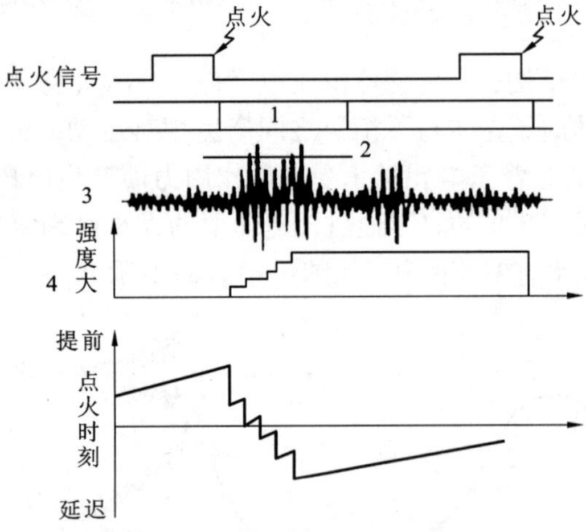

图4－16 爆震控制处理时间图

1—爆震判定期间；2—爆震判定基准值；
3—爆震传感器输出信号；4—爆震判定值

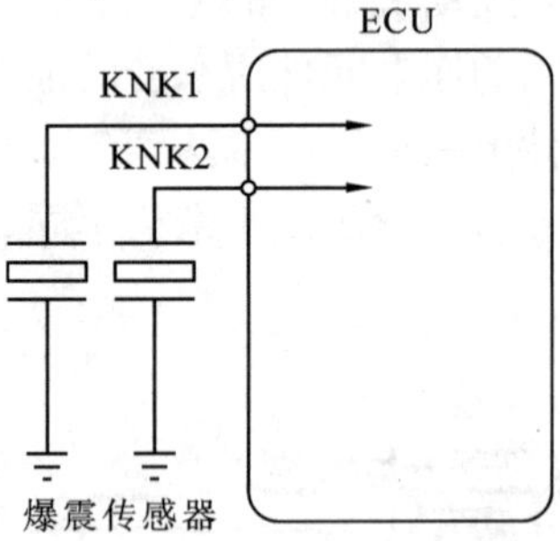

图4－17 爆震传感器与ECU的连接

项目实施

任务1　节气门位置传感器检测

一、开关式节气门位置传感器的检测与调整

1. 就车检查端子间的导通性

点火开关置于"OFF"位置，拔下节气门位置传感器连接器，在节气门限位螺钉和限位杆之间插入适当厚度的厚薄规；如图4－18所示，用万用表Ω挡在节气门位置传感器连接器上测量怠速触点和全负荷触点的导通情况。

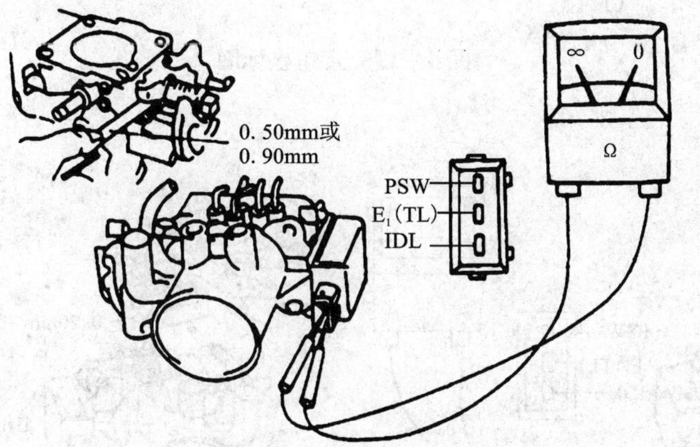

图4－18　节气门位置传感器端子间导通性检测

当节气门全闭时，怠速触点IDL应导通；当节气门全开或接近全开时，全负荷触点PSW应导通；在其他开度下，两触点均应不导通。具体情况如表4－1所示。否则，应调整或更换节气门位置传感器。

表4－1　端子间导通性检测要求(丰田1S－E和2S－E)

限位螺钉和限位杆之间的间隙	端子		
	IDL－E(TL)	PSW－E(TL)	IDL－PSW
0.5 mm	导通	不导通	不导通
0.9 mm	不导通	不导通	不导通
全开	不导通	导通	不导通

2. 节气门位置传感器的单体检测

如图4－19所示的直角坐标图，使节气门处于下列开度位置：有三元催化器的为71°或81°，无三元催化器的为41°或51°(节气门完全关闭时的度数为6°)。然后用万用表的Ω挡[如图4－20(a)所示]，检查每个端子间的导通性，其结果应如表4－2所示。

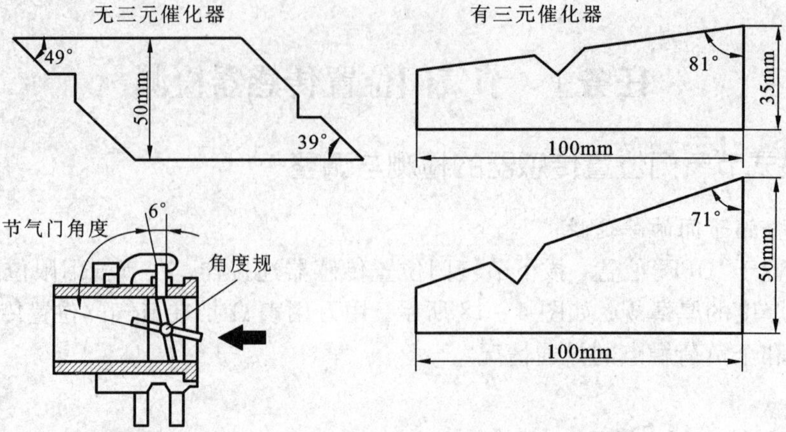

图 4－19 直角坐标图

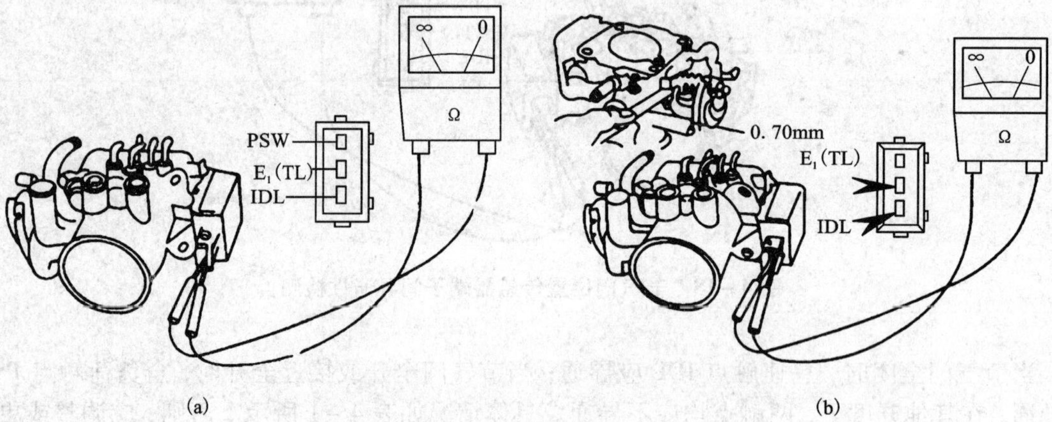

图 4－20 端子间导通性检测

(a)检查各端子间的导通性；(b)检查端子 IDL 与 E(TL)间的导通性

表 4－2 端子间的导通性检测要求

节气门开度	有三元催化器			节气门开度	无三元催化器		
	IDL－E (TL)	PSW－E (TL)	IDL－PSW		IDL－E (TL)	PSW－E (TL)	IDL－PSW
从垂直位置起 71°	不导通	不导通	不导通	从垂直位置起 41°	不导通	不导通	不导通
从垂直位置起 81°	不导通	导通	不导通	从垂直位置起 51°	不导通	导通	不导通
从垂直位置起 51°	导通	不导通	不导通	从垂直位置起 7.5°	导通	不导通	不导通

3. 开关量输出型节气门位置传感器的调整

如果检查结果不符合要求可进行如下调整：松开节气门位置传感器的两个固定螺钉，在节气门限位螺钉和限位杆之间插入0.7 mm(丰田1G－EU车为0.55 mm)的厚薄规，并将万用表挡的接头连接节气门位置传感器端子IDL和E(TL)[图4－20(b)]，逆时针平稳地转动节气门位置传感器，直到万用表有读数显示，并用两只螺钉固定；然后再换用0.50 mm或0.90 mm(丰田1G－EU车为0.44 mm或0.66 mm)的厚薄规，再检查端子IDL－E(TL)之间的导通性：限位杆和限位螺钉之间的间隙为0.5 mm(丰田1G－EU车为0.44 mm)时导通(万用表读数为0)；间隙为0.9 mm(丰田1G－EU车为0.66 mm)时不导通(万用表欧姆挡读数为∞)。

二、模拟式节气门位置传感器的检查与调整(以皇冠3.0为例)

1. 电阻的检测

怠速触点导通性检测点火开关置于“OFF”位置，拔去节气门位置传感器的导线连接器，用万用表欧姆挡在节气门位置传感器连接器上测量怠速触点IDL的导通情况(图4－21)。当节气门全闭时，IDL－E_2端子间应导通(电阻为0)；当节气门打开时，IDL－E_2端子间应不导通(电阻为∞)，否则应更换节气门位置传感器。

点火开关置于“OFF”位置，拔下节气门位置传感器的导线连接器，用万用表的欧姆挡测量线性电位计的电阻(图4－22中E_2与IDL、V_{TA}、V_C各端子之间的电阻)，该电阻应能随节气门开度增大而呈线性增大。在节气门限位螺钉和限位杆之间插入适当厚度的厚薄规，用万用表欧姆挡测量此传感器导线连接器上各端子间的电阻，其电阻值应符合表4－3所示。

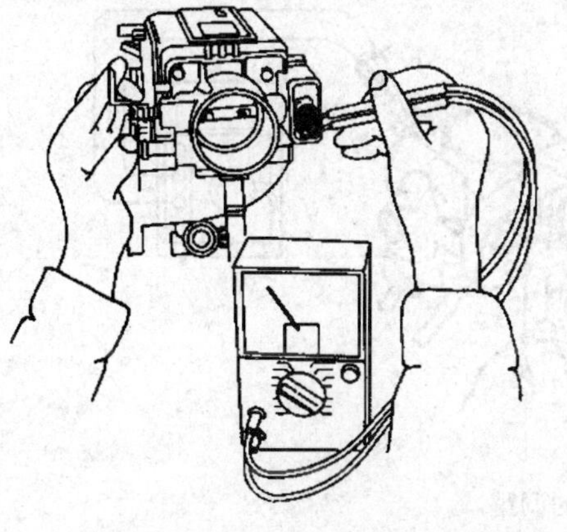

图4－21　检查怠速触点的导通情况

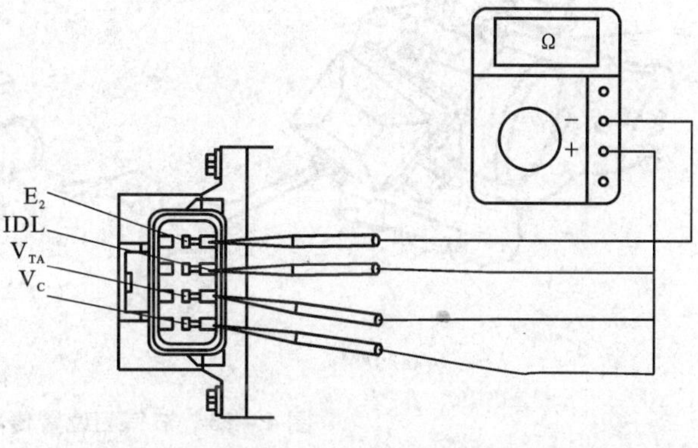

图4－22　四线模拟式节气门位置传感器的检测

表4－3　四线模拟式节气门位置传感器各端子间的电阻(皇冠3.0车)

限位螺钉与限位杆间隙(或节气门开度)	端子名称	电阻值
0 mm	V_{TA}－E_2	0.34～6.30 kΩ
0.45 mm	IDL－E_2	0.50 kΩ或更小
0.55 mm	IDL－E_2	∞
节气门全开	V_{TA}－E_2	2.40～11.20 kΩ
—	V_C－E_2	3.10～7.20 kΩ

2. 电压的检测

插好节气门位置传感器的导线连接器，当点火开关置于“ON”位置时，发动机 ECU 连接器上 IDL、V_C、V_{TA}三个端子处应有电压；用万用表电压挡检测 IDL – E_2、V_C – E_2、V_{TA} – E_2间的电压值应符合表 4 – 4 所示。

表 4 – 4　节气门位置传感器各端子电压

端子	条件	标准电压
IDL – E_2	节气门全开	9 ~ 14 V
V_C – E_2	—	4.0 ~ 5.5 V
V_{TA} – E_2	节气门全闭	0.3 ~ 0.8 V
	节气门全开	3.2 ~ 4.9 V

3. 模拟式节气门位置传感器的调整

拧松节气门位置传感器的两个固定螺钉[图 4 – 23(a)]，在节气门限位螺钉和限位杆之间插入 0.50 mm 厚薄规，同时用万用表欧姆挡测量 IDL 和 E_2的导通情况[图 4 – 23(b)]。

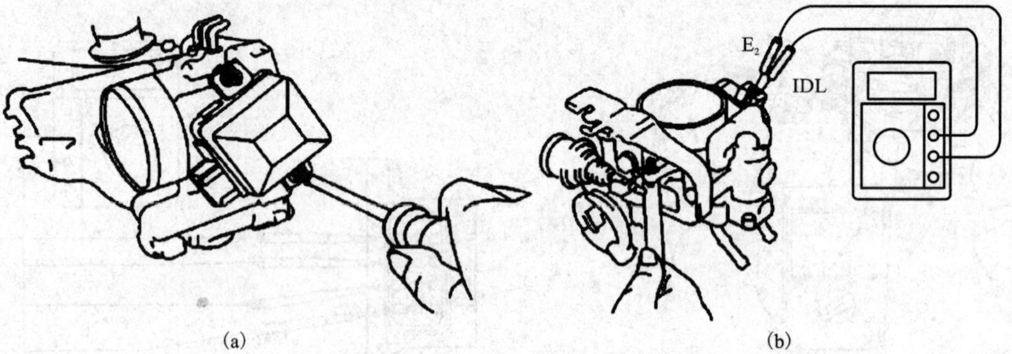

(a)　　(b)

图 4 – 23　节气门位置传感器的调整

(a) 拧松固定螺钉；(b) 测量端子 IDL 和 E_2 导通情况

逆时针转动节气门位置传感器，使怠速触点断开，然后按顺时针方向慢慢转动节气门位置传感器，直至怠速触点闭合为止(万用表有读数显示)。拧紧节气门位置传感器的两个固定螺钉，再先后用 0.45 mm 和 0.55 mm 的厚薄规插入节气门限位螺钉和限位杆之间，测量怠速触点 IDL 和 E_2之间的导通情况。当厚薄规为 0.45 mm 时，IDL 和 E_2端子间应导通；当厚薄规为 0.55 mm 时，IDL 和 E_2端子间应不导通。否则，应重新调整节气门位置传感器。

任务 2　燃油压力检测

通过检测发动机运转时燃油管路内的油压，可以判断电动燃油泵、油压调节器有无故障、燃油滤清器是否堵塞等。

一、检测前的准备

(1)松开油箱加油盖，释放油箱中的蒸气压力，并检查油箱内燃油量，确保燃油是正常。

(2)释放燃油系统压力。在发动机运转中拔下燃油泵继电器(或拔下燃油泵电源插头)，待发动机自动熄火后，再启动发动机2~3次，直到不能启动着火为止。然后关闭点火开关，接上燃油泵继电器(或插上燃油泵电源接线)。

(3)检查蓄电池电压，蓄电池应正常，然后拆下蓄电池负极搭铁线。

(4)连接专用压力表。有油压检测孔的可直接将油压表接在油压检测孔上；无油压检测孔时，可断开进油管，将三通管接头及油压表安装在系统管路中(图4-24)。

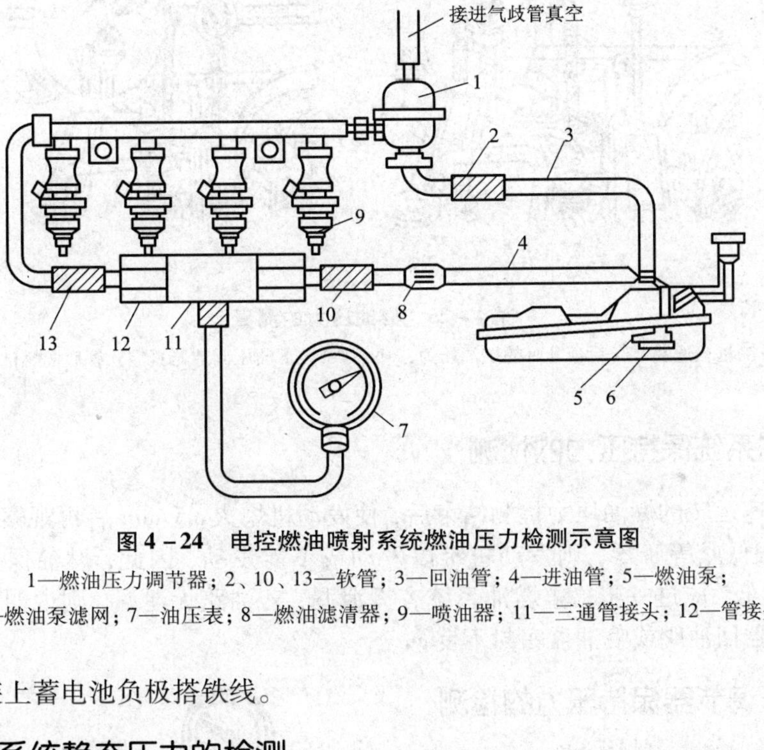

图4-24　电控燃油喷射系统燃油压力检测示意图

1—燃油压力调节器；2、10、13—软管；3—回油管；4—进油管；5—燃油泵；6—燃油泵滤网；7—油压表；8—燃油滤清器；9—喷油器；11—三通管接头；12—管接头

(5)重新装上蓄电池负极搭铁线。

二、燃油系统静态压力的检测

(1)用导线在检测插座上短接电动燃油泵端子和电源端子；

(2)打开点火开关而不启动发动机，使电动燃油泵运转；

(3)检测油压，其压力表读数即为系统的静态燃油压力。其正常油压约为300 kPa。若油压过高，应检查油压调节器；若油压过低，应检查油路有无泄漏(电动燃油泵、燃油滤清器和油压调节器)。

(4)关闭点火开关，拔掉电动燃油泵检测插座的短接线。

三、发动机运转时燃油压力的检测

(1)启动发动机，使发动机怠速运转；

(2)检测油压，其压力表读数即为发动机怠速运转的燃油压力；

(3)缓慢开大节气门，在节气门全开时检测油压，其压力表读数即为节气门全开时的燃油压力。

(4)发动机怠速运转，拔下燃油压力调节器上的真空软管并用手堵住，再检测其燃油压力。该压力应与节气门全开时的燃油压力基本相等(通常多点喷射系统压力为250～350 kPa)。

不同车型燃油系统的燃油压力各不相同，具体应参阅车型维修手册。若测得油压过高，应检查回油管路是否堵塞，真空软管是否破裂，若回油管路、真空软管正常，则应检查油压调节器；若测得的油压过低，应检查燃油系统有无泄漏，燃油泵滤网、燃油滤清器和燃油管路是否堵塞，若无泄漏和堵塞故障，应检查燃油泵及油压调节器。

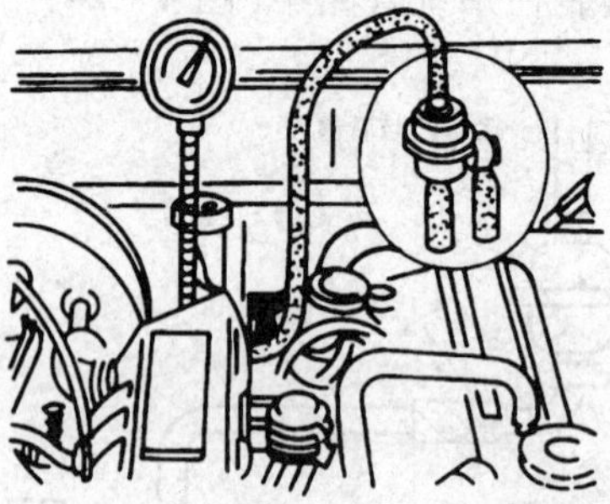

(a)

(b)

图4－25 燃油压力的测量

(a)测量怠速及节气门全开时的燃油压力；(b)测量拔下油压调节器真空软管后的燃油压力

四、燃油系统保持压力的检测

发动机怠速运转的燃油压力检测结束后，使发动机熄火，5 min后再观察油压表的油压。(若保持压力很低或等于零，则发动机难以发动或不能发动，因此，燃油保持压力应≥147 kPa，若油压过低，应进一步检查燃油系统有无泄漏；若油路无泄漏，则说明燃油泵出油阀、燃油压力调节器回油阀或喷油器密封不良。

五、油压调节器保持压力的检测

当燃油系统保持压力低于标准值(147 kPa)，而怀疑是油压调节器故障引起时，需做此项检查。检测方法如下：

(1)用导线在检测插座上短接电动燃油泵端子和电源端子；

(2)打开点火开关而不启动发动机，使电动燃油泵运转10 s左右时间；

(3)关闭点火开关，拔去电动燃油泵检测插座上的短接导线；

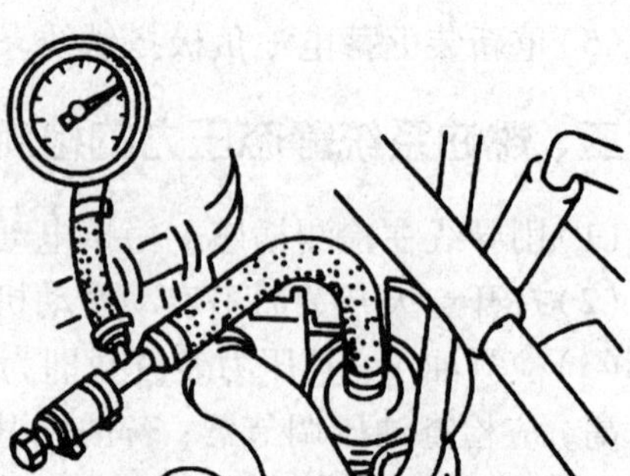

图4－26 测量汽油泵的最大压力和保持压力

(4)夹紧油压调节器回油管上的软管，堵住回油通道；

(5)5 min后观察油压表的压力，该压力称为油压调节器的保持压力。

分析：若燃油系统保持压力低于标准而油压调节器保持压力又大于燃油系统保持压力，则说明油压调节器回油阀有泄漏；若调节器保持压力仍然与燃油系统保持压力相同，则说明燃油系统保持压力过低的原因可能是燃油泵、喷油器、油管有泄漏。

六、燃油泵最大压力和保持压力的检测

当燃油泵的保持压力及运转压力低于标准值而怀疑是燃油泵故障引起时，需要检测此项目。其检测方法如下：

(1)夹紧通往喷油器的软管，堵死燃油的输出通道。

(2)用短导线在检测插座上短接电动燃油泵端子和电源端子。

(3)打开点火开关而不启动发动机，使电动燃油泵运转 10 s 左右时间，此时燃油压力表的读数即为燃油泵的最大压力。

(4)关闭点火开关，拔去燃油泵检测插座上的短接导线。

(5)5 min 后再观察压力表的压力，此值为电动燃油泵的保持压力。

分析：车型不同，燃油泵的最大压力和保持压力标准也不一样。通常燃油泵的最大压力标准为 490 ~ 640 kPa，保持压力应大于 340 kPa。

七、检测后的燃油系统复装

(1)释放燃油系统的油压；

(2)拆下蓄电池负极搭铁线。

(3)拆下油压表；

(4)重新装好油管接头。

(5)接好蓄电池负极搭铁线。

(6)进行燃油系统油压的预置：在检测插座上用导线短接燃油泵端子和电源端子，打开点火开关而不启动发动机，使油泵工作约 10 s，然后关闭点火开关，拆下导线。

(7)检查油管各处有无泄漏。

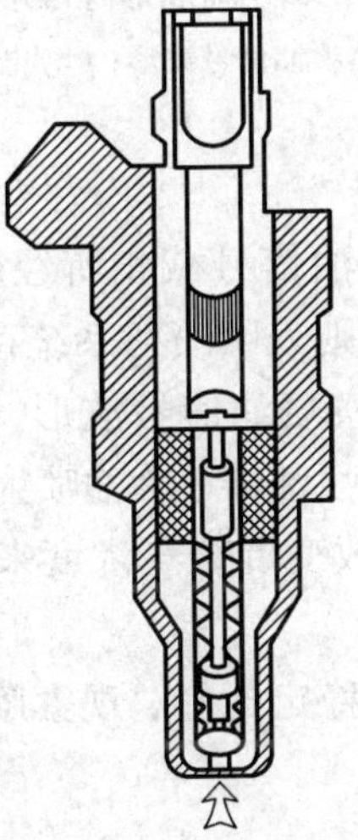

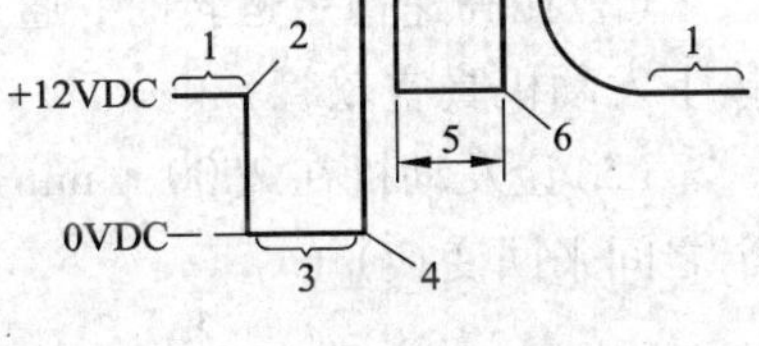

图 4－27　喷油器标准喷油信号波形

八、喷油控制器信号波形的检测

对于电控燃油喷射系统，燃油压力由调节器控制，使其与进气歧管的压力之差为恒定值，则从喷油器喷出的燃油量仅取决于喷油器的开启时间，该时间是由微处理器发出的喷油控制信号决定。

1. 喷油信号波形检测

拆开喷油器电路插头，串入专用检测接头。

2. 标准喷油信号波形

1——喷油器关闭时系统电压信号(12 V 左右)；

2——开始喷油时刻(电压迅速下降接近 0 V)；

3——基本喷油持续期(喷油器针阀升程约 0.1 mm、持续时间为 0.8 ~ 1.1 ms；决定于空

气流量、发动机温度、进气温度、进气压力等)；

4——基本喷油信号终止时刻(喷油器线圈因自感而产生约35 V的电压脉冲)；

5——补偿加浓期(持续时间1.2~2.5 ms，取决于转速、负荷、进气歧管压力等)；

6——补偿加浓喷油信号终止时刻(在喷油器线圈中产生自感电压脉冲，一般为30 V)。

标准喷油信号波形是指电控燃油喷射系统工作正常时，喷油控制信号电压随时间变化的波形是不解体动态检测电控燃油喷射系统的诊断标准。(电压驱动式与电流驱动式原理及波形图略有不同)

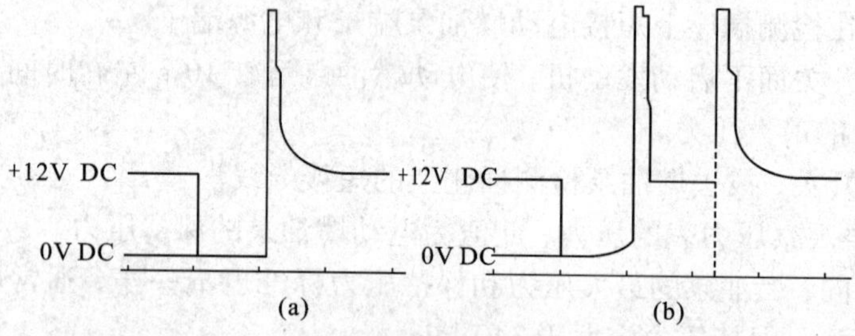

图4-28 喷油器标准喷油信号波形

(a)电压驱动式喷油器喷油信号波形；(b)电流驱动式喷油器喷油信号波形

3. 喷油信号波形诊断

喷油脉宽：喷油信号开始至喷油信号截止所经历的时间。喷油脉宽越宽，喷油量越大。当检测的喷油脉宽与标准不同时，则表明喷射系统存在故障。

(1)在怠速、高速及加速时观察喷油信号波形，正常时喷油脉宽应随转速的提高、节气门的加大而相应增加，否则可能是喷油器、燃油喷射控制系统及氧传感器存在故障。

(2)在高速稳定运转时，通过改变混合气浓度来观察喷油信号波形。(进气管加入丙烷、拔下发动机真空软管)

(3)让发动机在2500 r/min下稳定运转，观察喷油信号波形。(喷油脉宽应在稍宽与稍窄之间来回变换)

任务3 爆震传感器检测

点火过早，排气再循环不良，低标号燃油等原因引起的发动机爆震会造成发动机损坏。爆震传感器向电脑(有的通过点控制模块)提供爆震信号，使得电脑能重新调整点火正时以阻止进一步爆震。它们实际上是充当点火正时反馈控制循环的“氧传感器”角色。

一、爆震传感器电阻的检测

点火开关置于“OFF”位置，拔开爆震传感器导线接头，用万用表欧姆挡检测爆震传感器的接线端子与外壳间的电阻，应为∞(不导通)；若为0欧姆(导通)则须更换爆震传感器。

对于磁致伸缩式爆震传感器，还可应用万用表欧姆挡检测线圈的电阻，其阻值应符合规定值(具体数据见具体车型维修手册)，否则更换爆震传感器。

拔开爆震传感器的连接插头，在发动机怠速时用万用表电压挡检查爆震传感器的接线端子与搭铁间的电压，应有脉冲电压输出。如没有，应更换爆震传感器。

二、爆震传感器输出信号的检测

爆震传感器安放在发动机体或气缸的不同位置。当振动或敲缸发生时，它产生一个小电压峰值，敲缸或振动越大，爆震传感器产主峰值就越大。一定高的频率表明是爆震或敲缸，爆震传感器通常设计成测量 5 至 15 千赫范围的频率。当控制单元接收到这些频率时，电脑重新修正点火正时，以阻止继续爆震，爆震传感器通常十分耐用，所以传感器只会因本身失效而损坏。

1. 测试传感器方法 1

对发动机加载，看示波器显示。波形的峰值电压（峰高度或振幅）和频率（振荷的次数）将随发动机的负载和每分钟转速而增加，如果发动机因点火过早、燃烧温度不正常、排气再循环不正常流动等引起爆燃或敲击声，其幅度和频率也增加。为做关于爆震传感器的试验，必须改变示波器的电压分度至 50mV/分度。

2. 测试传感器方法 2

打开点火开关，不启动发动机，用一些金属物敲击发动机（在传感器附近地方）。在敲击发动机体之后，紧接着在示波器显示上应有一振动，敲击越重，振动幅度就越大。从一种形式的传感器至下一种传感器的峰值电压将有些变化。

爆震传感器是极耐用的。最普通的爆振传感器失效的方式是传感器根本不产生信号——这通常是因为某些东西碰伤，它会造成传感器物理损坏（在传感器内晶体断裂，这就是使它不能使用）。波形显示只是一条直线，但如果你转动发动机或敲击传感器时的波形是平线，检查传感器和示波器的连接，确定该回路没有接地，然后再判断传感器。

项目小结

1. 发动机加速不良故障现象

踩下加速踏板后发动机转速不能马上升高，有迟滞现象，加速反应迟缓，或在加速过程中发动机转速有轻微的波动，或出现“回火”、“放炮”现象。

2. 发动机加速不良故障原因

加速不良的原因主要是空燃比不当，点火性能和密封性能变差。

(1) 稀混合气，燃油泵油压低，喷油器、燃油滤清器、进气歧管真空泄漏等。

(2) 节气门位置传感器或空气流量传感器、进气歧管绝对压力传感器故障。

(3) 点火提前角不正确。

(4) 火花塞或高压线不良、高压火花弱。

(5) 排气再循环系统工作不良。

(6) 排气管有堵塞现象。

3. 发动机加速不良故障诊断与排除

(1) 进行故障自诊断，检查有无故障码。空气流量传感器、节气门位置传感器等故障都会影响发动机的加速性能。有专用诊断仪的还需要观察动态数据流，按故障码和动态数据查找故障原因。

(2) 检查点火正时。怠速时通常为 10° ~ 15°，或按维修手册规定。如不正确，应调整发动机的初始点火提前角。加速时点火提前角应能自动加大到20°～30°。如有异常，应检查点火控制系统。

(3)测量各缸高压线电阻并拆检各缸火花塞。若大于25 kPa，或高压线外表面有漏电痕迹，应更换。观察火花塞间隙和颜色，调整间隙或更换火花塞。必要时用点火示波器检查点火系统波形，确认有无故障。

(4)检查进气系统有无漏气。用真空表测量并结合在进气歧管附近喷化油器清洗剂的方法检查是否漏气。

(5)检查燃油压力。怠速时燃油压力应为250 kPa左右或符合原厂规定，加速时应上升至300 kPa左右或符合原厂规定。如油压过低，需检查油压调节器、燃油滤清器、燃油泵等。

(6)用示波器检查空气流量传感器、节气门位置传感器的输出电压波形，如有异常，应更换。

(7)拆卸、清洗各喷油器。检查喷油器在加速工况下的喷油量。如有异常，应更换喷油器。

(8)检查废气再循环系统的工作情况。

(9)检查排气管是否有堵塞现象。

以上程序须全部检查完成，确保排除同时存在几个故障原因的故障。

任务工单

工单 4.1　节气门传感器检修

任务名称	节气门传感器检修	课 时	4	班 级	
学生姓名		学生组号		任务成绩	
实训设备		实训场地		日 期	
学习任务	1. 学习节气门传感器的结构和工作原理 2. 熟练使用万用表检测 3. 学会对节气门传感器的检测方法				
任务目的	学会对节气门传感器的检测				

第一部分：知识准备

1. 发动机上节气门位置传感器的作用是____。

2. 节气门位置传感器分为________________、________________两种，其中________________是现在常用的节气门位置传感器。

3. 三线、四线式线性节气门位置传感器电路图为：

4. 简答四线式节气门位置传感器的工作原理。

第二部分：分析决策

请根据任务要求，确定所需要的检测仪器、工具，制订详细的作业计划。

1. 需要的检测仪器、工具和设备

2. 作业计划

3. 作业中的注意事项

第三部分：操作实施

线性节气门位置传感器检测。

1. 怠速触点导通性检测

点火开关置于________位置，拔下节气门位置传感器的导线连接器，用万用表________挡在节气门位置传感器连接器上测量怠速触点 IDL 的导通情况。当节气门全闭时，IDL – E_2 端子间应________（电阻为________）；当节气门打开时，IDL – E_2 端子间应________（电阻为________）。否则应更换节气门位置传感器。

2. 测量线性电位计的电阻

点火开关置于"OFF"位置，拔下节气门位置传感器的导线连接器，用万用表的欧姆挡测量线性电位计的电阻，该电阻应能随节气门开度增大而________。在节气门限位螺钉和限位杆之间插入适当厚度的厚薄规，用万用表欧姆挡测量此传感器导线连接器上各端子间的电阻。

	端子名称	电阻值
0 mm	VTA - E_2	________
0.45 mm	IDL - E_2	________
0.55 mm	IDL - E_2	________
节气门全开	VTA - E_2	________
VC - E_2		________

3. 电压检查

插好节气门位置传感器的导线连接器，当点火开关置于________位置时，发动机 ECU 连接器上 IDL、VC、V_{TA}三个端子处应有电压；用万用表电压挡检测 IDL - E_2、VC - E_2、V_{TA} - E_2 间的电压值。

端子	条件	标准电压
IDL - E_2	节气门全开	________
VC - E_2		________
V_{TA} - E_2	节气门全闭	________
	节气门全开	________

4. 节气门位置传感器的调整

拧松节气门位置传感器的固定螺钉，在节气门限位螺钉和限位杆之间插入 0.50 mm 厚薄规，同时用万用表欧姆挡测量 IDL 和 E_2 的导通情况。逆时针转动节气门位置传感器，使怠速触点断开，然后按顺时针方向慢慢转动节气门位置传感器，直至怠速触点闭合为止(万用表有读数显示)，拧紧节气门位置传感器的两个固定螺钉。再先后用 0.45 mm 和 0.55 mm 的厚薄规插入节气门限位螺钉和限位杆之间，测量怠速触点 IDL 和 E_2 之间的导通情况。当厚薄规为 0.45 mm 时，IDL 和 E_2 端子间应________；当厚薄规为 0.55 mm 时，IDL 和 E_2 端子间应________。否则，应重新调整节气门位置传感器。

第四部分：检查评估

1. 请根据自己任务完成的情况，对自己的工作进行自我评估，并提出改进意见。

2. 教师对小组工作情况进行评估，并进行点评。

3. 成绩评定：

小组对本人的评定：________________

教师对小组的评定：________________

学生本次任务成绩：________________

第五部分：任务拓展

示波器检测传感器输出波形

工单 4.2　燃油压力检测

任务名称	油压检测	课 时	4	班 级	
学生姓名		学生组号		任务成绩	
实训设备	6 台轿车	实训场地		日 期	
学习任务	1. 燃油压力调节器的组成及工作原理。 2. 燃油压力的检测。 3. 油压表的使用。				
任务目的	学会对燃油压力的检测				

第一部分：知识准备

1. 燃油压力调节器的作用是____。

2. 燃油压力调节器由______________、______________、______________和外壳组成。

3. 燃油压力调节器的工作原理是____。

4. 燃油压力调节器的主要故障是________________________________。

5. 燃油导轨的作用是________________________________。

6. 燃油压力调节器和燃油脉动衰减器一般安装在________________________上。

7. 燃油系统的压力释放目的是____。

8. 燃油系统压力预置目的是____。

第二部分：分析决策

请根据任务要求，确定所需要的检测仪器、工具，制订详细的作业计划。

1. 需要的检测仪器、工具和设备

2. 作业计划

3. 作业中的注意事项

第三部分：操作实施

燃油压力的检测。

1．简述燃油系统的压力释放方法：

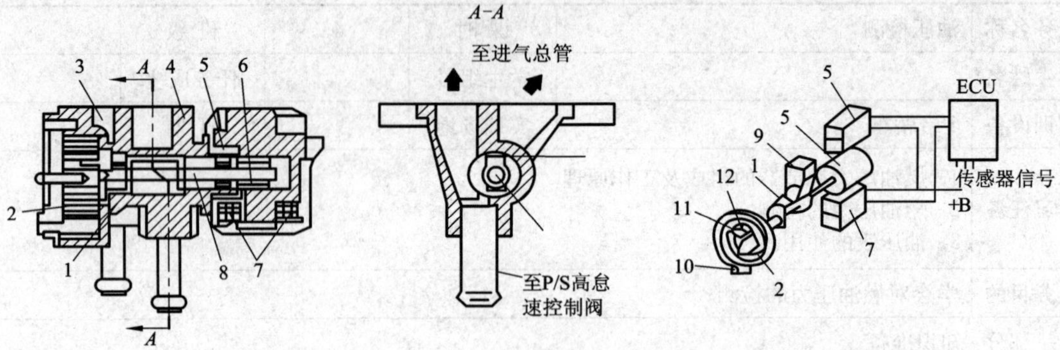

2．燃油系统压力预置方法有哪些？

3．简述燃油系统压力测试的步骤：

第四部分：检查评估

1. 请根据自己任务完成的情况，对自己的工作进行自我评估，并提出改进意见。

2．教师对小组工作情况进行评估，并进行点评。

3．成绩评定：

小组对本人的评定：________________

教师对小组的评定：________________

学生本次任务成绩：________________

第五部分：任务拓展

请介绍汽车无回流燃油系统：

工单 4.3　爆震传感器的检修

任务名称	爆震传感器的检修	课 时	4	班 级	
学生姓名		学生组号		任务成绩	
实训设备	电控发动机 6 台	实训场地	发动机 电控实训室	日 期	
学习任务	1. 爆震传感器的种类及结构。 2. 爆震传感器的工作原理。				
任务目的	请制订工作计划，叙述爆震传感器的工作原理。				

第一部分：知识准备

1. 爆震是指____。
2. 汽车的不正常燃烧主要有______________和______________。
3. 汽车的实际点火提前角 = ______________ + ______________ + ______________。
4. 爆震传感器的安装位置在______________。
5. 爆震传感器的类型主要有______________、______________两种。
6. 用方框图说明爆震传感器的工作原理。

第二部分：分析决策

请根据任务要求，确定所需要的检测仪器、工具，并对小组成员进行合理分工，制订详细的作业计划。

1. 需要的仪器、工具和设备

2. 小组成员分工（工作计划）

3. 任务实施（作业计划）

4. 作业中的注意事项

第三部分：操作实施

1. 爆震传感器工作过程的阐述

(1)爆震发生的原因：

(2)爆震的控制原理：

第四部分：检查评估

1. 爆震传感器结构掌握情况：

2. 爆震传感器控制电路的检测掌握情况：

第五部分：任务拓展

爆震传感器的检测方法。

习题

一、填空题

1. 喷油器的喷油量取决于喷油器的____________、____________和____________。

2. 电子燃油控制系统由____________、____________、____________子系统组成。

3. 多数车型使用________________________的节气门位置传感器。

4. 燃油喷射系统按喷油器数目分类，可分为____________、____________。

5. 喷油器的驱动形式可分____________和 ____________驱动。

6. TPS 是________________传感器的英文缩写。

7. 通常将喷油量分成____________、____________两部分。

8. 节气门位置传感器有____________输出和____________输出等两种类型

9. 传感器输出波形信号通常分为____________、____________和____________信号。

10. ____________是爆燃控制系统的主要元件，其功能是____________。

二、判断题

1. 最佳点火提前角，随发动机的转速和混合气燃烧速度而变化。（　）

2. 采用燃油喷射方式供油时，是以直接或间接的方法测量发动机吸入的空气量，再根据空气量及该工况所需的最佳空燃比确定燃油供给量，经喷油器将加压燃油喷射出。（　）

3. 如点火提前角过大，混合气的燃烧在压缩行程中进行，气缸内的燃烧气体压力急剧上升，会给正在上行的活塞造成一短时间的增力，使发动机功率上升，而且爆震严重。（　）

4. 点火提前角太小会引起发动机过热。（　）

5. 调整点火正时会影响发动机的转速，因此，在调整点火正时后应检查发动机的转速。（　）

6. 爆震传感器输出的信号频率与发动机振动频率是不一致的。（　）

7. 采用爆震传感器来进行反馈控制，可使点火提前角在不发生爆震的情况下尽可能地增大。（　）

8. 节气门位置传感器主要用于检测节气门开度信号，反映各种工况信息。（　）

9. 为了检测实际空燃比，在排气管内设置了爆震传感器。（　）

10. 当发动机产生爆震时，ECU 控制点火系统延迟点火提前角。（　）

三、单项选择题

1. 讨论传感器时，甲说随着节气门开度增加，节气门位置传感器输出电压升高；乙说节气门位置传感器电压信号把节气门打开的速度告诉计算机。试问谁正确？（　）

A. 甲正确　　B. 乙正确

C. 两人均正确　　D. 两人均不正确

2. 在讨论传感器线圈工作时，甲说当磁阻轮凸齿对准传感器线圈时，传感器线圈磁场强度增大；乙说当磁组轮凸齿离开传感器线圈中心线时，传感器线圈磁场强度增大。试问谁正确？（　）

A. 甲正确　　B. 乙正确

C. 两人均正确　　D. 两人均不正确

3. 在讨论电子燃油喷射原理时，技师甲说计算机利用 TPS（节气门位置传感器）和 ECT

(水温传感器)两传感器信号确定进入发动机的空气量；技师乙说计算机利用TPS传感器和氧传感器信号确定进入发动机的空气量。试问谁正确？(　　)

A. 甲正确　　B. 乙正确

C. 两人均正确　　D. 两人均不正确

4. 在讨论燃油压力调节器时，技师甲说在SFI(电子燃油喷射)系统中，无论节气门开度如何，压力调节器都保持相同的油压；技师乙说在SFI系统中，与压力调节器相连的进气管真空度在节气门大开度时导致较高的燃油压力。试问谁正确？(　　)

A. 甲正确　　B. 乙正确

C. 两人均正确　　D. 两人均不正确

5. 在讨论无回油燃油系统时，技师甲说在无回油系统中，压力调节器安装在公共燃油通道上；技师乙说在某些无回油系统中，滤清器和压力调节器组合成一体。试问谁正确？(　　)

A. 甲正确　　B. 乙正确

C. 两人均正确　　D. 两人均不正确

6. 讨论喷油器脉冲宽度时，技师甲说当PCM模块增加喷油器脉冲宽度时，空燃比变浓；技师乙说当发动机转速增加时，PCM模块将降低喷油器脉冲宽度。试问谁正确？(　　)

A. 甲正确　　B. 乙正确

C. 两人均正确　　D. 两人均不正确

7. 在讨论点火正时控制系统时，技师甲说爆震传感器中有一个压电元件；技师乙说爆震传感器信号先送到PCM模块然后送到爆震传感器模块。试问谁正确？(　　)

A. 甲正确　　B. 乙正确

C. 两人均正确　　D. 两人均不正确

8. 在讨论喷油器的清洗时，技师甲说在清洗喷油器期间，必须切断燃油的回油管路；技师乙说在清洗喷油器期间，应该关断电动燃油泵。试问谁正确？(　　)

A. 甲正确　　B. 乙正确

C. 两人均正确　　D. 两人均不正确

9. 在讨论节气门位置传感器故障诊断时，技师甲说节气门位置传感器的电压信号应该从怠速时的1 V平稳地上升到节气门全开时的6 V；技师乙说节气门位置传感器故障将导致怠速转速偏移。试问谁正确？(　　)

A. 甲正确　　B. 乙正确

C. 两人均正确　　D. 两人均不正确

10. 在讨论节气门位置传感器故障诊断时，技师甲说四线型节气门位置传感器包含一个怠速开关；技师乙说在节气门处于怠速位置时可以把节气门位置传感器的固定螺钉松开，转动传感器壳体，以调节电压信号。试问谁正确？(　　)

A. 甲正确　　B. 乙正确

C. 两人均正确　　D. 两人均不正确

11. 在讨论发动机爆震传感器的维修与故障诊断时，技师甲说如果发动机爆震传感器的固定力矩大于规定值，传感器的灵敏度将下降，技师乙说如果发动机爆震传感器的固定力矩大于规定值，传感器将过于敏感，导致点火提前角变小。试问谁正确？(　　)

A. 甲正确　　　　B. 乙正确

C. 两人均正确　　　　D. 两人均不正确

12. 在讨论燃油系统维修时，技师甲说在拆下燃油系统附件之前，必须先释放燃油系统的压力；技师乙说释放燃油系统的压力，可以在燃油压力测试口上接一个压力表，打开压力表上的释压阀，通过软管连接释压阀到一个完好的容器释压。试问谁正确？(　　)

A. 甲正确　　　　B. 乙正确

C. 两人均正确　　　　D. 两人均不正确

13. 在讨论燃油泵压力故障诊断时，技师甲说燃油压力高于规定值可能由压力调节器堵塞引起；技师乙说燃油箱内有水可能会阻碍燃油泵泵油。试问谁正确？(　　)

A. 甲正确　　　　B. 乙正确

C. 两人均正确　　　　D. 两人均不正确

14. 在讨论检查喷油器时，技师甲说有故障的喷油器能使怠速时发动机熄火；技师乙说喷油器堵塞可能使发动机加速缓慢。试问谁正确？(　　)

A. 甲正确　　　　B. 乙正确

C. 两人均正确　　　　D. 两人均不正确

15. 在讨论燃油泵压力偏低时，技师甲说油泵电压偏低会导致空燃比浓；技师乙说油泵电压偏低会导致油泵供油量偏少。试问谁正确？(　　)

A. 甲正确　　　　B. 乙正确

C. 两人均正确　　　　D. 两人均不正确

16. 当讨论用DSO(数字存储式示波器)诊断喷油器时，一个喷油器在关闭时的电压峰值明显低于另一个喷油器的电压峰值。技师甲说这个问题是由于燃油器绕组的电阻值比规定值高引起的；技师乙说这个问题是由于喷油器绕组短路而引起的。试问谁正确？(　　)

A. 甲正确　　　　B. 乙正确

C. 两人均正确　　　　D. 两人均不正确

17. 有一辆车发动机的性能表明燃油不足，怀疑是油泵损坏。技师甲在油泵装在发动机上时测试了油泵的压力和流量，技师乙拆下油泵检查它。谁正确？(　　)

A. 甲正确　　　　B. 乙正确

C. 两人均正确　　　　D. 两人均不正确

18. 技师甲说，发动机电控故障经常由传感器故障引起，技师乙说，大多数传感器是能用电阻表检查的输出装置。谁正确？(　　)

A. 甲正确　　　　B. 乙正确

C. 两人均正确　　　　D. 两人均不正确

19. 在讨论发动机加速时异常颤动的原因时，甲说：可能是平衡轴相位不准造成；乙说：可能是点火系统有故障。谁正确？(　　)

A. 甲正确　　　　B. 乙正确

C. 两人均正确　　　　D. 两人均不正确

20. 甲说：燃油压力低表明燃油泵必须更换；乙说：燃油压力高表明燃油滤清器或燃油管堵塞。谁正确？(　　)

A. 甲正确　　　　B. 乙正确

C. 两人均正确　　　　D. 两人均不正确

四、多项选择题

1. 电控燃油喷射(EFI)主要包括对(　　)的控制。

A. 喷油量　　B. 喷射定时　　C. 燃油停供

D. 燃油泵　　E. 点火装置

2. 电控点火装置(ESA)的控制主要包括(　　)。

A. 点火提前角　　B. 通电时间;　　C. 爆震控制

D. 转速　　E. 负荷

3. 燃油喷射系统可按(　　)等方法分类。

A. 喷射时刻　　B. 喷射部位　　C. 喷射压力

D. 空气量检测　　E. 操纵系统

4. 当检查一套火花塞时，技术员发现其中一个火花塞的电极已严重烧坏，以下哪个原因最有可能导致这个问题?(　　)

A. 火花塞电线断路　　B. 活塞环磨损

C. 多缸同时点火　　D. 凸轮轴磨损

5. 下列哪些原因会引起发动机爆震?(　　)

A. 混合气太稀　　B. 发动机运转温度太低

C. 燃烧室积炭过多　　D. 发动机所用汽油辛烷值太低

6. 下列哪些原因可能会使发动机在加速时出现爆震?(　　)

A. 混合气太浓　　B. 发动机过热

C. 点火正时过早　　D. 真空泄漏

7. 以下哪些是关于电动节气门的正确叙述?(　　)

A. 可变电阻器监测油门踏板的运动情况

B. 小型电动机用来打开和关闭节气门

C. 油门踏板的位置是由节气门位置传感器来监视的

D. 节气门电动机具有反馈系统，它为计算机检验节气门的位置

8. 装有连续喷射系统的发动机在热车时很难启动，可能的原因有(　　)。

A. 空气流量传感器有故障

B. 燃油泵损坏

C. 点火系统有故障

D. 燃油压力调节器有故障

9. 以下哪些故障现象可能是由进气歧管真空泄漏引起的?(　　)

A. 发动机爆震　　B. 火花塞积炭

C. 发动机怠速易熄火　　D. 常速行驶时发动机喘振

10. 以下哪些原因可能导致发动机在减速时熄火?(　　)

A. 燃油滤清器受阻　　B. 到燃油泵的电压过低

C. 燃油压力调节器有故障　　D. 燃油回油管扭结

项目五 发动机排放超标故障检修

学习目标

1. 能描述氧反馈、EGR 等排放控制系统的结构、组成与工作原理；
2. 能使用检测设备对氧传感器、EGR 废气再循环等系统元件进行检测与判定；
3. 能使用废气分析仪对发动机尾气排放进行检测与判别；
4. 能对发动机尾气排放超标故障进行检测、诊断与修复。

案例引入

故障车型：桑塔纳 2000GSI，行驶里程 48000km，发动机型号 AJR

故障现象：热车时发动机排气冒黑烟，油耗较高。怠速时，发动机抖动，其他时候感觉较正常。

故障分析：发动机排气冒黑烟，说明混合气较浓，有部分燃油中的 HC 没有燃烧直接排出，系统故障有可能因空气流量传感器故障、氧传感器故障、点火系统故障引起。

故障排除：读取发动机系统数据流，发现空气流量传感器怠速时信号过高，而氧传感器信号却显得排气稀数据，更换两传感器后，排气黑烟消失，但怠速时偶有抖动，检查点火系统，发现火花塞电极有烧损现象，更换后发动机工作正常。使用废气分析仪检查排气，排气正常。

项目分析

为了提高汽车的环保、节能效果，在汽车发动机电控系统中适当增加一些系统如氧传感器反馈控制、三元催化转换器、EGR、二次空气喷射等。这些系统的增加在某种程度上提高了汽车的排放，同时可以节约燃油。但同时它们的故障会导致发动机出现各种各样的现象，造成尾气排放超标，发动机性能恶化。通过对尾气进行检测与分析，对氧传感器等系统的检测，提出相应的维修方案，使汽车技术状况达到合格状态。

项目内容

5.1 氧传感器反馈控制

5.1.1 汽油机有害排放物的产生

1. HC(碳氢化合物)的生成机理

HC 产生的原因除燃料的不完全燃烧外，缸壁淬冷也是排气中 HC 的来源之一。由于汽油机中混合气的燃烧是依靠火焰传播进行的，当火焰传播到接近气缸壁面附近时，由于壁面的冷却作用，火焰不能完全传播到缸壁表面，使大约0.5 mm厚度上的混合气未能燃烧，通常把这层未能燃烧的混合气叫做淬冷层。淬冷层的厚度随空燃比、气缸内的压力、气体的流动状况而变化。当混合气的空燃比位于浓混合区的某个值的附近，淬冷层的厚度最小，比它更浓或更稀的混合气，都会使淬冷层的厚度增加。气缸内的压力越高、气体流动越活跃，都会使淬冷层变得越薄。另外，活塞顶部与第一道气环之间的空隙、火花塞磁心周围的空隙等，火焰也不能传播过去。上述淬冷层和气隙中的混合气没有燃烧就随废气排出。在排气初期，靠近排气门附近的那一部分淬冷层中的未燃气体首先“剥离”随尾气排出。在排气后期，活塞把气缸壁面的淬冷层也卷进排气中，使HC的排放浓度大大增加。

发动机工作时，如果混合气过浓，由于空气不足，燃烧不完全，未燃烧或燃烧过程中生成的HC增多，HC的排放浓度当然增加。而当混合气过稀或缸内废气过多时，则可能引起火焰不充分甚至完全断火，致使排气中的HC浓度显著增加。在正常情况下发动机提供的足可点燃的混合气，火焰传播不完全是在进气管真空度很高的情况下发生的，例如怠速或减速时所引起的高度废气稀释所造成，或者是在过渡工况，特别是在暖车及减速时，进入气缸内的混合气很可能是过浓或过稀，以致不能燃烧完全，使HC排放量增加。

2. CO的生成机理

CO是燃料燃烧的中间产物。排气中CO主要是在局部缺氧或低温下由于HC的不完全燃烧产生的。理论上讲，当空燃比值$A/F=14.7$时，将实现完全反应，生成CO_2和H_2O。而当空气不足时($A/F<14.7$)，则有部分燃料不能完全燃烧而生成CO。然而，在实际汽油机中，不仅空气不足时燃烧生成物中有CO，就是在空气充足时，燃烧产物中也含有CO及HC。这是由混合气的形成与分配不均造成的。另外在使用稀混合气时，在高温下，燃烧生成的CO_2和H_2O也可能有一小部分发生分解反应而离解反应生成的H，又会使CO_2还原成CO，所以，在发动机排气中，总会有CO的存在。尽管如此，排气中的浓度，基本取决于空燃比。

3. NO_x的生成机理

NO_x是空气在燃烧室的高温条件下，由氧和氮的反应所形成的，它和其他废气成分不同，不是来自燃料。发动机所排出的NO_x，虽含有少量的NO_2，但大部分是NO，排气中的NO在大气中氧化成NO_2，通常把NO_2和NO统称为NO_x(氮的氧化物)。

在发动机工作中，无论是进行完全燃烧反应，还是不完全燃烧反应，其最初燃烧反应所产生的热必将使空气中的氧分子裂解为氧原子，并与空气中的氮分子发生反应而生成NO和氮原子，而氮原子又与空气中氧分子发生反应生成NO和氧原子，这部分氧原子又可与空气中氮分子重新反应，产生NO。

在这些反应中，燃烧废气温度越高，燃烧后残留的氧气浓度越大，高温持续的时间越长，NO_x的生成量就越多。

4. 影响排放中有害气体的生成因素

排气中有害气体的生成与空燃比、点火时刻、发动机的结构等有关，通常，空燃比和点火时刻的影响最大(图5-1)。

(1)空燃比。当低于理论空燃比14.7时，排出的CO浓度便急剧上升；反之，空燃比从16附近起，则趋于稳定，并且数值很低。这说明混合气越浓时，由于燃烧所需要的氧气不足，所以引起不完全燃烧，而引起 CO 的急剧增长。同时还说明，要减小 CO 的排放，就必须采用稀混合气。试验证明，发动机 CO 的排放量基本决定于空燃比，其他的影响因素都很小。

HC 与 CO 不同，空燃比在 17 以内时，随着空燃比的增大，HC 便下降。但继续增大时，由于混合气过于稀薄，易于发生火焰不完全传播，甚至断火，使 HC 排放浓度迅速增加。

空燃比对 NO_x 的影响：当混合气很浓时，由于燃烧高温和可利用的氧的浓度都很低，使 NO_x 的生成量也较低。用空燃比为 15.5～16 的稍稀混合气时，排出的 NO_x 浓度最高。对于空燃比稀于 16 的混合气，虽然氧的浓度增加可以促进 NO_x 的生成，但这种增加却由于稀混合气中燃烧温度和形成速度的较低所抵消。因此对于很浓或很稀的混合气，NO_x 的排放浓度均不高。

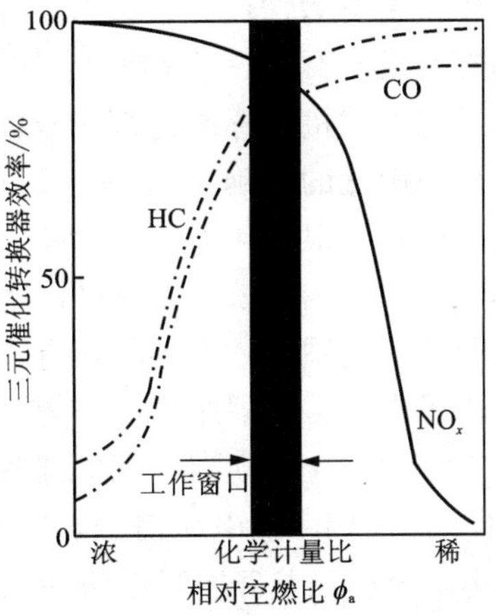

图 5－1　空燃比对三种排放物的影响

(2)点火时刻。推迟点火时间，在燃烧室内的燃烧时间将缩短，由于后燃，将使排气温度上升，促进了 HC 和 CO 的氧化，排出的 HC 减少。另外由于燃烧时降低了气缸的面容比(气缸圆柱体截面积与气缸容积之比)，使燃烧室内的淬冷面积减小，使排出的 HC 减少。但需要指出的是，采用推迟点火的结果虽然使排气污染物有所下降，但这种下降是靠牺牲燃料经济性换来的。

点火时刻对 CO 排放浓度影响不大，但过分推迟点火，亦会使 CO 在燃烧室内没有时间完全氧化，而引起 CO 排放量的增加。无论在任何转速和负荷下，加大点火提前角，均使 NO_x 的排放浓度增加。这是因为点火时刻提前时，燃烧温度提高所致。

5. 排气净化的后处理

发动机本身的改进，尚不能符合排放规定时，就要附加净化处理装置。现在的净化处理装置很多。例如：三元催化反应器、废气再循环、二次空气供给装置等都普遍有所应用。有的可以单独使用，有的是两项净化装置同时结合起来使用，都可以得到满意的净化效果。

(1)二次空气供给装置。这种装置是为了解决燃烧排到排气管中未完全燃烧的 HC 和 CO 的。为了区别于发动机正常进气，把这种排气系统中供给空气的装置叫二次空气供给装置。工作原理是空气送到各缸的排气门附近，利用燃烧后的高温，使废气中残留的 HC 和 CO 与空气相混合后再燃烧，达到排气净化的目的。

(2)三元催化转换器。现代汽车普遍采用三元催化排气净化器，把发动机排出的废气中有害气体转换成无害气体。

(3)废气再循环控制(EGR)。EGR 废气再循环是发动机工作过程中，将一部分废气引到吸入的新鲜空气(或混合气)中返回气缸进行再循环的方法，该方法被广泛用于减少 NO_x 的排放量。

5.1.2　使用氧传感器的优势

在尾气净化的后处理中，现代汽车普遍采用三元催化转换器。三元催化转换器装在排气管上，能把发动机排出的废气中的有害气体转化成无害气体。催化剂是以铂、钯和铑的三种贵金属为主要活性成分，它不仅能将 HC 氧化成 CO_2 和 H_2O，而且能促使 NO_x 和 CO 发生反应而转变成 CO_2 和 N_2。但只有当空燃比得到精确控制并保持稳定时，其转化效率才能达到最佳。只有发动机在标准的理论空燃比 14.7 运转时，三元催化器的转化效率最高。因此必须保持对空燃比的精确控制，使其保持在理论值附近很窄的范围内。在发动机开环控制过程中，ECU 只是根据转速、进气量、进气压力、进气温度等信号确定喷油量，从而控制混合气空燃比的。因为系统是开环的，所以它的控制不可能很精确，很难将实际空燃比控制在 14.7 附近很窄的范围内。为了将实际空燃比精确地控制在 14.7 附近，发动机控制系统中现已普遍采用了由氧传感器组成的空燃比反馈方式，即闭环控制方式。

在三元催化转换器前面的排气歧管或排气管内装有氧传感器，检测排气中的氧气含量，向 ECU 反馈相应的电压信号。ECU 根据氧传感器反馈的信号确定实际空燃比与理论空燃比的偏差，根据偏差确定喷油量应增加或减少，使实际空燃比被精确地控制在设定值。

5.1.3 氧传感器概述

1. 氧传感器的类型

(1)按检测范围不同分为窄型氧传感器和宽型氧传感器，窄型氧传感器即老式氧传感器，简称为氧传感器(图 5-2)，只能检测理论空燃比附近的混合气，偏离此范围，其反应灵敏性降低；宽型氧传感器即新式氧传感器，简称为空燃比传感器或 A/F 传感器，能检测空燃比范围从 23:1 到 11:1 的混合气，且检测精度高。

(2)按功能不同分为上游氧传感器和下游氧传感器，上游氧传感器安装在三元催化转换器前面，用于检测混合气空燃比，控制喷油量；下游氧传感器安装在三元催化转换器后面，用于检测经过三元催化转换器转换后的排气成分，监测三元催化转换器的转换效率。

(3)按材质不同分为氧化锆(ZrO_2)式氧传感器和氧化钛(TiO_2)式氧传感器，氧化锆式氧传感器的敏感元件采用陶瓷材料氧化锆，氧化钛(TiO_2)式氧传感器的敏感元件采用陶瓷材料氧化钛。

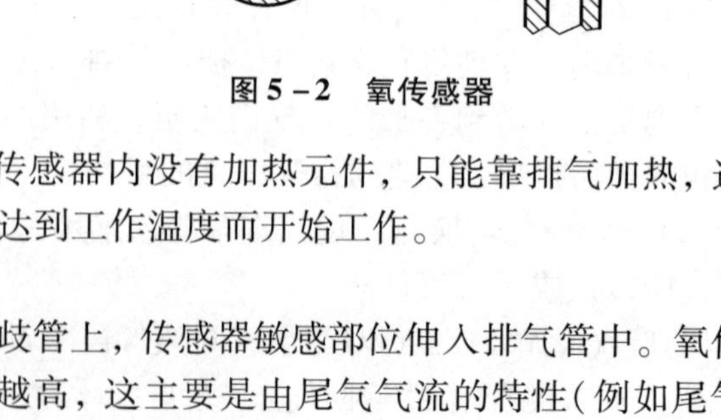

图 5-2 氧传感器

(4)按传感器是否有加热装置分为加热型和非加热型氧传感器，加热型氧传感器内有一个起预热作用的加热元件，可在发动机启动后的 20～30 s 内迅速将氧传感器加热至工作温度；非加热型氧传感器内没有加热元件，只能靠排气加热，这种传感器必须在发动机启动运转数分钟后才能达到工作温度而开始工作。

2. 氧化锆式氧传感器

氧化锆式氧传感器安装在排气管或排气歧管上，传感器敏感部位伸入排气管中。氧传感器的位置越靠近燃烧室，燃油控制的精度就越高，这主要是由尾气气流的特性(例如尾气的流动速度，排气通道的长度和传感器的响应时间等)决定的。

许多制造厂在每个气缸的排气歧管中都安装 1 只氧传感器，这就使汽车维修人员容易判断出工作失常的气缸，减少判断失误。在许多情况下只要能迅速地判断出大部分无故障的气缸(至少为气缸总数的 1/2 以上)，就能缩短故障诊断时间。

1)结构

氧化锆式氧传感器的敏感元件是氧化锆陶瓷管(固体电解质),亦称锆管。锆管内侧通大气,外侧通废气。锆管内外表面覆盖一层铂薄膜电极,起催化作用。铂膜外覆盖一层多孔陶瓷层,陶瓷层外加有带槽口的套管,防止铂膜被废气腐蚀,并保证废气与锆管接触。传感器固定在有安装螺纹和六方区的钢制外壳内,通过安装螺纹拧装在氧传感器安装孔中。氧传感器的信号线由锆管内外两侧引出,接线端有一个金属护套,其上开有一个小孔,使锆管内侧与大气相通(图5-3)。

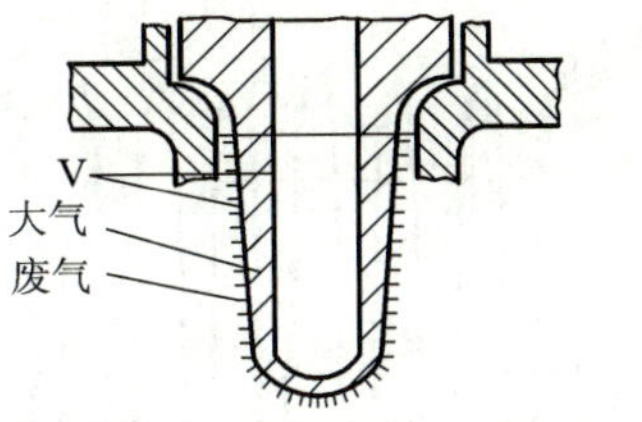

图5-3 氧化锆型氧传感器结构

2)工作原理

锆管的陶瓷体是多孔的,渗入其中的氧气,在温度超过300℃时发生电离,由于锆管内、外侧氧含量不一致,存在氧浓度差,因而氧离子从大气侧向废气侧扩散,从而使锆管成为一个微电池,在两铂极间产生电压,即氧传感器输出的信号电压,锆管内外两侧氧浓度差越大,两铂极间电压越大。

3)特性

氧传感器的输出特性如图5-4所示。当混合气的实际空燃比小于理论空燃比,即发动机以较浓的混合气运转时,排气中氧含量少,但CO、HC、H_2等较多。这些气体在锆管外表面的铂催化作用下与氧发生反应,将耗尽排气中残余的氧,使锆管外表面氧气浓度变为零,这就使得锆管内、外侧氧浓度差加大,两铂极间电压突增,输出电压接近1 V。反之,当混合气的实际空燃比大于理论空燃比,即发动机以较稀的混合气运转时,排气中氧含量多,锆管内、外侧氧浓度差小,两铂极间电压骤减输出电压几乎为零。氧传感器产生的电压在理论空燃比时发生突变。

要准确地保持混合气浓度为理论空燃比是不可能的。实际上的反馈控制只能使混合气在理论空燃比附近一个狭小的范围内波动。在空燃比闭环控制时实际测取的氧传感器信号波形如图5-5所示。它是一种近似的低频数字信号,高电平接近于1 V,低电平接近于0 V,一般在0.1~0.8 V之间不断变化,信号变化快慢(一般要求在发动机2500 r/min时每10 s内变化8次以上)反映氧传感器的灵敏性。我们通常通过氧传感器信号的高低电平数值和信号的变化快慢评价氧传感器的性能。

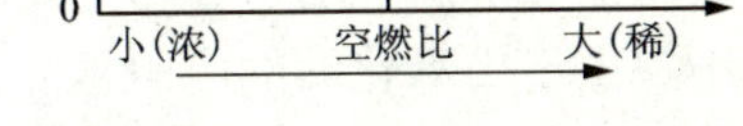

图5-4 氧传感器在不同空燃比下的信号电压变化

4)电路

氧传感器的控制电路如图5-6所示,加热器为正温度系数的电阻,温度升高时电阻增大。加热器电路中的电流较大,升温快,在30 s内即可到达正常工作温度。由于电流较大,一般需要由继电器供电,同时必须保证电路连接良好。ECU通过脉宽调制信号接通加热器,并调节加热器的电流,传感器温度越低,脉宽调制信号的占空比越大。同时ECU监测加热器电路是否正常,如果有故障,就切断加热器,并设置故障码。

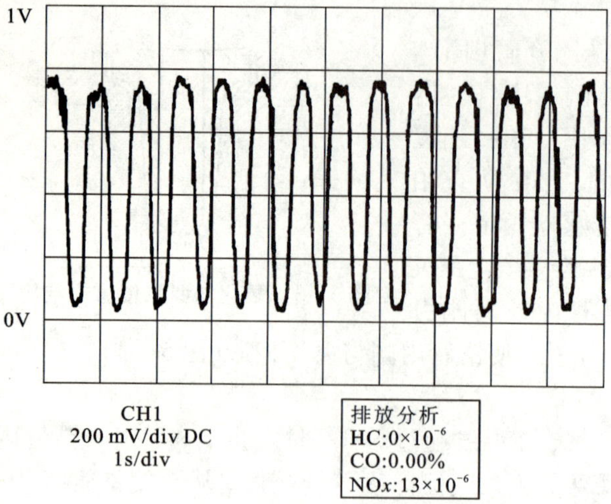

图5-5 正常情况下氧传感器的信号波形

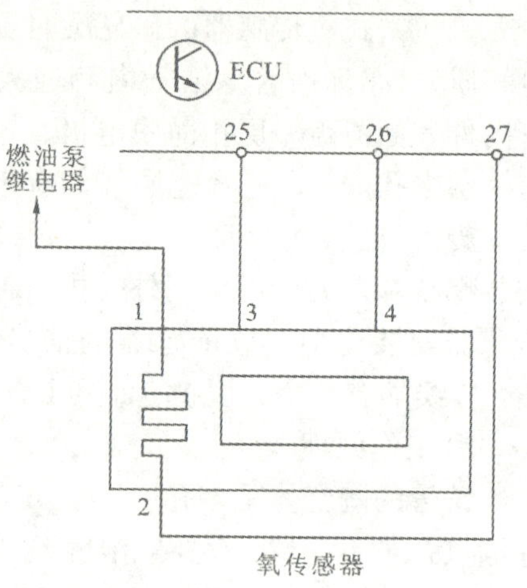

图5-6 氧传感器电路原理图

3. 二氧化钛式氧传感器

它又称氧化钛式氧传感器，其外形和氧化锆式氧传感器相似(图5-7)，但内部结构和工作原理不同。氧化钛式氧传感器的敏感元件是采用二氧化钛制成的二氧化钛厚膜元件，其电阻值随排气中氧含量的变化而变化，故又称电阻型氧传感器。

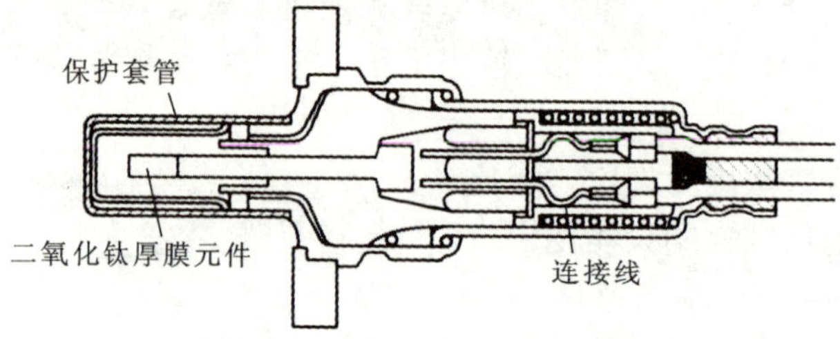

图5-7 二氧化钛型氧传感器结构

纯二氧化钛在常温下是一种高电阻的半导体，但表面一旦缺氧，其品格便出现缺陷，电阻随之减小。由于二氧化钛的电阻也随温度不同而变化，因此，在二氧化钛式氧传感器内部也有一个电加热器，以保持氧化钛式氧传感器在发动机工作过程中的温度恒定不变。

氧化钛式氧传感器的控制电路如图5-8所示，ECU的OX+端子将一个恒定的1 V电压加在氧化钛式氧传感器的一端上，传感器的另一端与ECU的OX端子相接。当混合气较浓，实际空燃比小于理论空燃比时，排气中氧含量少，氧化钛式氧传感器的电阻骤减，输出电压接近1 V。反之，当混合气较稀，实际空燃比大于理论空燃比时，排气中氧含量多，氧化钛式氧传感器的电阻突增，输出电压几乎为零。氧传感器产生的电压在理论空燃比时发生突变。二氧化钛式氧传感器与ECU连接的OX端子上的电压也是在0.1~0.9 V之间不断变化，这一点与氧化锆式氧传感器是相似的。

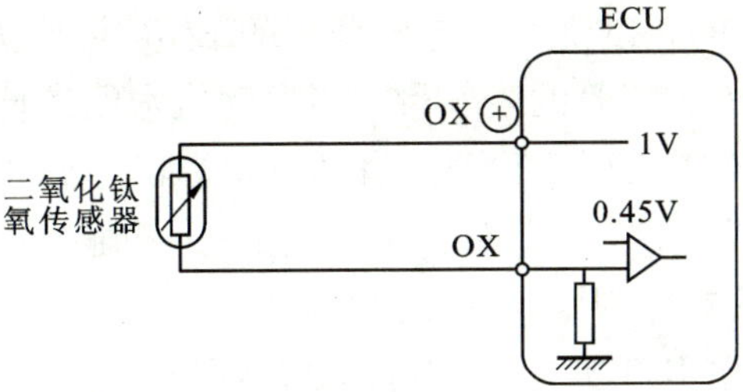

图5-8　二氧化钛型氧传感器电路原理图

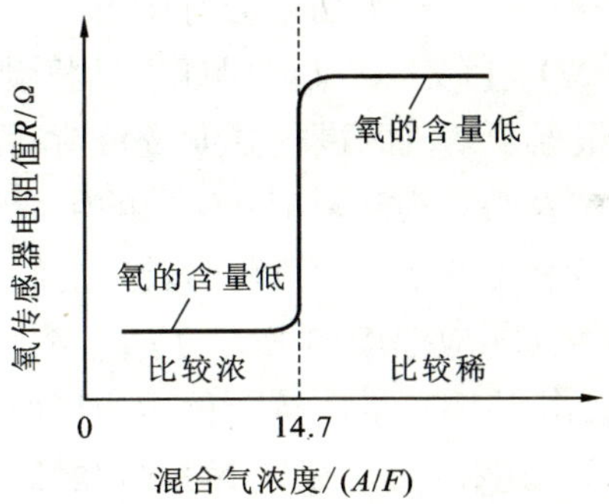

图5-9　二氧化钛型氧传感器在不同氧浓度下电阻值的变化

5.2　EGR废气再循环

5.2.1　EGR概述

废气再循环是指发动机废气的一部分再送回到进气管，并与新鲜的进气混合后一起进入气缸参与燃烧，如图5-10所示。废气再循环技术是控制氮氧化合物排放的主要措施，NO_x是在高温和富氧条件下N_2和O_2发生化学反应的产物。燃烧温度和氧浓度越高，持续时间越长，NO_x的生成物也越多。

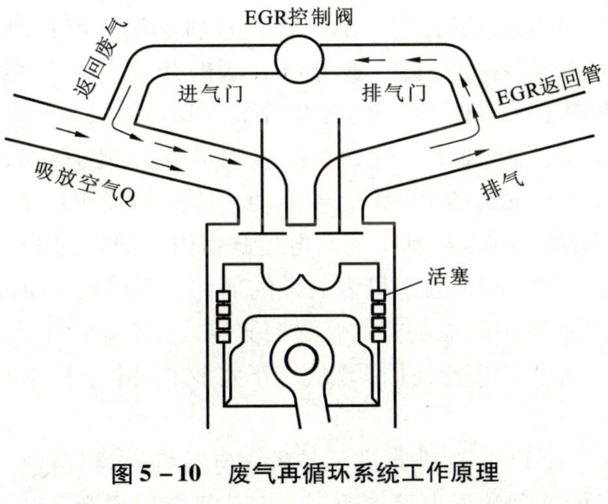

图5-10　废气再循环系统工作原理

一方面废气对新气的稀释作用意味着降低了氧浓度；另一方面，引入废气可以降低最高燃烧温度。废气混入的多少用EGR率表示，其定义如下：

$$\text{EGR率}=\frac{\text{返回废气量}}{\text{进气量}+\text{返回废气量}}\times100\%$$

由于废气中含有的CO_2能吸收大量的热量，气缸中混合气燃烧的最高温度降低，因此，燃燃过程中NO_x的生成量减少，排放污染减轻。但是，新鲜混合气中掺入废气后热值降低，因此，发动机的输出功率会有所下降。为了使废气再循环系统能更有效地发挥作用，达到既能减少 NO_x 生成量，又能保证发动机动力性能的目的，必须对参与再循环的 EGR 率加以控制，即根据发动机的进气温度及负荷适当地控制进入进气管的废气量。当发动机水温较低或处于怠速及小负荷运转时，NO_x 的生成量少，通常不需要引入废气，发动机水温已达到正常工作温度，而且处于大负荷运转工况时，NO_x 的生成量较多，此时，应引入废气，并随发动机负荷的增大相应地增加引入的废气量。对 EGR 系统的控制要求如下：

(1)由于 NO_x 排放量随负荷增加而增加，因而 EGR 率亦应随负荷的增加而增加。

(2)怠速和小负荷时，NO_x 排放浓度低，为了保证稳定燃烧，不进行废气再循环。

(3)在发动机暖机过程中，冷却液温度和进气温度均较低，NO_x 排放浓度也很低，混合气供给不均匀，为防止废气再循环破坏燃烧稳定性，启动暖机时不进行废气再循环。

(4)大负荷、高速时，为了保证发动机有较好的动力性，此时虽温度很高，但氧浓度不足，NO_x 排放生成物较少，通常也不进行 EGR 或减少 EGR 率。

(5)为了实现 EGR 的最佳效果，需保证再循环的排气在各缸之间分配均匀，即保证各缸的 EGR 率一致。

5.2.2 EGR 的工作原理

1. 外部废气再循环系统

图 5 - 11 为车用汽油机三种典型的 EGR 系统。图 5 - 11(a)所示为真空控制 EGR 系统，除低温切断 EGR 用温度控制阀实现外，其余控制规律由进气管节气门后的真空度和真空驱动 EGR 阀的构造保证(如采用双膜片式 EGR 阀等)。真空控制 EGR 系统是一种机械式 EGR 系统，在现代电控汽油机上已很少应用。图 5 - 11(b)所示的为电控真空驱动 EGR 系统，用电控单元控制真空调节器，后者控制真空驱动 EGR 阀的开度。在此系统中，通过预先标定的 EGR 脉谱有可能针对不同工况实现 EGR 的优化控制。图 5 - 11(c)所示的为闭环电控 EGR 系统，广泛应用于现代电控汽油机中。这种系统应用了带 EGR 阀位置传感器的线性位移电磁驱动 EGR 阀，由电控单元发出的 PWM 信号驱动。传感器发出的 EGR 阀位置信号反馈给电控单元，保证精确实现预定的电控脉谱。而电控脉谱由发动机的 EGR 标定试验确定。

在 EGR 控制系统中，EGR 阀是其中最为关键的部件。不同的 EGR 率是通过 EGR 阀的调节来实现的。废气再循环阀常用的控制方式有温控真空式、真空背压式、真空电磁式、电磁阀式等。随着电子技术在汽车上的广泛使用，现代汽车大多采用电子控制的废气再循环阀。

2. 内部废气再循环系统

通常把发动机排气经过 EGR 阀进入进气歧管，与新鲜混合气混合在一起的方式称为外部 EGR。实际上，EGR 的这种效果也可以通过不充分排气以增大滞留于缸内的废气量(即增大残余废气系数)来实现。与上述外部 EGR 相对应，称这种方法为内部 EGR。滞留在缸内的废气量决定于配气相位重叠角的大小，重叠角大，则内部废气再循环量也大。高比功率的发动机，由于有较好的充气，通常重叠角较大，内部废气再循环量也大，因而 NO_x 排放物相对较少，但是重叠角也不能无限加大。过大的重叠角会使发动机燃烧不稳定、失火并使 HC 排放量增加等，因此在确定配气相位重叠角时必须对动力性、经济性和排放性能进行综合考虑。

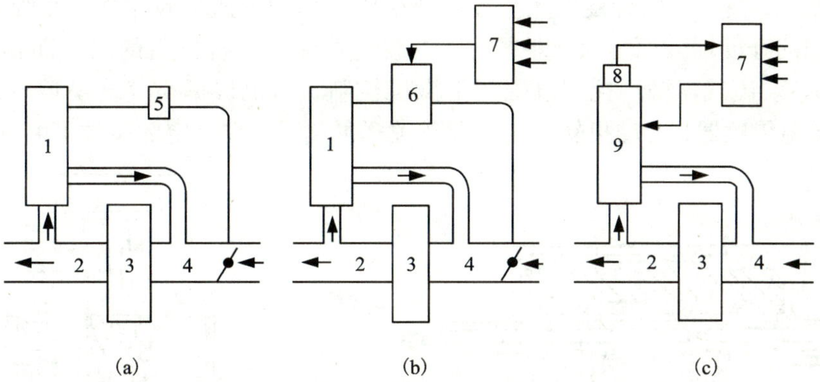

图 5－11　车用汽油机的 EGR 系统简图

(a)真空控制 EGR 系统；(b)电控真空驱动 EGR 系统；(c)闭环电控 EGR 系统
1—真空驱动 EGR 阀；2—排气管；3—发动机；4—进气管；5—温度控制阀；
6—电控真空调节器；7—电控单元；8—EGR 阀位置传感器；9—电磁驱动 EGR 阀

3. 普通微机控制废气再循环系统

如图 5－12 所示，普通微机控制废气再循环系统由废气再循环阀、废气调整阀、废气再循环控制电磁阀及相应的废气管道和真空管道组成。

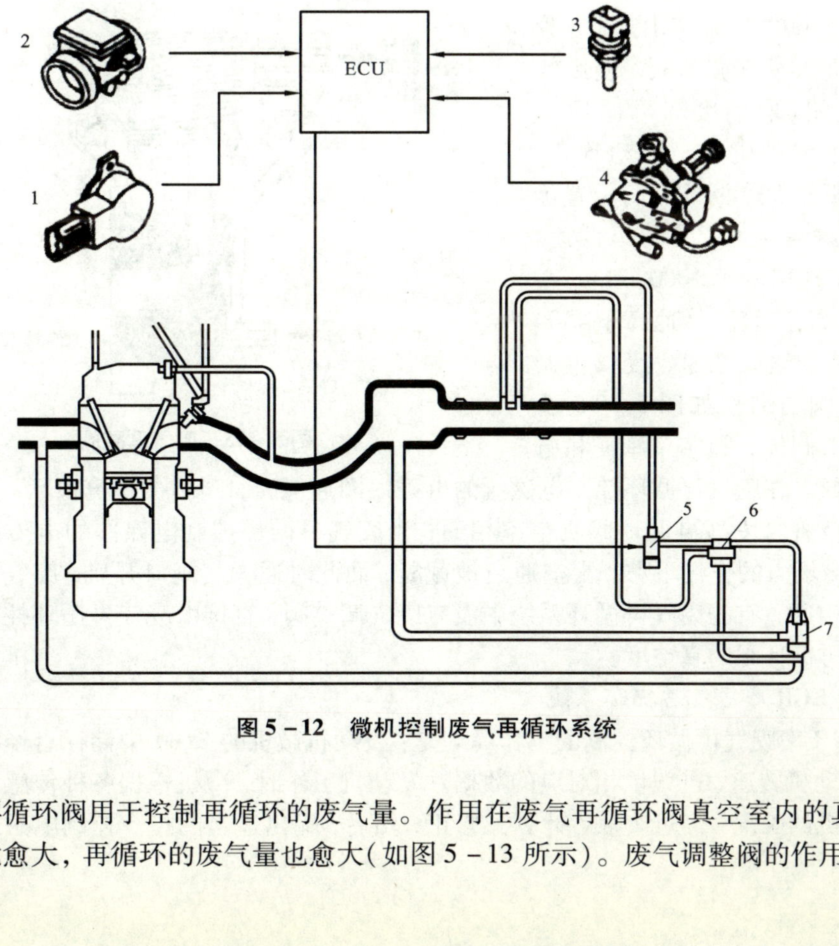

图 5－12　微机控制废气再循环系统

废气再循环阀用于控制再循环的废气量。作用在废气再循环阀真空室内的真空度愈大，阀的开度就愈大，再循环的废气量也愈大(如图 5－13 所示)。废气调整阀的作用是利用进气管真空度的变化，按节气门开度的大小控制通往废气再循环阀的真空度，使废气再循环阀的开度随节气门的开度增大而增大，即再循环的废气量随发动机负荷的增大而相应地增加（如图5－14所示）。废气再循环控制电磁阀由微机控制。微机根据空气流量传感器、节气门位置传感器、水温传感器、发动机转速传感器等输送的信号，在一定的条件下断开废气再循环。

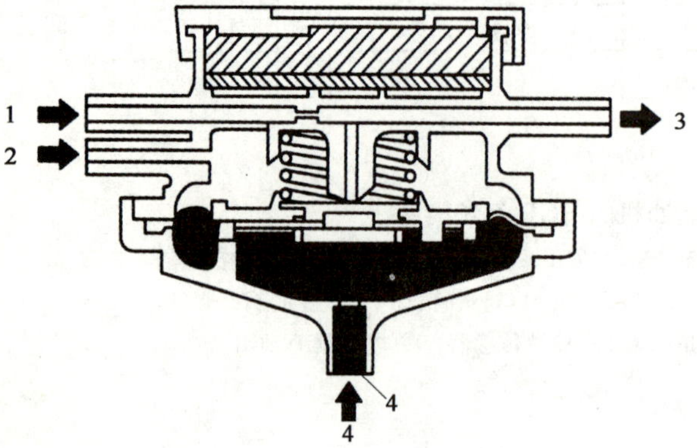

图5－13　废气再循环阀

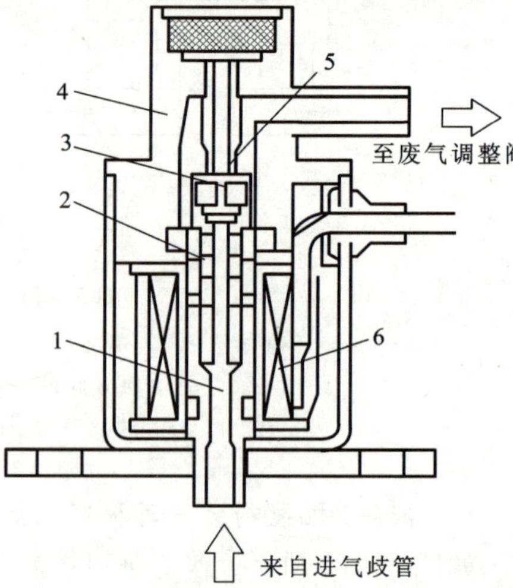

图5－14　废气再循环控制电磁阀的结构

控制电磁阀的电源，切断真空管路，让空气进入废气调整阀，使废气再循环阀关闭（取消废气再循环）。这些条件是：发动机处于启动状态；发动机水温低于50℃；节气门位置传感器的怠速触点接通；发动机低速、小负荷运转（转速低于1000 r/min左右）；发动机高速运转（转速高于4500 r/min）；突然加速或减速。废气再循环控制电磁阀的结构如图5－15所示，它主要由阀体、阀芯、弹簧和电磁线圈等组成。在废气再循环控制电磁阀的电磁线圈通电时，阀芯被弹簧顶紧，通大气阀口关闭，进气歧管与废气再循环阀真空室相通；当废气再循环控制电磁阀的电磁线圈不通电时，阀芯在磁场力的作用下移，真空通道被截断，而此时通大气阀口开启，废气再循环阀真空室与大气相通。有的废气再循环系统中没有废气调整阀，直接由废气再循环控制电磁阀控制通往废气再循环阀的真空度。

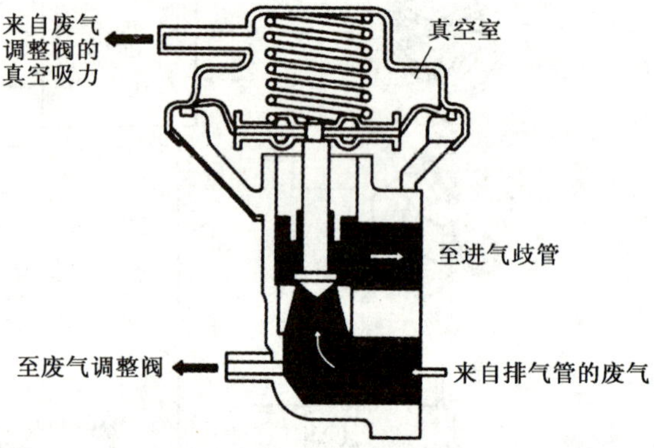

图5－15　废气调整阀

4. 可变EGR率废气再循环系统

可变EGR率废气再循环控制的工作原理是：发动机微机的ROM中储存有经试验确定的EGR率与发动机转速、进气量相对应的数据。发动机工作时，微机根据各种传感器送来的信号确定发动机的工况，经过查表、计算和修正，然后，输出适当的指令控制电磁阀的开闭时间，以调节废气再循环的 EGR 率。

如图 5－16 所示为开环控制废气再循环系统的一个实例。图中 VCM 阀是一个真空调节阀，内有两个电磁阀(废气再循环控制电磁阀和怠速调节电磁阀)。发动机工作时，微机根据曲轴位置传感器、节气门位置传感器、、水温传感器、点火开关、蓄电池电压等输送的信号，给废气再循环控制电磁阀提供不同占空比的脉冲电压，以控制开闭时间。脉冲电压的占空比越大，则废气再循环控制电磁阀打开的时间越长，进入 VCM 阀真空室的空气量就越多，真空室的真空度越小，废气再循环阀开度和 EGR 率也就越小(当 VCM 阀真空室的真空度小至某一值时，废气再循环阀关闭，废气再循环系统停止工作)。反之，脉冲电压的占空比越小，EGR 率越大。

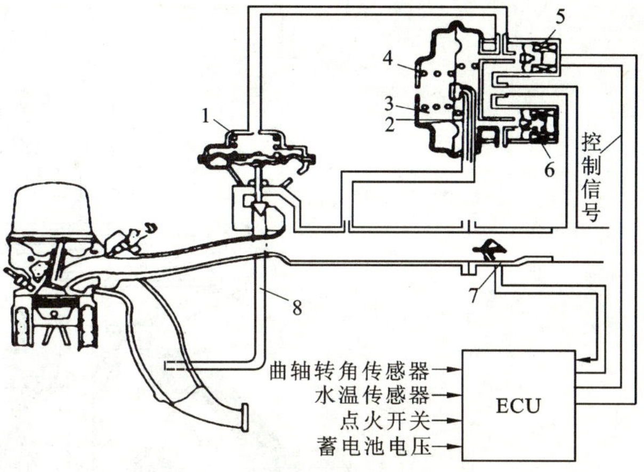

图 5－16　开环控制废气再循环系统

1—废气再循环阀；2—VCM 阀膜片；3—VCM 阀真空腔；4—弹簧；5—废发再循环控制电磁阀；6—怠速调节电磁阀；7—节气门位置传感器；8—废气通道

5. 闭环控制式废气再循环系统

在开环控制废气再循环系统中，EGR 率只受微机预先设置好的程序控制，微机不检测发动机各种工况下的 EGR 率，因此，无反馈信号。而在闭环控制式废气再循环系统中，微机根据 EGR 率传感器的反馈信号实现闭环控制，其控制框图如图 5－17 所示。发动机排气中的一部分废气经控制阀进入稳压箱，稳压箱上的 EGR 率传感器对稳压箱中新鲜空气与废气形成的混合气不断地进行氧气浓度检测，并将检测结果输入微机。微机对该输入信号进行分析计算后，向废气再循环控制阀输出控制信号，不断地调整 EGR 率，使废气再循环的 EGR 率时刻保持在理想值上，从而有效地减少 NO_x 的排放量。

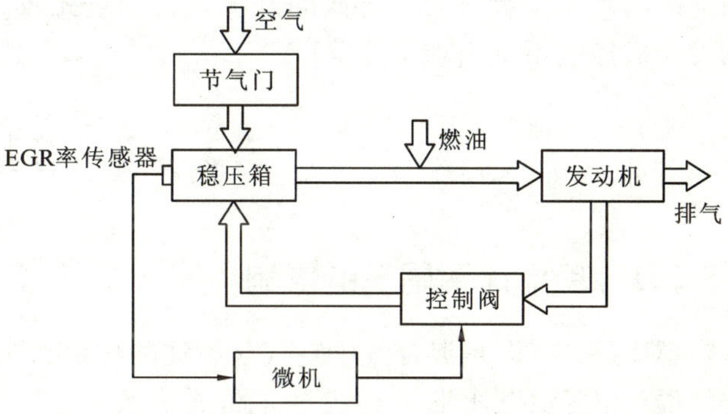

图 5－17　闭环控制式废气再循环系统的控制框图

有些车型(如福特汽车)发动机的废气再循环阀内设有一个废气再循环阀位置传感器，如图 5－18 所示。在废气再循环阀工作时，其膜片带动废气再循环阀位置传感器的滑动触点移动，将废气再循环阀的开度转变为电压信号。在这种废气再循环控制系统中，微机根据发动机的转速、负荷、水温、节气门位置等信号确定所需的废气再循环阀的开度，并把该开度与由废气再循环阀位置传感器提供的废气再循环的开度数据进行比较。若两者不同，微机便调整控制脉冲的占空比，将废气再循环阀调至所需的开度。

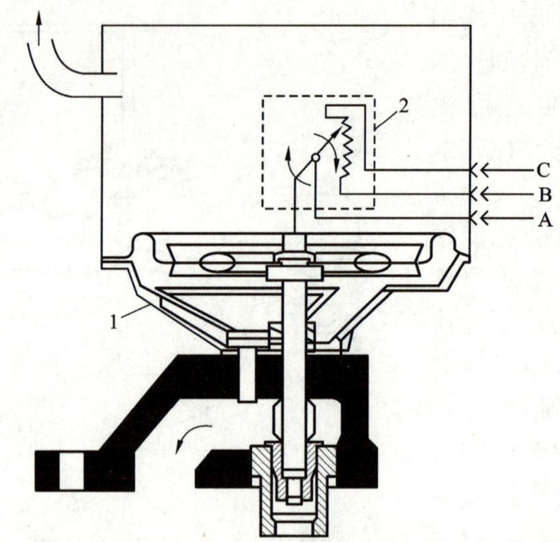

图 5－18　设有废气再循环阀位置传感器的废气调整阀

1—废气再循环阀；2—废气再循环阀位置传感器；A、B、C—连接器端子

此外，微机可以根据废气再循环阀位置传感器的信号，检测废气再循环阀是否工作及其开度是否正常。当废气再循环阀工作不正常（开度过大或过小）时，微机可以通过废气再循环控制电磁阀来调整废气再循环阀的开度。若调整无效，微机便使发动机故障指示灯点亮，以表示发动机控制系统出现了故障。

5.3　废气分析

5.3.1　空燃比对尾气的影响

空燃比（A/F）即是混合气中空气与燃油的比例，标准的空燃比为 14.7∶1，空燃比大说明混合气稀；相反空燃比小于 14.7 说明混合气浓。

1. 空燃比（A/F）与一氧化碳 CO 的关系

一氧化碳 CO 是在空气不足的情况下可燃混合气的不完全燃烧，是汽油机尾气中有害成分浓度最大的物质，所以当空燃比（A/F）小于 14.7 时（混合气变浓），由于空气量不足引起燃烧不完全，一氧化碳 CO 的排放量增大。

2. 空燃比（A/F）与碳氢化合物的关系

碳氢化合物与空燃比的直接关系较小。碳氢化合物生成的主要原因是：在燃烧室壁温度较低的冷却面附近形成淬冷区，达不到燃烧温度，火焰消失；电火花微弱，根本未能点燃混合气，导致所谓缺火现象；在进排气门重叠时漏气等。

因此，当空燃比在 16.2∶1 以内时，混合气越浓，HC 的排放量就越多。而当混合气空燃比超过 16.2∶1，由于燃料成分过少，用通常的燃烧方式已不能正常着火，产生失火，使未燃碳氢化合物 HC 大量排出。

3. 空燃比(A/F)与氮氧化合物(NO_x)

氮氧化合物 NO_x 是可燃混合气空气中的 N_2 和 O_2 在燃烧室内通过高温高压的火焰时化合而成的。因此在混合气空燃比为 15.5∶1 附近燃烧效率最高时，NO_x 生成量达到最大，混合气空燃比高于或低于此值，氮氧化合物 NO_x 的生成量全减小。发动机越接近完全燃烧，NO_x 的生成量越多。相反，在发动机接近不完全燃烧时，CO 生成量增多时，NO_x 减少。

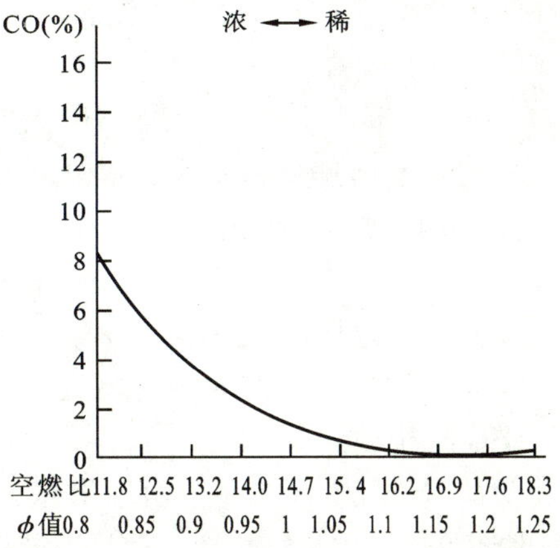

图 5－19　空燃比(A/F)与一氧化碳的关系

4. 空燃比(A/F)与二氧化碳

二氧化碳(CO_2)是燃烧的必然产物，CO_2 值的大小取决于影响燃烧效率的因素，这里当然包括空燃比的大小，空燃比越接近理论空燃比 14.7∶1，燃烧越完全，CO_2 的值也就越高，最大值在 13.5%～14.8%之间。

5.3.2　发动机点火时间对尾气排放的影响

1. 点火提前角对一氧化碳 CO 排放的影响

点火提前角对一氧化碳 CO 的排放没有太大的影响，如果过分推迟点火(减小点火提前角)，会使 CO 没有时间氧化，而引起 CO 排放量增加，但是适度推迟点火提前角可以减小 CO 排放。实际上推迟点火时间，为了维持发动机输出功率不变，需要开大节气门，这时 CO 排放明显增加。

2. 点火提前角对 HC 排放的影响

点火推迟时 HC 排放降低，主要原因是点火推迟后增高了排气温度，促进了 CO 和 HC 的氧化，也由于减小了燃烧室内的激冷面积使 HC 排放减少。但是采用推迟点火来降低 HC，是以牺牲燃油的经济性为代价的，所以得不偿失。

3. 点火提前角对 NO_x 排放的影响

在任何负荷和转速下，加大点火提前角，均使 NO_x 排放增加。这是因为点火时间提前时，燃烧温度升高的缘故，因此从降低 NO_x 排放的角度出发，可以采用减少点火提前角，降低循环最高温度，使用比理论空燃比更浓或更稀的混合气的办法。

然而，降低最高温度伴随着发动机热效率的下降。减小点火提前角和使用较浓或较稀的混合气，若选择调整不当，会严重降低发动机的动力性、经济性以及运转稳定性。

5.3.3　发动机负荷对尾气影响

发动机负荷可以用与节气门开度相关的进气管压力来表示，进气管压力越大(即进气管真空度越低)，发动机负荷也就越大。

1. 发动机负荷对一氧化碳 CO 的影响

对 CO 来说，空燃比不变，功率输出的大小对 CO 排放没有影响，CO 的排放量随功率的输出及空气的消耗量的增加而增大，发动机在小负荷及大负荷工作时，所供给的混合气均较浓，在两种情况下 CO 排放均比较高。例如，最大功率时，节气门全开，供给较浓的混合气，因此 CO 的排放较高。

2. 发动机负荷对碳氢化合物 HC 的影响

当空燃比和转速保持不变，并按最大功率调节点火提前角时改变负荷对 HC 的排放影响不大。这是因为影响 HC 排放的因素有的使 HC 降低，有的使它增加，结果作用恰恰相互抵消。当进气管压力在 30.5 ~81.0 kPa 范围内时，因供给的混合气较稀，所以 HC 排放降至很低，当进气管压力超过 81.0 kPa 时，接近全负荷时混合气加浓。此时 HC 排放量理应上升，但由于全负荷时，排气温度相应增大，这时排气后反应对 HC 排放的消除作用加强了，从而限制了 HC 的排放。

小负荷时进气管压力低，由于缸壁激冷作用的增强，混合气又较浓，若进气管压力低于 20kPa 时还可能发生火焰传播不完全，结果使 HC 排放明显升高。例如在汽车突然关闭节气门时，进气管内液体燃料瞬时蒸发，造成高进气真空下混合气的额外加浓，也会出现这种情况。

3. 发动机负荷对 NO_x 的影响

发动机负荷小时(进气管压力低)，可使 NO_x 排放浓度下降。负荷减小进气压力降低，发动机温度低，残余废气增加，导致着火落后期变大及火焰传播速度减慢，这两个因素均使燃烧时间加长，若在此时点火时间不变，则燃烧过程将更多地膨胀行程延伸，这样就会使循环最高温度降低而使排气中的 NO_x 浓度下降。

5.3.4 发动机转速对尾气的影响

1. 发动机转速对 CO 的影响

发动机在怠速、减速和低速小负荷时混合气偏浓，发动机工作循环的气体压力与温度不高，混合气的燃烧速度减慢，引起不完全燃烧，产生 CO。转速的变化对 CO 的排放没有多大的影响，这是由于在排气系统中 CO 的氧化，在正常的排气温度下并不受混合气的限制，而是取决于化学反应速度。提高怠速转速，对降低怠速时的 CO 有好处，这是由于随着怠速转速的提高，进气节流将减小，进入的空气量将增加。于是残余气体的稀释程度有所减小，使燃烧改善。

2. 发动机转速对 HC 的影响

发动机转速升高时，HC 的排放有明显的降低。原因是转速升高增加了气缸中的扰流混合与涡流扩散，又增加了排气中扰流和混合，前者增加了气缸内的燃烧，增加了激冷层的后氧化反应。但是高速时为了克服较高的发动机阻力，需要加大排气容积流量，使排气系统停的时间有所缩短。因此 HC 排放量的降低将小于按浓度改变预计的结果。同时适当提高怠速转速，对降低 HC 成分有好处。

3. 发动机转速对 NO_x 的影响

对于不同混合比的混合气，转速对 NO_x生成速度有不同的影响。对于燃烧较慢的稀混合气，在转速提高时，由于着火落后期不太受转速的影响，在点火时间不变的情况下，燃烧的大部分将在膨胀过程压力和温度不太高处进行，使 NO_x 的生成速度减小。对于燃烧速度慢的浓混合气提高转速时，由于加强了气体在气缸中的扰动，加大了火焰传播速度，同时也减小了热损失，使得 NO_x的生成速度有所增大。

项目实施

任务1　氧传感器检修

氧传感器一旦出现故障，将使电子燃油喷射系统的电脑不能得到排气管中氧浓度的信息，因而不能对空燃比进行反馈控制，会使发动机油耗和排气污染增加，发动机出现怠速不稳、缺火、喘振等故障现象。因此，必须及时地排除故障或更换。

一、氧传感器的常见故障

1．氧传感器中毒

铅、硅等杂质会使氧传感器和三元催化转换器中毒，使氧传感器输出信号电压发生变化，不能正常工作。铅、硅对氧传感器输出特性的影响如图5－20所示。氧传感器中毒是经常出现的且较难防治的一种故障，尤其是经常使用含铅汽油的汽车，即使是新的氧传感器，也只能工作几千公里。如果只是轻微的铅中毒，接着使用一箱不含铅的汽油，就能消除氧传感器表面的铅，使其恢复正常工作。但往往由于过高的排气温度而使铅侵入其内部，阻碍了氧离子的扩散，使氧传感器失效，这时就只能更换了。

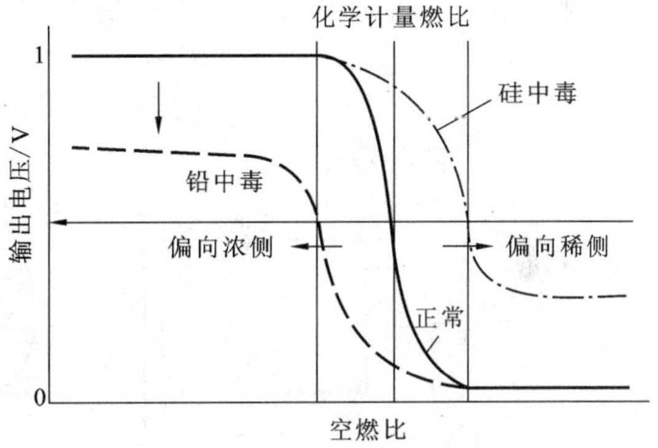

图5－20　铅对氧传感器的影响

另外，氧传感器发生硅中毒也是常有的事。一般来说，汽油和润滑油中含有的硅化合物燃烧后生成的二氧化硅、硅橡胶密封垫圈使用不当散发出的有机硅气体，都会使氧传感器失效，因而要使用质量好的燃油和润滑油。修理时要正确选用和安装橡胶垫圈，不要在传感器上涂敷制造厂规定使用以外的溶剂和防黏剂等。

2．积炭

由于发动机燃烧不好，在氧传感器表面形成积炭，或氧传感器内部进入了油污或尘埃等沉积物，会阻碍或阻塞外部空气进入氧传感器内部，使氧传感器输出的信号失准，ECU不能及时地修正空燃比。产生积碳，主要表现为油耗上升，排放浓度明显增加。此时，若将沉积物清除，就会恢复正常工作。

3．氧传感器陶瓷碎裂

氧传感器的陶瓷硬而脆，用硬物敲击或用强烈气流吹洗，都可能使其碎裂而失效。因此，处理时要特别小心，发现问题及时更换。

4．加热器烧断

对于加热型氧传感器，如果加热器烧断，就很难使传感器达到正常的工作温度，导致传感器失去作用。

5．氧传感器线路故障

氧传感器线路断路、短路、搭铁或接触不良，都会使ECU接收到的信号不正确，以至不能进行空燃比闭环控制。

二、氧传感器检修

1. 氧传感器加热器电阻的检测

如图5－21，点火开关置于“OFF”，拔下氧传感器导线插接器，用万用表欧姆挡测量氧传感器接线端中加热器端子与搭铁端子间的电阻，其电阻值应符合标准值（一般为4～40 Ω，具体数值参见具体车型说明书）。如不符合标准，应更换氧传感器。测量后，接好氧传感器线束插接器。

点火开关置于“ON”，运行发动机，用万用表电压挡测量ECU端端子1和2间的线路电压，应与规定相符，否则说明加热器线路或ECU故障，进一步检查线路和ECU。

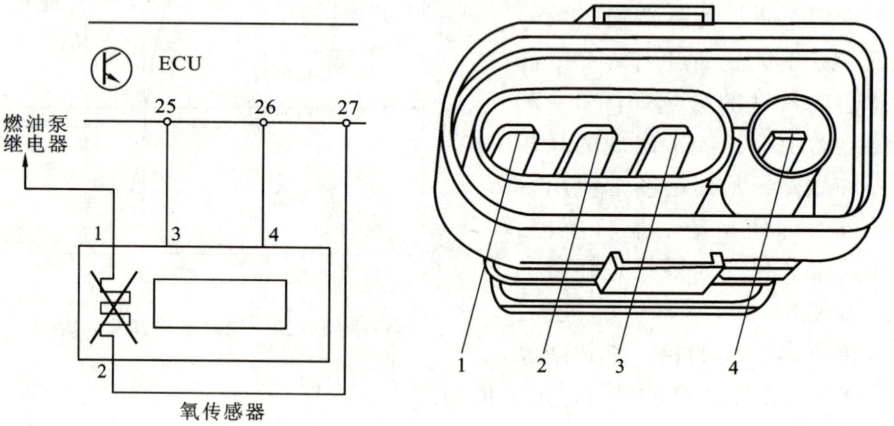

图5－21 桑塔纳AJR发动机氧传感器

（a）氧传感器电路；（b）氧传感器插头端子分布

1—加热电源端子；2—加热控制端子；3—信号输出端子；4—搭铁端子

2. 氧传感器反馈电压的检测。

（1）检测准备：

首先预热发动机，使发动机处于正常工作温度且稳定运转。测量氧传感器信号电压时，应先拔下氧传感器线束连接器插头，对照被测车型的电路图，从氧传感器信号电压输出端引出一条细导线，然后插好连接器，或者是用探针从连接器背面插入，用仪器从引出线或探针上测量信号电压。有些车型也可以从故障诊断插座内相应接脚测得氧传感器的信号电压。

（2）测量氧传感器的信号电压：

测量氧传感器信号端子间的电压［如图5－23（a）］值应在为0～1 V间波动。如果测得的电压值在0 V且保持不变，则需反复开、闭节气门，使发动机转速变化。此时，若电压随节气门的开闭而变，则表明氧传感器良好；若电压值仍为0 V，则说明氧传感器已经损坏。如果测得的电压值在1 V且保持不变，则需拆去进气歧管上的一根真空软管，让混合气变稀。此时，若电压值开始变化，则说明氧传感器有效，否则，说明氧传感器已损坏，应更换。

（3）检测信号线路：

断开连接器。打开点火开关，测量氧传感器端子3和4间的电压［见图5－23（b）］，标准

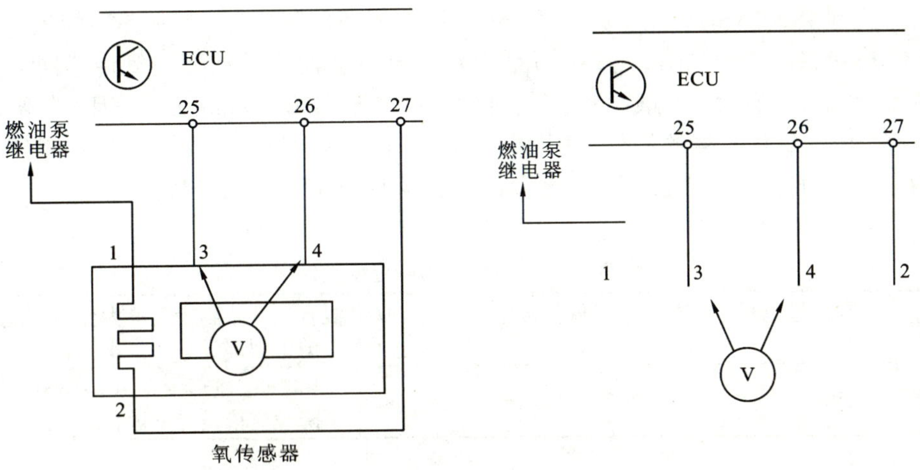

图 5－22 桑塔纳 AJR 发动机氧传感器的检测

值为 450 ± 50 mV（测试量程 2 V），如果读数不对，检查氧传感器对正极或对地断路或短路。如果线路正常，更换发动机 ECU。

（4）检测氧传感器性能：

断开连接器，人为改变混合气空燃比，检测氧传感器的信号电压，应有变化，否则说明氧传感器故障，应更换氧传感器。

3. 氧传感器波形分析

闭环是指发动机 ECU 根据氧传感器的反馈信号不断地调整混合气的空燃比，使其值符合规定。利用示波器检测氧传感器信号波形，根据氧传感器的信号波形可以判断系统是否已经进入闭环控制状态。当然，只有当氧传感器在无故障的时候氧传感器的信号电压波形才能反映燃油反馈控制系统的状况；如果氧传感器有故障，那么它所产生的波形就不反映燃油反馈控制系统的状况。

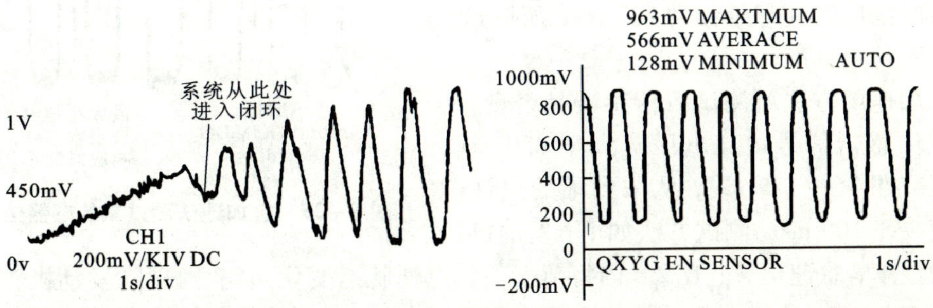

(a)从开环控制到闭环控制的信号波形　　(b)良好的氧传感器信号波形

图 5－23 氧传感器的信号波形

如果排放或行驶性能出现异常，可首先用示波器检测氧传感器的信号波形，其波形如图

5-23 所示。图 5-23(a)是从开环控制到闭环控制的氧传感器信号波形，启动后，传感器输出电压逐渐达到 450 mV 时，开始进入浓、稀转换的闭环控制状态，带加热器的氧传感器从冷车到进入闭环状态需 23 s。图 5-23(b)是良好的氧传感器信号波形。氧传感器信号电压变化频率与发动机转速有关，一般为 0.2(怠速时)~5 Hz (2500 r/min 时)，因各气缸的燃油也不完全相等，所以氧传感器的信号电压波形会产生杂波或尖峰。一个好的氧传感器应输出如图 5-25(a)所示的信号电压波形，三个参数值必须符合表 5-1 所列的值。

表 5-1　氧传感器测量参数值

测量参数	最高信号电压(左侧波形)	最低信号电压(右侧波形)	混合气从浓到稀的最大允许响应时间(波形的中间部分)
允许范围	>850 mV	75~175 mV	<100 ms(波形中在 300~600 mV 之间的下降段应该是上下垂直的)

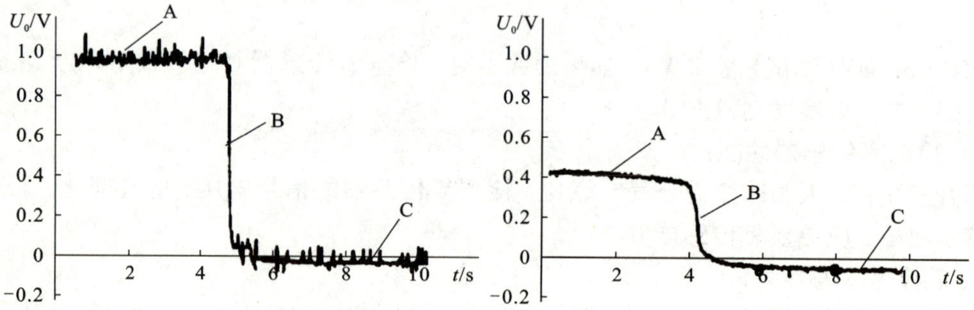

图 5-24　氧传感器输出信号电压波形

已损坏的氧传感器可能输出如图 5-25(b)所示的信号电压波形，其中，最高信号电压下降至 427 mV，最低信号电压 <0 V，混合气从浓到稀时信号的响应时间却延长为 237 ms，所以这 3 个参数均不符合标准。

用急加速的方法可测试氧传感器是否良好，良好的氧传感器信号最高电压应大于 850 mV，最低电压应在 75~175 mV，从浓到稀的允许响应时间应少于 100 ms。测试方法如下：发动机运转至正常温度，怠速运转；在 2 s 内将节气门从怠速状态变化到完全打开(发动机转速一般不超过 4000 r/min)，再立即放开加速踏板使节气门全关，连续 5~6 s 动作，即可得到图 5-25 所示波形。上升波形是急加速造成的，下降波形是急减速造成的，图中最大幅值应达到 800 mV 以上，最小幅值应小于 200 mV，响应时间少于 100ms，峰值电压值至少为 600 mV 或大于 450 mV 平均值，则该传感器良好。

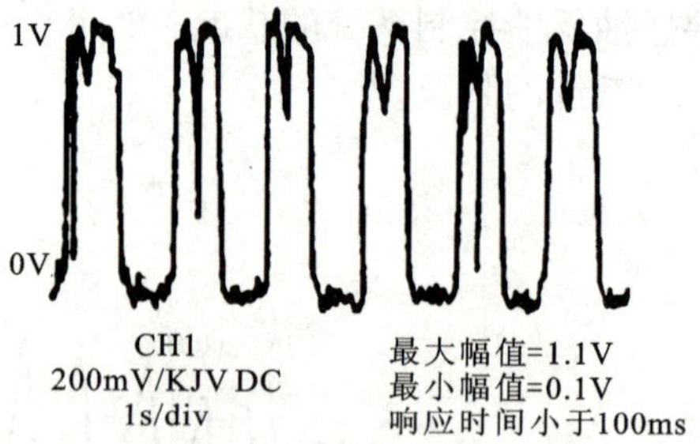

图 5-25　急加速法测试氧传感器信号波形

有的车上有主、副两个氧传感器，它们分别提供了催化净化之前和催化净化之后的氧含量输出电压。主氧传感器用做混合比控制的反馈信号，副氧传感器用于测试催化净化的效率，图 5－26 是正常和不正常的催化净化器前后主、副氧传感器波形，当催化净化效率降低，副氧传感器信号的幅值会增大。

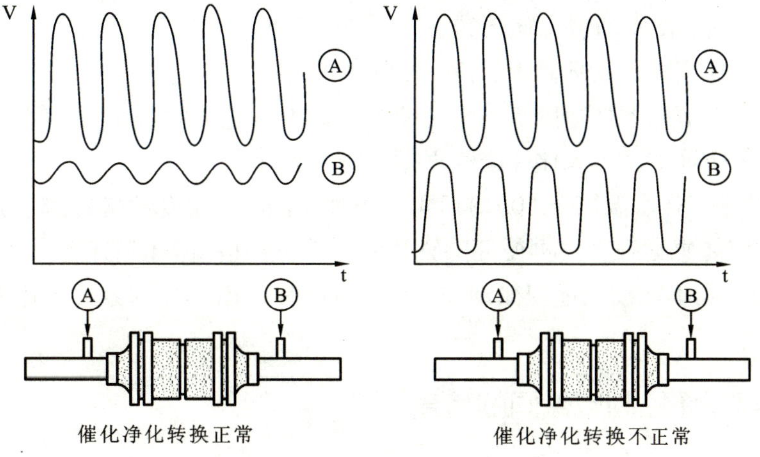

图 5－26　主副氧传感器波形

4. 氧传感器外观颜色的检查

在对氧传感器进行检查时，有时通过观察氧传感器顶尖的颜色也可知道故障原因。氧传感器顶尖的正常颜色为淡灰色。一旦发现氧传感器顶尖的颜色发生变化时，就预示着氧传感器存在着故障或者故障隐患。黑色顶尖的氧传感器是由碳污染造成的，拆下后，应清除其上的积碳沉积。当发现氧传感器顶尖为红棕色，则说明氧传感器受铅污染，这是由于汽车使用了含铅汽油所致。有研究资料表明，汽车在使用含铅汽油 500 km 左右，氧传感器的整个性能将基本丧失，从而使三元催化转换器中毒，使其净化效率大大降低，甚至不起净化作用。如果发现氧传感器具有白色的顶尖，这说明是硅污染造成的，这是由于发动机在维修时，使用了不符合要求的硅密封胶，此时必须更换氧传感器。任何含有醋酸（起硫化作用）的硅密封胶都会损害氧传感器。硅胶也叫室温硫化（RTV）胶。含醋酸的硅胶，如果用于发动机上润滑油流动的部位，醋酸会蒸发进入曲轴箱或者气门区，然后经过废气再循环系统进入进气管，在正常工况下，就会经发动机由排气管排出，从而损害氧传感器。

任务 2　EGR 废气再循环检修

EGR 系统工作不良会造成发动机排气污染增加、功率下降、怠速运转不稳定，甚至熄火。

一、废气再循环控制系统的初步检查

对于废气再循环控制系统，应首先检查其真空软管有无破损，连接处有无松动、漏气等；若无，再做进一步检查。

二、废气再循环控制系统的就车检查

废气再循环控制系统的就车检查可按下列步骤进行：

(1)启动发动机，使发动机怠速运转。

(2)将手指按在废气再循环阀上，检查废气再循环阀有无动作。

(3)在冷车状态下踩下加速踏板，使发动机转速上升至2000 r/min左右，此时手指上应感觉不到废气再循环阀膜片的动作(废气再循环阀不工作)。

(4)在发动机热车(水温高于50℃)后再踩下加速踏板，使发动机转速上升至2000 r/min左右，此时手指应能感觉到废气再循环阀膜片的动作(废气再循环阀开启)。

若废气再循环阀不能按上述规律动作，则表示废气再循环控制系统工作不正常，应检查该系统的各零部件。

三、废气再循环控制电磁阀的检查

废气再循环控制电磁阀按下述步骤检查：

(1)将点火开关置于"OFF"位置，拔下废气再循环控制电磁阀线束连接器，用万用表电阻挡测量电磁阀线圈的电阻值，应符合规定(一般为20～50Ω)；否则，应更换废气再循环控制电磁阀。

(2)拔下与废气再循环控制电磁阀相连的各真空软管，从发动机上拆下废气再循环控制电磁阀。

(3)在废气再循环控制电磁阀的电磁线圈不接电源时，检查各管口之间是否通气。此时，电磁阀上的管接口A与B，A与C之间应不通气，但管接口B与C之间应通气[如图5－27(a)所示]，否则说明废气再循环控制电磁阀已损坏，应更换。

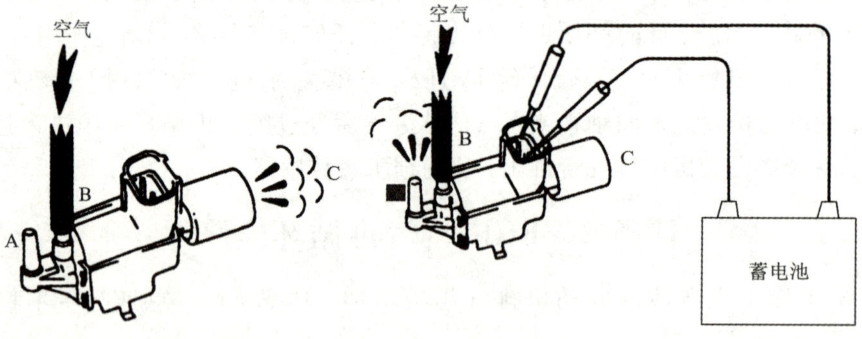

(a)不通电时　　(b)通电时

图5－27　废气再循环控制电磁阀检查

(4)给废气再循环控制电磁阀线圈接上电源[如图5-27(b)所示]。此时，电磁阀管接口A与B之间应通气，而管接口A与C，B与C之间应不通气，否则说明废气再循环控制电磁阀损坏，应更换。

四、废气再循环阀的检查

废气再循环阀的检查步骤如下。

(1)启动发动机，使发动机怠速运转。

(2)拔下连接废气再循环阀与废气调整阀的真空软管。

(3)用手动真空泵对废气再循环阀真空室施加19.95 kPa的真空度，如图5-28所示。此时发动机怠速运转情况变坏甚至熄火，说明废气再循环阀工作正常；若发动机运转情况无变化，则表示废气再循环阀损坏，应予以更换。

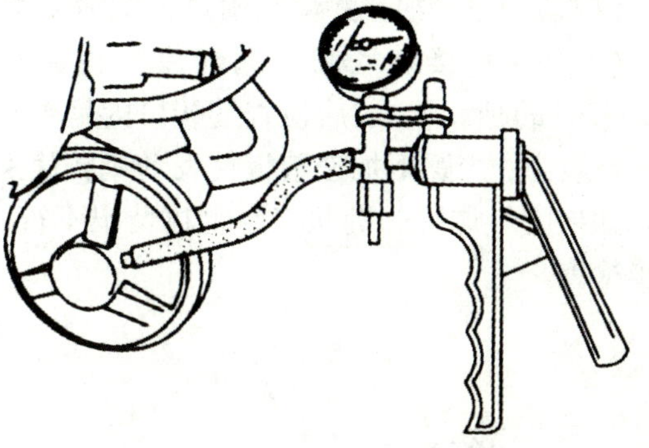

图5-28　废气再循环阀的检查

(4)对设有位置传感器的废气再循环阀，可在发动机停机情况下拔下废气再循环阀位置传感器的导线连接器，用万用表电阻挡测量连接器端子B与C(见图5-29)间的电阻，其电阻值应符合规定。然后，拔下连接废气再循环阀与废气调整阀的真空软管，并在用手动真空泵对废气再循环阀真空室施加真空的同时，用万用表电阻挡测量废气再循环阀位置传感器连接器端子A与C之间的电阻值。其电阻值应随着真空度的增大而连续增大，不允许有间断现象(电阻值突然变为无穷大后又回落)，否则说明废气再循环阀损坏，应更换。

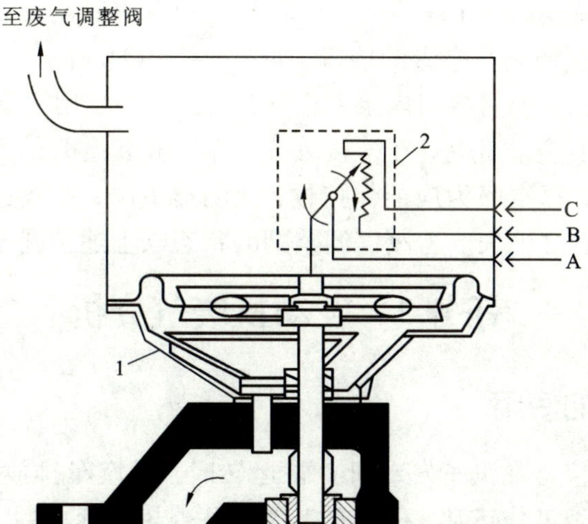

图5-29　设有位置传感器的废气再循环阀

五、废气调整阀的检查

废气调整阀的检查步骤如下：

(1)启动发动机，并将其预热至正常工作温度。

(2)拔下连接废气调整阀与废气再循环阀的真空软管，用手指按住真空管接口[如图5－30(a)所示]，然后检查管接口内是否有真空吸力。在发动机怠速运转时，管接口内应无真空吸力；当踩下加速踏板使发动机转速上升至2000 r/min左右时，管接口内应有真空吸力。如果废气调整阀的状态与上述情况不符，则为废气调整阀工作不正常，应拆下该阀做进一步检查。

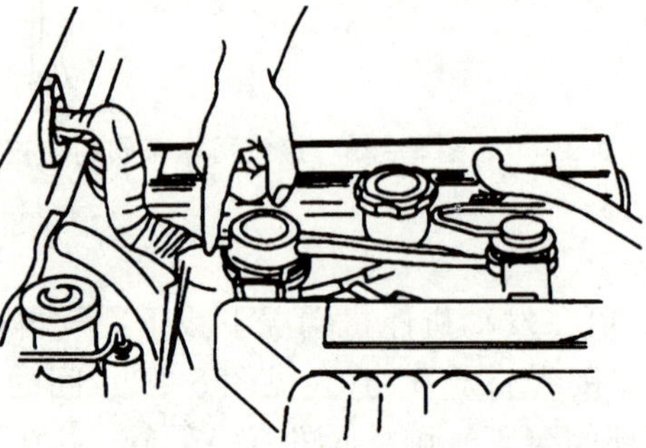

(a)

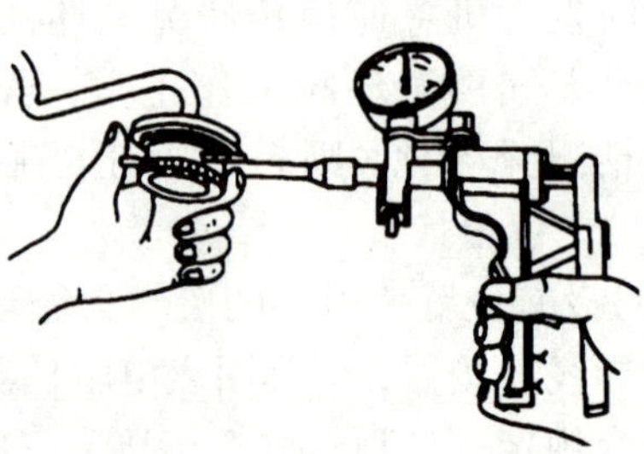

(b)

图5－30 废气调整阀的检查

(a)就车检查；(b)单件检查

第一步：拆下废气调整阀，在连接废气再循环控制电磁阀的接口处接上手动真空泵，再用手指堵住连接废气再循环阀真空管的接口，如图5－30(b)所示。

第二步：向连接排气管的管接口内泵入空气，与此同时，用手动真空泵将废气再循环控制电磁阀的接口内抽成真空。此时，在连接废气再循环阀真空管的管接口处应能感到有真空吸力；在停止抽真空后，真空吸力应能保持住，无明显下降；释放连接排气管的管接口内的压力后，真空吸力也应随之消失。若废气调整阀的状态与上述情况不符，应予以更换。

任务3 发动机废气分析

一、废气分析仪的使用

汽车尾气排放分析仪是在汽车发动机正常运转时，对汽车排放的尾气进行检测、分析，从而判断汽车发动机是否工作正常、排出有害气体是否超出标准的一种仪器，是控制汽车尾气排放污染的有效工具。这种仪器的质量、性能和推广使用情况，直接影响着对尾气排放超标汽车进行检查的效率和效果，关系着我国治理城市大气污染工作的进度和效果。汽车尾气分析仪另一个常常被忽视的重要作用是在排除发动机故障过程中的诊断功能。因此，各类用户如汽车生产厂家、政府环保部门、交通部门、公安交管部门和汽车维修企业等都十分需要既能方便、准确检测汽车尾气排放，又能符合政府法规要求的仪器。

现分别谈谈市场上不同原理的几种仪器：

(1)非分光红外吸收法仪器。此种仪器结构简单、寿命长、测量精度高、反应速度快、运行费用低、操作简便，可用于分析测试CO(一氧化碳)、CO_2(二氧化碳)、HC(碳氢化合物)，NO(氮氧化物)等气体的浓度，因而被广泛用于汽车排放污染物浓度的分析。

(2)电化学法气体分析仪器。此种仪器可用于测量O_2、NO、SO_2等，检测器是电化学式，属消耗性的。此类检测器结构小巧简单、价格低廉、易于更换，但美中不足的是寿命短。

(3)氢火焰离子化法仪器。主要测量HC。具有准确度高、输出与碳原子数成良好线性关系的优点，多用于高精度测量试验。此类仪器可以连续长时间测试，反应快、测试精度高、结构简单、易维护，但配套价格昂贵。

(4)化学发光法分析仪器。主要分析测试NO/NO_x等成分。具有灵敏度高、反应速度快、线性好等特点。

纵观以上几种原理的仪器，非分光红外吸收法仪器具有精度和灵敏度高、测量范围宽、响应速度快、良好的选择性、稳定性和可靠性好、可实现多组分气体同时测量、能够连续分析和自动控制等特点。因此目前国内汽车/摩托车生产下线检测、汽车维修检测、在用汽车污染检测、汽车污染检测与治理等领域使用的仪器，主要应用非分光原理和电化学原理的小型仪器。

二、尾气成分异常的原因分析

(1)HC的读数高，说明燃油没有充分燃烧。气缸压力不足、发动机温度过低、油箱中油气蒸发、混合气由燃烧室向曲轴箱泄漏、混合气过浓或过稀、点火正时不准确、点火间歇性不跳火、温度传感器不良、喷油嘴漏油或堵塞、油压过高或过低等因素都将导致HC读数过高。

(2)CO的读数是零或接近零，则说明混合气充分燃烧。CO的含量过高，表明燃油供给过多、空气供给过少，燃油供给系统和空气供给系统有故障，如喷油嘴漏油、燃油压力过高、空气滤清器不洁净。其他问题，如活塞环胶结阻塞、曲轴箱强制通风系统受阻、点火提前角过大或水温传感器有故障等。CO的含量过低，则表明混合气过稀，故障原因有：燃油油压过低、喷油嘴堵塞、真空泄漏、EGR阀泄漏等。

(3)CO_2是可燃混合气燃烧的产物，其高低反映出混合气燃烧的好坏，即燃烧效率。可燃混合气燃烧越完全，CO_2的读数就越高，混合气充分燃烧时尾气中CO_2的含量达到峰值13%~16%。当发动机混合气出现过浓或过稀时，CO_2的含量都将降低。当排气管尾部的CO_2低于12%时，要根据其他排放物的浓度来确定发动机混合气的浓或稀。燃油滤芯太脏、燃油油压低、喷油嘴堵塞、真空泄漏、EGR阀泄漏等将造成混合气过稀。而空气滤清器阻塞、燃油压力过高，都可能导致混合气过浓。

(4)O_2的含量是反映混合气空燃比的最好指标，是最有用的诊断数据之一。可燃混合气燃烧越完全，CO_2的读数就越高；与此相反，燃烧正常时，只有少量未燃烧的O_2通过气缸，尾气中O_2的含量应为1%~2%。O_2的读数小于1%，说明混合气过浓；O_2的读数大于2%，表示混合气太稀。导致混合气过稀的原因有很多，如燃油滤芯太脏、燃油油压低、喷油嘴堵塞、真空泄漏、EGR阀泄漏等。而空气滤清器阻塞、燃油压力过高等都可能导致混合气过浓。

当CO、HC浓度高，CO_2、O_2浓度低时，表明发动机混合气很浓。HC和O_2的读数高，则表明点火系统工作不良、混合气过稀，而引起失火。

利用功率平衡试验和尾气分析仪的读数，可以知道每个缸的工作状况。如果每个缸 CO、CO_2的读数都下降，HC、O_2的读数都上升，且上升和下降的量都一样，表明各缸都工作正常。如果只有一个缸的变化很小，而其他缸都一样，则表明这个缸点火或燃烧不正常。另外，当四缸发动机中有一缸不工作时，其浓度将上升到4.75% ~7.25%；若有两缸不工作，则会上升到9.5% ~12.5%。

项目小结

汽油发动机在工作时会产生5种排放物，分别是HC、O_2、CO、CO_2、NO_x，其中HC、CO、NO_x在现阶段被定性为有害气体，CO_2在未来也将由于温室效应的作用而被定性为有害气体。

这5种排放物是空气和燃油在气缸内产生化学反应而生成。正常工作的发动机，5种排放物各占有排气中一定的比例，特别是HC、CO、NO_x。

排气成分比例的改变也就直接反映了发动机工作的状况。如何将三种有害气体控制在合理的范围之内，是各种发动机控制系统所追求的目标之一。

HC 和 CO 可以通过发动机控制系统对空气燃油混合比进行控制而降低排放，通过氧传感器对排气中氧含量进行监控，使混合气的燃烧进入了一个闭环控制状态。混合比大于14.7∶1时，HC 和 CO 可以大大减少，但 NO_x的排放却因高温富氧的情况出现而升高。试验表明当混合比等于14.7∶1 时，HC、CO、NO_x都可以降至一个较低的范围之内。EGR 系统的应用可以将 NO_x 的排放更有效降低。三元催化器可以将 HC、CO、NO_x进行氧化和还原，变成 H_2O 和 CO_2，使排放更加清洁。

HC、CO、NO_x都有可能因发动机各系统工作不正常而引起排放超标，氧传感器工作不正常将会破坏发动机控制系统的闭环工作，三元催化器的老化会引起催化失效，正确分析超标的原因和正确检测排放系统显得非常重要。

任务工单

工单5.1 氧传感器检修

任务名称	氧传感器故障检修	班 级	
学生姓名		任务成绩	

第一部分：知识准备

1. 氧传感器的英文缩写是____________。

2. 常用氧传感器的类型有____________和____________。

3. 氧传感器的作用是____________________________________。

4. 评价氧传感器性能的三个指标是____________、____________和____________。

5. 氧传感器的失效形式有__________、__________、__________、__________、__________、__________。

6. 氧传感器失效后常见的故障现象有：____________________________。

7. 下图是AJR发动机氧传感器与ECU之间的连接关系，请填写相应内容。

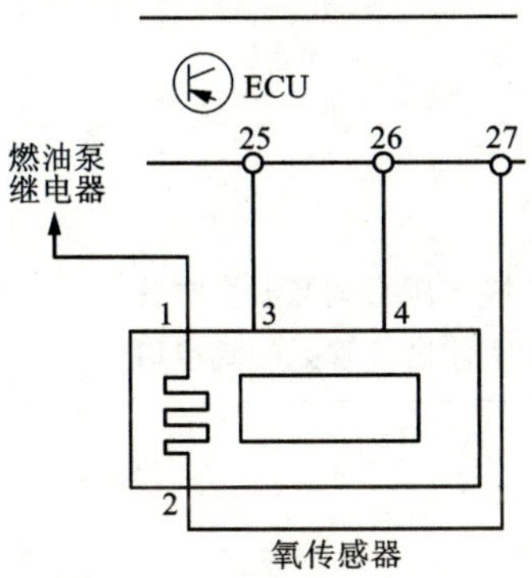

1：____________；

2：____________；

3：____________；

4：____________；

叙述氧传感器的工作原理：

____

____

____

第二部分：分析决策

请根据故障现象和任务要求，确定所需要的检测仪器、工具，并对小组成员进行合理分工，制订详细的诊断和修复计划。

1. 需要的检测仪器、工具

2. 小组成员分工

3. 诊断和修复计划

第三部分：操作实施

1. 将 VAG1552 与发动机诊断接口连接，打开点火开关，读取故障代码，故障码情况为：__________________。

2. 拔下氧传感器插头，测量加热电阻阻值，实测值为________________。测量插头上电源，实测值为________________。

3. 将发动机热车至正常工作温度，并以 2500 r/min 转速运转，用万用表测量氧传感器信号电压，电压在________________之间波动，10 s 内变化次数为________________次。

4. 突然踩下加速踏板时，混合气变浓，信号电压________________；突然松开加速踏板时，混合气变稀，信号电压________________。

5. 在下面画出氧传感器在各种工况下的波形

通过上述检查，得出以下结论：

正常工况（怠速）	拔下压力调节器真空管（堵住进气管处的真空口）
松开堵住的真空口	制造大量真空泄漏或使某缸喷油器停喷

通过上述检查，得出以下结论：

____

____

____

第四部分：检查评估

故障排除后，进行如下检查：

1. 启动发动机，检查故障灯是否点亮：____________________。

2. 检查怠速情况：______________________________。

3. 检查排放情况：______________________________。

工单 5.2　EGR 系统检修

任务名称	EGR(废气再循环)检修	班级	
姓名		评分	

第一部分：知识准备

1. EGR（废气再循环）的作用一是＿＿＿＿＿＿＿＿＿＿＿＿＿＿＿＿＿＿＿＿，二是＿＿＿＿＿＿＿＿＿＿＿＿＿＿＿＿＿＿＿＿。

2. EGR 率 =

3. 汽油机三种典型的 EGR 系统是：＿＿＿＿＿＿、＿＿＿＿＿＿、＿＿＿＿＿＿。

4. 标出普通微机控制废气再循环系统元件名称：（写在右边）

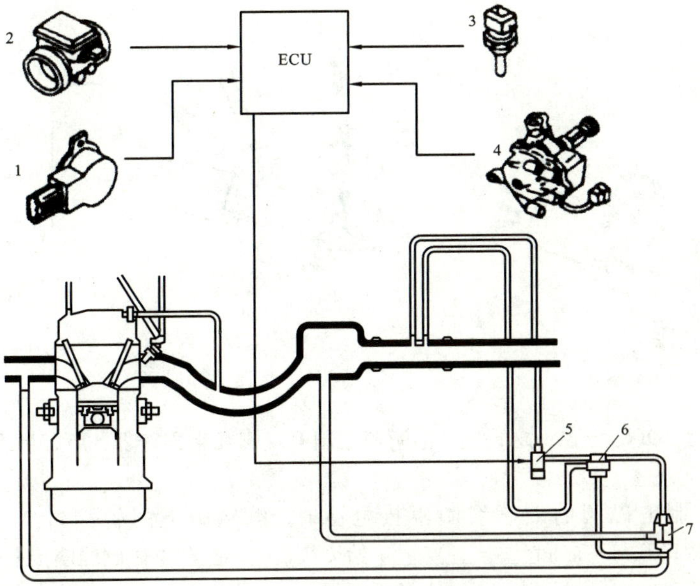

5. 废气再循环阀用于＿＿＿＿＿＿＿＿＿＿＿＿＿＿＿＿＿＿。

6. 废气再循环阀关闭（取消废气再循环）的条件是什么？

7. 可变 EGR 率废气再循环控制的工作原理是：

第二部分：分析决策

1. 如何快速判断 EGR 属于何种形式？

2. 如何通过尾气检测分析来判断是哪个系统出了问题？

第三部分：操作实施

1. 发动机型号：____________

2. 废气再循环控制系统的就车检查

①在冷车状态下踩下加速踏板，使发动机转速上升至2000 r/min左右，废气再循环阀是否工作？

②在发动机热车（水温高于50℃）后再踩下加速踏板，使发动机转速上升至2000 r/min左右，废气再循环阀是否工作？

结论：____________

3. 废气再循环控制电磁阀的检查

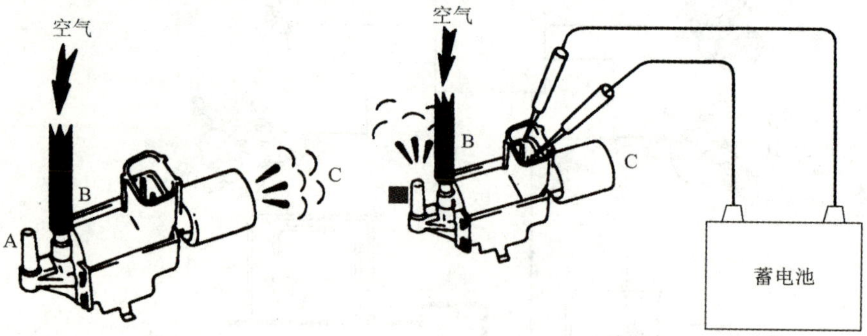

(a)不通电时　　(b)通电时

①将点火开关置于“OFF”位置，拔下废气再循环控制电磁阀线束连接器，用万用表电阻挡测量电磁阀线圈的电阻值为____________Ω。

②废气再循环控制电磁阀的电磁线圈不接电源时，电磁阀上的管接口A与B，A与C之间____________，但管接口B与C之间____________；给废气再循环控制电磁阀线圈接上电源，电磁阀管接口A与B之间____________，而管接口A与C，B与C之间____________。

结论：____________

4. 废气再循环阀的检查

发动机怠速运转，用手动真空泵对废气再循环阀真空室施加19.95 kPa的真空度。此时发动机怠速运转情况是____________，说明____________。

5. 废气调整阀的检查

在发动机怠速运转时，管接口内____________（有/无）真空吸力；

当踩下加速踏板使发动机转速上升至2000 r/min左右时，管接口____________（有/无）真空吸力。

结论：____________

6. 故障排除后，进行如下检查：

1. 启动发动机，检查故障灯是否点亮：____________。

2. 检查怠速情况：____________。

3. 检查排放情况：____________。

工单 5.3　废气分析

任务名称	废气分析氧传感器故障检修	班 级	
学生姓名		任务成绩	

第一部分：知识准备

1. 汽车产生的尾气主要有________________。
2. 汽车的不正常燃烧主要有________和________。
3. 汽车尾气的检查方法主要有________________。
4. 汽车尾气的检测仪器主要有________________。
5. 汽车尾气的不正常现象有________、________、________三种。
6. 简单分析汽车冒蓝烟的原因。

第二部分：分析决策

请根据任务要求，确定所需要的检测仪器、工具，并对小组成员进行合理分工，制订详细的作业计划。

1. 需要的仪器、工具和设备
2. 小组成员分工(工作计划)
3. 任务实施(作业计划)

第三部分：操作实施

汽车尾气的检测：

1. 汽车尾气的检测仪器的工作原理：
2. 汽车尾气的检测步骤：

第四部分：检查评估

1. 汽车尾气的国家标准：
2. 从检查的结果分析汽车的尾气：

习题

一、选择题

1. 行驶时(　　)排放量最多，(　　)排放量最少。

A. NO_x……HC　　B. NO_x……CO

C. HC……CO　　D. CO……HC

2. 减速时(　　)排放量最少，(　　)排放量显著增加。

A. NO_x……HC　　B. NO_x……CO

C. HC……CO　　D. CO……HC

3. 发动机工作时的燃油量是(　　)。

A. 喷油器喷油量　　B. 燃油泵供油量

C. 来自燃油箱的蒸发控制燃油蒸气量　　D. A+B

4. 时代超人车的 ACF 阀电阻为(　　)Ω。

A. 2~3　　B. 12~13

C. 22~30　　D. 30~50

5. 废气再循环的作用是抑制(　　)的产生。

A. HC　　B. CO

C. NO_x　　D. 有害气体

6. 进入进气歧管的废气量一般控制在(　　)范围内。

A. 1%~2%　　B. 2%~5%

C. 5%~10%　　D. 6%~15%

7. 在(　　)时废气再循环控制系统不工作。

A. 人行驶　　B. 怠速

C. 高转速　　D. 热车

8. 采用三元催化转换器必须安装(　　)。

A. 前氧传感器　　B. 后氧传感器　　C. 前、后氧传感器

9. 如果三元催化转换器良好，后氧传感器信号波动(　　)。

A. 频率高　　B. 增加

C. 没有　　D. 缓慢

10. 发动机过热将使(　　)。

A. EGR 系统工作不良　　B. 燃油蒸发量急剧增多

C. 三元催化转换器易损坏　　D. 曲轴箱窜气增加

11. 进气惯性增压系统通过改变(　　)达到进气增压效果。

A. 进气通道截面积　　B. 压力波传播路线长度

C. 废气流动路线　　D. 进气管长度

二、判断题

1. 怠速时，CO 的排放量最多，NO_x 最少。　(　　)

2. 加速时，HC 排放量最少，NO_x 增加最显著。　(　　)

3. 曲轴箱窜气的主要成分是 HC 和 CO。　(　　)

4. 燃油蒸气的主要有害成分是 HC。（　）
5. 活性炭罐受 ECU 控制，在各种工况下都工作。（　）
6. 废气再循环的作用是减少 HC、CO 和 NO_x 的排放量。（　）
7. 发动机温度过高不会损坏三元催化转换器。（　）
8. 空燃比反馈控制在各种电控发动机上都适用。（　）
9. 空燃比反馈控制的前提是氧传感器产生正常信号。（　）
10. 废气排放控制仅在采用 OBD－Ⅱ系统中使用。（　）
11. 电控动力阀控制系统真空电磁阀线圈断路将造成怠速不稳。（　）
12. 涡轮增压器损坏会造成发动机动力性能下降。（　）

三、简答题

1. 现代汽车上的有害气体主要从哪三个途径排出？
2. 简述各种有害气体排放量与发动机各工况的关系。
3. 叙述燃油挥发蒸气控制的工作原理。
4. 如何检测时代超人车的燃油挥发蒸气控制系统各部件是否良好？
5. 如何检测丰田车的活性炭罐？
6. 废气再循环阀的控制方式有哪些？
7. 为何要采用 EGR 阀位置传感器？如何检测？
8. 简述两种电控废气再循环控制系统的工作原理。

参考文献

[1] 余志生. 汽车理论(第三版). 北京:机械工业出版社,2002

[2] 王忠良,陈昌建. 汽车发动机电控技术. 北京:大连理工大学出版社,2009

[3] 宋作军. 汽车发动机电控系统检修. 北京:清华大学出版社,2010

[4] 高延龄. 汽车应用工程. 北京:人民交通出版社,1999

[5] 刘德发. 汽车发动机电控系统检修. 北京:北京大学出版社,2009

[6] 简晓春,杜仕武. 现代汽车技术及应用. 北京:人民交通出版社,2004

[7] 黄海波. 燃气汽车结构原理与维修. 北京:机械工业出版社,2002

[8] 张铁柱,张洪倍. 汽车安全、节能与环保. 北京:国防工业出版社,2004

[9] 肖永清,杨忠敏. 汽车的发展与未来. 北京:化学工业出版社,2004

[10] 陈家瑞. 汽车构造. 北京:人民交通出版社,2004

[11] 张志沛. 汽车发动机原理. 大连:大连海运学院出版社,1993

[12] 宋守信. 内燃机增压技术. 上海:同济大学出版社;1993

[13] 何光里. 汽车运用工程师手册. 北京:人民交通出版社,1993

[14] 李品华. 现代汽车故障诊断技术. 上海:上海交通大学出版社,1997

[15] 李春生. 现代汽车技术. 北京:人民交通出版社,1999

[16] 汪立亮. 现代汽车电子控制系统原理与维修. 北京:电子工业出版社,1998

[17] 孙风仁. 汽车检测设备. 北京:人民交通出版社,1985

[18] 汽车工业国家标准. 北京:标准出版社,1999

图书在版编目(CIP)数据

汽车发动机电控系统检修/李治国,余剑东主编.
—长沙:中南大学出版社,2011.8
ISBN 978-7-5487-0264-1

Ⅰ.汽...　Ⅱ.①李...②余...　Ⅲ.①汽车-发动机-电子系统:控制系统-检修　Ⅳ.U472.43

中国版本图书馆 CIP 数据核字(2011)第 084292 号

汽车发动机电控系统检修

主编　李治国　余剑东

□责任编辑　秦瑞卿
□责任印制　易红卫
□出版发行　中南大学出版社
社址:长沙市麓山南路　　邮编:410083
发行科电话:0731-88876770　　传真:0731-88710482
□印　　装　长沙印通印刷有限公司

□开　　本　787×1092　1/16　□印张 13.5　□字数 330 千字　□插页 2
□版　　次　2011 年 8 月第 1 版　□2015 年 1 月第 2 次印刷
□书　　号　ISBN 978-7-5487-0264-1
□定　　价　27.00 元